U0447125

近代史资料
JINDAISHI ZILIAO
●总126号

近代史资料

中国社会科学院近代史研究所近代史资料编辑部编

中国社会科学出版社

图书在版编目(CIP)数据

近代史资料.总126号/中国社会科学院近代史研究所近代史资料编辑部编.—北京:中国社会科学出版社,2012.10
ISBN 978-7-5161-1661-6

Ⅰ.①近… Ⅱ.①中… Ⅲ.①中国历史—近代史—史料 Ⅳ.①K250.6

中国版本图书馆 CIP 数据核字(2012)第 251530 号

出 版 人	赵剑英	
责任编辑	李尔柔	
责任校对	宗 和	
责任印制	王炳图	

出　　版	中国社会科学出版社	
社　　址	北京鼓楼西大街甲158号(邮编100720)	
网　　址	http://www.csspw.cn	
	中文域名:中国社科网　010-64070619	
发 行 部	010-84083685	
门 市 部	010-84029450	
经　　销	新华书店及其他书店	
印　　刷	北京市大兴区新魏印刷厂	
装　　订	廊坊市广阳区广增装订厂	
版　　次	2012年10月第1版	
印　　次	2012年10月第1次印刷	
开　　本	850×1168　1/32	
印　　张	9.375	
插　　页	2	
字　　数	245千字	
定　　价	28.00元	

凡购买中国社会科学出版社图书,如有质量问题请与本社联系调换
电话:010-64009791
版权所有　侵权必究

目　录

抚东奏稿(六)……………………………阎敬铭 著（1）
郭嵩焘书札………………………………史　资 整理（107）
1876年李鸿章与森有礼
　　保定会谈记录……………………王元崇 整理翻译（125）
锡良戊戌己亥日记………………………茹　静 整理（148）
安福秘史(一)………………鸿隐生 编著 杨光辉 整理（197）
王世杰日记选(1941年)…………………晓　苇 整理（236）

抚 东 奏 稿（六）

阎敬铭　著

三、漕粮改征

360. 漕麦改征粟米折
同治二年十月十六日

奏为东省本年麦收歉薄，请旨将漕麦改征粟米，恭折奏祈圣鉴事：

窃照东省额征漕粮，例应征麦十分之一，如遇歉收之年，历经奏准改征粟米在案。本年东省历城等州县，自春至夏，雨泽愆期，麦收稍歉，颗粒亦多细小，不堪兑运。据各该州县先后禀请援案改征粟米，随经批饬司道查议。兹据督粮道沈维璥会同藩司贡璜查明，具详请奏前来。臣复加查核，委系实在情形，若责令照常征麦，民情殊多未便。合无吁恳天恩俯准将历城、章丘、齐河、禹城、长清、陵县、平原、莱芜、肥城、东平、惠民、阳信、乐陵、商河、滨州、蒲台、邹县、汶上、朝城、聊城、茌平、清平、冠县、高唐、夏津、博平等二十六州县本年应征漕麦，暂行改征粟米，俾花户易于完纳，俟来年二麦丰收，仍照旧征兑，以符定制。理合恭折具奏。

同治二年十月二十七日奉到回折："议政王军机大臣奉旨：'户部议奏。钦此。'"

361. 漕豆改征粟米折

同治二年十月二十三日

奏为本年豆收歉薄，各属应征漕豆援案请改粟米兑运，恭折奏祈圣鉴事：

窃照东省大漕项下，向有应征黑豆，如遇歉收之年，历经奏准改征粟米在案。本年夏秋之间，阴雨过多，又兼黄水泛涨，豆禾成熟较迟，未免受伤，颗粒类多粃小，不堪兑运，若令照常征纳，于民情殊有未便。据督粮道沈维璐会同藩司贡璜转据茌平等州县援案禀改粟米，详请具奏前来。臣复查确系实在情形。合无吁恳天恩俯准将茌平、清平、肥城、冠县、高唐、武城等六州县实征漕豆及应征抵额一五耗豆，暂行改征粟米，交帮兑运，俾花户易于完纳，俟来年豆收丰稔，仍照常征豆，以符定制。理合恭折具奏。

同治二年十一月初四日奉到回折："议政王军机大臣奉旨：'户部议奏。钦此。'"

362. 漕麦改征粟米折

同治三年十月十六日

奏为本年二麦歉收，各属应征漕麦请改粟米兑收，恭折奏祈圣鉴事：

窃照东省额征漕粮，例应征麦十分之一，如遇麦收歉薄，历经奏明改征粟米在案。本年自春徂夏，各属间因雨泽愆期，二麦收成稍歉，颗粒未能一律饱绽。据历城、章丘、齐东、齐河、济阳、禹城、长清、陵县、肥城、惠民、青城、乐陵、商河、滨州、蒲台、菏泽、郓城、朝城、聊城、茌平等二十州县，先后禀经督粮道沈维璐会同藩司丁宝桢查明各该州县麦收均止五分及五分余，援案详请改征粟米前来。臣复查属实，亦与历办成案相符。所有历城等二十州县本年应征漕麦，合无仰恳天恩俯准改征粟米，俾小民易于输将，俟来岁麦收丰稔，仍照常征麦兑运，以符定制。理合恭折具奏。

同治三年十月二十七日奉到回折："议政王军机大臣奉旨：'著照所请，户部知道。钦此。'"

363. 漕豆改征粟米折
同治三年十月十六日

奏为本年豆收歉薄，请将漕项应征豆石改征粟米，恭折奏祈圣鉴事：

窃照本年东省漕粮，现因秋禾被灾，应俟勘明轻重，分别蠲缓，另行奏办。其余成熟各处，应即照旧征兑，以裕仓储。惟大漕项下，向有应征黑豆，前据高唐州等州县以豆收歉薄，援案禀请改征粟米，经臣批饬司道查议详办。兹据督粮道沈维瓛会同藩司丁宝桢具详请奏前来。臣复加查核。本年夏秋之间，阴雨过多，黄水涨发，收成减色。粟米成熟较早，纵或被灾，尚多有收之处。惟豆禾播种本迟，受伤独甚，颗粒未能饱绽，实属不堪兑运，若照常征收，必须卖米买豆，于民情殊多未便。溯查旧有改征粟米成案，现在事同一律，合无仰恳天恩俯准将高唐、肥城、茌平、清平、武城、恩县等六州县本年实征豆石及应征抵额一五耗豆，一并暂行改征粟米，交帮兑运，俟来年豆收丰稔，仍照常征豆，以符定制。理合恭折具奏。

同治三年十月二十七日奉到回折："议政王军机大臣奉旨：'著照所请，户部知道。钦此。'"

364. 漕麦改征粟米折
同治四年十月三十日

奏为本年二麦歉收，各属应征漕麦请改粟米兑收，恭折奏祈圣鉴事：

窃照东省额征漕粮，例应征麦十分之一，如遇麦收歉薄，历经奏明改征粟米在案。本年自春至夏，雨泽愆期，二麦收成稍歉，颗粒未能一律饱绽。据历城、章丘、齐东、齐河、济阳、禹城、长清、陵县、平原、肥城、东平、平阴、惠民、青城、阳信、乐陵、商河、滨州、蒲台、菏泽、曹县、郓城、聊城、堂邑、博平、茌平、清平、莘县、冠县、高唐、丘县、夏津等三十二州县，先后禀经督粮道沈维墡会同藩司丁宝桢查明各该州县麦收均止四分余、五分及五分余不等，援案详请改征粟米前来。臣复查属实，亦与历办成案相符。所有历城等三十二州县本年应征漕麦，合无仰恳天恩俯准改征粟米，俾小民易于输将，俟来岁麦收丰稔，仍照常征麦兑运，以符定制。理合恭折具奏。

365. 漕豆改征粟米折
同治四年十一月二十八日

奏为本年豆收歉薄，请将漕项应征豆石改征粟米，恭折奏祈圣鉴事：

窃照东省漕粮项下，向有应征黑豆，据高唐等州县以豆收歉薄，援案禀请改征粟米，经臣批饬司道查议详办。兹据督粮道沈维墡会同藩司丁宝桢具详请奏前来。臣复加查核。本年夏秋之间，因雨泽愆期，及黄水涨发，收成减色。粟米成熟较早，纵或被灾，尚多有收之处。惟豆禾播种本迟，受伤独甚，颗粒未能饱绽，实属不堪兑运，若照常征收，必须卖米买豆，于民情殊多未便。溯查旧有改征粟米成案，现在事同一律，合无吁恳天恩俯准将高唐、齐东、齐河、临邑、德州、德平、肥城、青城、阳信、茌平、清平、恩县、武城等十三州县本年实征豆石及应征抵额一五耗豆，一并暂行改征粟米，交帮兑运，俟来年豆收丰稔，仍照常征豆，以符定制。理合恭折具奏。

366. 漕麦改征粟米折
同治五年十月十六日

奏为本年麦收歉薄，请将漕麦援案改征粟米，恭折奏祈圣鉴事：

窃照东省漕粮项下，例应征麦十分之一，遇有歉收，向系改征粟米，历经遵办在案。兹据督粮道沈维瑸会同藩司丁宝桢详称：历城等州县，本年自春徂夏，雨泽愆期，二麦缺雨滋培，颗粒未能一律饱绽，不堪兑运，若令照常征收，必须卖米买麦，实于民情多所未便。恳予援案改征粟米，以便输纳等情请奏前来。臣复查无异。合无仰恳天恩俯准将历城、章丘、齐东、齐河、济阳、禹城、长清、陵县、德州、平原、肥城、惠民、青城、阳信、乐陵、滨州、蒲台、郓城、观城、朝城、聊城、堂邑、博平、荏平、清平、莘县、冠县、高唐、夏津等二十九州县本年应征漕麦，暂行改征粟米，交帮兑运，俟明岁麦收丰稔，仍复旧制。理合恭折具奏。

367. 漕豆改征粟米片
同治五年十一月初九日

再，东省漕粮项下，例有应征黑豆，如遇歉收，向系改征粟米，历经遵办在案。兹据督粮道沈维瑸会同藩司丁宝桢详称：恩县等州县，本年夏秋之间，因雨泽愆期及湖河并涨，豆禾受伤，颗粒未能一律饱绽，不堪兑运，若令照常征收，必须卖米买豆，实于民情多所未便。恳予援案改征粟米，以便输纳等情请奏前来。臣复查无异。合无仰恳天恩俯准将恩县、齐河、德州、肥城、阳信、阳谷、荏平、清平、高唐等九州县本年应征漕豆，暂行改征粟米，交帮兑运，俟明岁豆收丰稔，仍复旧制。理合附片具奏，伏乞圣鉴。谨奏。

四、漕务情形

368. 遵旨密查漕务折
同治二年十月十六日

奏为遵旨严密访查山东省漕务，尚无各项情弊，现仍加意整顿，恭折复奏仰祈圣鉴事：

窃臣承准议政王军机大臣字寄：奉上谕：御史昌序程奏山东漕弊过重，请饬密查严办一折。据称山东省各州县兑漕，时与旗丁私相授受，多系本色、折色兼交，所交本色俱系上等粟米，其折色银外又有津贴、规费等项。该旗丁等收米后即全行变卖，将所收折色银在济宁、东昌、安山、张秋等处买麦，运至天津一带售卖，于附近之芦台以贱价买定劣米，俟卖麦后装运赴通交纳，辗转之间，获利数倍。又闻各帮均有积惯办事之人，名曰"走差"，凡赴芦台买米及抵通时一切使费开销，皆系其人包办，并贿串仓场经纪人等抽换米样，以免查验不符。向有米袋粘贴印花，近来不过虚应故事，并不缄封，以致百弊丛出等语。漕粮为天庚正供，该旗丁等何得肆行抵换，以为兴贩渔利之资，实属目无法纪。各运弁职司管押，何以于缄封米袋并不遵照旧章办理，致令偷换变易，于漕务大有关系。本年新运迟延，未必不由此弊。著毓禄、宋晋、刘长佑、阎敬铭按照折内所陈，严密访查，如有此等情弊，即行从严惩办，以肃漕政而重仓储。原折著抄给阅看，将此各谕令知之。钦此。遵旨寄信前来。仰见圣明慎重仓储、剔除弊窦之至意，跪聆之余，莫名钦佩。

其时臣适出省防剿，周历运河一带，相距兑漕各水次不远，遵即按照该御史所陈各条，严密访查。各属向于交兑漕粮时，将米、豆、麦分装样袋，由领运千总汇齐送道复验，均与原兑米色相符，将袋口封固钤印，呈送仓场查验，帮中亦存一分，以备比对。今仍照旧章办理，向不涉经纪人等之手。至盗卖漕粮，例禁綦严，失察处分亦重，断不容有此事。各帮自水次受兑，以致开行赴通，该粮道饬运弁随时查察，米毕在舡，该旗丁等实无私卖情事。

近年因民间完粮未能踊跃，奏明定价，准各属本折兼收。其所收折色，上年闸内济宁、安山、七级、东昌各水次粮价过昂，未能即时买补。该处逼近贼氛，漕舡不能久留，是以济宁等州县改赴德州水次采买补交。但德州一处，米实无多，难以供闸内各水次州县采买，不得不权宜从事，以所买不敷之随漕行润等米交帮代买。该帮等本有自应买补之旧欠漕粮，访查何处有米，即前往购买，并无一定处所，亦有曾在天津、芦台一带购买者，为数无多。【所买】均系一律干圆洁净，并未另买劣米。如有米色不符及搀杂潮湿等弊，仓场立即随时驳换，亦未闻有使费名目。至新运迟延，或由花户尚多蒂欠，或由各州县交帮未能迅速。臣抵任后节次严催粮道，将闸内外军舡飞挽北上，续完者饬令赶帮交兑，务期以速补迟。揆厥情形，并非为帮中买米所误。惟粮舡有例带土宜，丁舵人等以所获余利备带麦子往北出售，事所难免。现虽访查并无确据，而麦系天庚正供，贩卖即易启影射偷盗之弊。嗣后土宜即当严行查禁，止准带杂粮、梨、枣等物，不准带麦，以杜弊窦。此外则立法已极周密，似可毋庸别设科条。除仍随时留心察访，倘有前项各情弊立即分别参惩外，所有遵旨确查缘由，理合恭折复奏。

369. 请将团练团营经费仍旧归并办漕折
同治三年正月二十三日

奏为复查东省漕务情形，请将团练、团营经费仍旧归并办漕，以昭核实，恭折奏祈圣鉴事：

窃查接管卷内，咸丰十一年冬间，前抚臣谭廷襄奏：山东省征收钱漕情形变通办理一折，经户部议奏，必须斟酌尽善，确有把握，使民皆乐从，不致别生弊端。应将各属收漕情形，认真考核，究竟折纳之议有无另滋弊窦，迅即查明声复，并将未尽事宜妥议具奏等因。奉旨："依议。钦此。"钦遵在案。

臣到任后，即经督兵出省，未及确查议复。兹幸地方渐就乂安，应办事件亟须择要清理。卷查前抚臣谭廷襄原奏：东省漕米向收本色者，悉听其便。折价交纳者，酌中定为每石制钱六千文，以四千五百文专办漕米起运；以一千五百文作办团募勇经费，内以五百文归各州县本地办团，其余一千文易银解交省局，拨给五处团营津贴，另议章程，奏明妥办等因。在前抚臣之意，原因民间恃团抗漕，减折漕价，则不致借口浮收，团费筹之于官，则不致妄行摊派。复以漕羡之有余，补经费之不足，酌盈剂虚，原于军务、地方两有裨益。无如各属漕羡未能提解，团营各费竟无所出，遂致原拟峄县之韩庄、郯城之红化埠、单县之马良集，以及沂州府、东平州等五处团营试办未成。推原其故，实非州县有意抗违，缘州县漕项开销，如帮丁、兑费等项，势难删除，已属不少。每年漕额，无论在民有无拖欠，在官则不容颗粒稍亏。各州县中，每年逃亡绝户不能摧征，及奸顽抗欠如故者，名曰"烂漕"，自数百石至一二千石不等，该州县无非于现征项下通融筹补，并以粮价日见增昂，故两年以来未能提解团营、团练各费。全以制钱六千文尽数办漕，尚形拮据，因误漕被参革职监追者不一而足，其为漕折之无有羡余，团费之无从提解，显然可见。且查东省自举行团练，渐到官弱民强，各花户借口办团，相率把持，抗不完纳；甚至殴差夺犯，聚众围城，种种不法，均在圣明洞鉴之中。现在军务肃清，而团长中不安本分者，因旧有提归本地团费名目，仍复任意需索，多方挟制。征漕之员，惟恐滋事，隐忍苟安，设法筹办。此东省现在办漕之实在情形也。

或谓前湖北抚臣胡林翼奏请痛除漕弊，删减折收钱数，裁汰一切陋规，立法甚善。嗣后各御史条陈各省漕务，均请仿照湖北成案办理，何独于山左遂谓繁重难行。不知湖北系将全漕改折价银解交部库，并无别项支销。东省则本折兼收，仍应采买照额运米，一切杂费，非但不能较前减省，而帮丁、水手自沿途以至通坝在官人役，因各省漕粮或系折解，或由海运，一切费用依然如故，不得不取偿于东省。自来政令之行，减费必先省事，去弊莫如裁人。今事不能省，人不能裁，虽意美法良，未见推行之尽利。臣于两省情形皆躬亲目睹，此山东漕务未可与湖北相提并论者也。

查此案部臣复奏团练经费酌提漕折羡余，原系一时权宜之计，将来地方肃清，团防裁撤，此项经费即可毋庸筹拨，所有漕米折价，即照办运需用实数，定为每石折价四千五百文，此外不准多征，原为预防浮滥起见。如果两年以来，漕米一石实系以制钱四千五百文办理，自当核实裁减。而臣带兵经过沿途有漕州县留心察访，并细询本省绅士，如每石折收四千五百文，实不敷支用。因思从前团营议而未立，现在团练归官经理，所有酌提经费制钱一千五百文并难提取，有名无实，不如仍旧将征收制钱六千并作办漕之用，免致州县借口赔累，团长无可希冀，亦不致滋生事端。此不过于州县原定漕折之数，删去团营、团费空名，并非既减复减，变更无定，涉于浮滥。据藩臬两司会同粮道具详前来。相应呼恳天恩俯准将团练、团营经费一概归并，统作为办漕费用，以资补救。

至原奏所议无漕州县，按亩捐收制钱二十五文，分上下忙，由官局查收，作为办团之用，亦未办有就绪，应请概行停止，以归划一，仍容臣随时察看，如有尚须变通之处，再行随时酌办。理合恭折复奏。

同治三年二月初六日奉到回折："议政王军机大臣奉旨：'户部妥议具奏。钦此。'"

370. 前办亩捐一律停止折
同治二年二月初十日

奏为体察东省地方情形，请将前办亩捐一律停止，以恤民力，仰祈圣鉴事：

窃查僧格林沁于咸丰十年冬间统军赴东剿办土、捻各匪，亲历各地方察看形势，知皖亳捻股阑入山东，多由曹、单一带旧堤窜越。彼时曹属按团出丁，已有防堤之举，因堤路绵亘，人数众多，自卫桑梓即所以保卫地方，不能不筹给口粮，以期得力，奏请于本省按亩捐资，每亩捐制钱二十文作为防堤经费在案。嗣于同治元年四月，御史陈廷经奏请各省停止亩捐，奉旨允准。又经僧格林沁会同前抚臣谭廷襄体察当时情形，因防堤、防河紧要，需用浩繁，难即概行停止，仍请将曹州府七属，济宁等四州县，兖州府八属，沂州府七属，分别办理各等因，奏蒙恩允，并钦奉上谕："务使捐无苛派，饷不虚糜，以期事归实济。俟军务稍平，即行奏请停止等因。钦此。"仰见圣慈体察闾阎、勤恤民隐之至意。

臣伏查曹、单一带，迭年被扰，民间旷废农业，四出迁移，实赖办理防堤一二地方，恃以无恐。当时因屡遭蹂躏，蠲缓者十常八九，正供已属无多，而各圩派费办团，又皆敛诸田亩，是与其捐由民办，不如官办亩捐，尚可抑豪强而助经费。原因军务未蒇一时权宜之计，今僧格林沁仰仗天威，扫清群丑，皖亳各匪悉就歼除，东省地方庶可民安耕凿，竭力于维正之供。若仍摊派亩捐，不但民力未逮，且征多征少，难于稽察，恐徒为官与团中饱之私。即如僧格林沁因大营需用草料，饬令各属分投协采，有亩捐者，准其动用亩捐。现查各属所办亩捐、料草、银钱解交粮台数目，未能尽见踊跃，日久弊生，实所难免。今据藩司贡璜、兖沂曹济道卢朝安会禀：现在股匪削平，亩捐一项，无补军需，而难责民间兼完正赋，拟请一律停止前来。臣当据详函商僧格林沁，均属意见相同，自应体察目前实在情形，钦遵前奉谕旨，自同治三年正月为始，将兖、沂、曹、济四府州所属亩捐概行停止，以广皇仁。其应征地丁正项，应即责成各牧令实力催征，民间裁除捐项，专纳钱粮，自不至再存观望。至僧格林沁移军驻皖所需军饷，臣惟有竭力图筹，源源协济，不致贻误。总期事归实济，上纾圣怀。谨将东省停止亩捐缘由，理合恭折驰奏。

同治三年二月二十一日奉到回折："议政王军机大臣奉旨：'著照所请，该抚即行出示晓谕。其应征地丁正项，务当实力催解，不得意存观望。该部知道。钦此。'"

371. 江北新漕全数改折折
同治四年十一月三十日

奏为江北一半新漕，河运难期妥速，拟请仍准全数折解，以节浮费而资实用，恭折驰陈仰祈圣鉴事：

窃臣敬铭于十一月二十六日准漕臣吴棠咨称："江北新漕，现准部议，饬令征收一半本色米石，由河道运通"等因。适臣之万因查河行抵济宁，经臣敬铭抄咨知照，随即会同查阅署两江督臣李鸿章、漕臣吴棠原奏备陈："江北漕米运解之难，而以本届苏、浙海运稍多，似不争此四五万石之米，且因此修闸挑河，尤为不值。莫若全数解折，每石可实折银二两四钱，不无裨益"等语，自系实在情形。部臣以米数虽属无多，既可筹备京仓，又可规复河运，更就统筹全局起见，故于所请全数折解，未能议准，业经奏奉俞旨，何敢再为渎陈。惟臣等揆诸地势，按诸事情，则以现办河运，实未确有把握，究不若折解之稳妥，而不仅为取轻便图省费之计也。请为我皇太皇、皇上敬陈之：京仓匮乏，本不可专恃海运，当以河运相辅而行。然现在河道未可即谓疏通者，一在于黄水之多阻，一在于贼势之未平。自河决兰、仪，黄水穿运，挟汶东趋，其张秋北之运河，仅恃黄河旁溢之水为来源。入运之处，名南坝头，口门日形淤垫，从前秋冬尚能过水，近则水落辄至断流，惟五、六、七等月，汛水盛涨之时，始可畅行无阻。即济宁南北运河，近以库款支绌，所有挑河修堤事宜，历年皆未举办。故河身浅阻，纤堤残缺之处所在有之。本年试办河运，经前河臣郑敦谨择要估挑，即已用银数万两。臣敬铭亦冀既经挑浚一时，此后当可顺利，乃黄水入运之处，水以渐长而高，淤即以渐积而厚，秋深水落后，口门之淤闭仍然如前。查今岁米船以贼氛肆扰，幸有闰月，于伏汛时始入东境，泇河一带不免磨浅，而渡黄恰值盛涨之期，得以无阻。设早至一两月，水势未旺，能否浮送，殊未敢定，虽勉强挽运，而回空各船，现以无水，仍搁临清一带。漕臣以清淮雇船为难，严行催促，而水涸河干，即严参州县亦必不能行之号令。来年清淮即使有船可雇，鉴于此次之受累，雇价必昂。此则黄流之隔阂，所难必其迅速者也。

捻逆窜扰，常欲窥伺黄、运河防，运河浅窄，抢渡颇易。本年三、四月间，该匪两次渡运，皆在汶上之开河、袁口水势尤浅之处。其时米船幸未入境，设已至济宁以北、张秋以南，则欲退入潮而不及，欲速渡黄而不能，岂堪设想。现在发、捻各股尚未扫除，春夏之交，正贼骑纷驰最难防范之际，若米船适至浅阻之处，不及引避，在在可虞。弃米石以资寇粮，患已不可胜言；倘该逆抢船渡黄，患更不测。即使仰赖皇上威福，力能保护，而迟滞日久，必失水期，水落仍淤，挑浚之工尽同虚掷，则粮艘必须积滞中途，守候来年汛涨，运脚之费，更增倍蓰，而后年之运，仍不能行。此则贼情之飘忽所宜倍加慎重者也。

夫河运之废，已及十年，此时略可疏通，果使有计日之程，无意外之虑，即转运稍费，筹办较难，犹将采买试行，况有额漕起运。第本年南米数万石平稳抵通，其间幸免疏虞得无迟误者，惟仰赖圣主洪福，实非人力所能为功。

臣敬铭正拟将试办情形据实陈明，因未悉来年是否办运，尚未具折。臣之万此次查河，亦拟察看上届工程是否合宜，新估钱粮能否节省。顷于行抵张秋，周履确勘，并赴济宁详为考核，运河之泇河厅、十字河一带久未挑疏，若修理堤工闸坝、挑挖河身，约计非十余万金不能办理。现当经费支绌，断难筹此巨款，然此犹人力所可为。至张秋镇黄流穿运处所，如萧公祠、解家口等处民埝，缺口既须堵筑，而堤岸尚须处处帮培，筹办已属甚难。况沈家口、挂剑台各工，历年黄流盛涨，水过沙停，运河之底高于黄河，必须借黄入运。该处南坝头一道，说者谓可以筑为挑坝，但运河挑挖不深，引水必浅，即不敷用。倘挑挖过深，引水太多，又虑黄水骤发，大溜灌入运河，变更不测。而有水仍须在伏汛盛涨之时，盛涨一消，运道仍成平陆，即能浮送重运，断难再济回空。此等情形又为署督臣李鸿章、漕臣吴棠所未经亲历，臣等确有所见，曷敢不切实陈明。

因思江北新漕约收九万余石，一半改折，一半起运，尚须以节省为津贴。其折解者，每石折解一两四钱，约计银六七万两。若全数改折，每石折银二两四钱，约计银二十一二万两。本届苏、浙海运稍多，在江北少解四五万石之米数，于京仓未甚短绌；而多解十五六万两之银款，即京仓采买亦可稍资挹注。况所省江苏筹补运脚之费，直、东挑筑ப坝之费，又各数万两，于库储、军需均有裨益。权其轻重，似全数改折，实为目前稳妥之策。指日捻氛殄灭，可以专力整理河漕，无论米数多寡，总当设法挽运，以实京仓而固根本。

臣敬铭因病未能赴济宁面议，臣之万亦因黄河各厅亟应购办岁储，必须赶回督催，故亦未能赴兖。经臣等往返屡次函商，意见相同，谨合词据实具奏。如蒙俞允，并请迅赐敕下署两江督臣李鸿章、漕臣吴棠遵照将江北新漕全数改折办理，改折银两专款分批解部，以资采买应用。事关紧要，理合由驿驰奏。再，此折系臣敬铭主稿，合并声明。

同治四年十二月初七日奉到回折："军机大臣奉旨：'户部速议具奏。钦此。'"

五、漕运状况

372. 被劫请敕直隶江苏一体兜拿片
同治二年十月十六日

再，本年福建、江苏捐办米石由海运京，臣先后接准咨会，均经咨行镇道督饬沿海文武员弁认真防护，实力催趱。兹据署荣成县周毓南详报：上海高和顺米舡，由江南余山口放洋北上，六月二十二日驶至黑水外洋遇盗，劫去货物并捐米一百余石，拒杀水手郑明瑞，至七月二十五日收进石岛口岸报县会营勘讯属实，仍令出口放洋赴天津交兑等情。臣查近年来南省海运米舡经过东洋，未闻失事。今盗艇在洋游弋，意图劫掠，实为米艘商舡之害。臣已咨会登州镇总兵李懋元，督饬水师将弁管驾师舡，与江省水师在于洋面分巡合捕，以期及早剪除。应请敕下直隶、两江各督臣，江苏抚臣，分饬沿海各属严密防捕，并派拨舟师一体兜拿，以靖洋面。除分咨外，理合附片陈明，伏乞圣鉴。谨奏。

373. 江苏福建海运米船收口出口各日期片
同治二年十月二十三日

再，查山东防护海运，历系登州镇臣督饬舟师出洋巡护，并令登州府饬令沿海州县在于紧要口岸稽查弹压。本年福建、江苏捐办京仓米石，由海运津，臣接准该省等来咨，即分别咨行该镇等照章防护。兹准登州镇咨，并据该管道府禀报：江苏金长顺米船一只，于八月二十五日收泊文登县威海口，予次日出口开行。

又福建金福春、金万丰米船两只，于八月二十日收泊蓬莱县庙岛口，均因桅舵等物损坏，难以驾驶，报县会营勘明，另雇商船装运，盘量米数，俱未短少，于九月十七日出口开行，由水师将弁护送北上等情。除饬将续到米船随时迎护催趱外，理合附片陈明，伏乞圣鉴。谨奏。

374. 江苏海运漕船收口放洋日期片

同治三年五月初二日

再，东省防护海运南粮，历系登州镇臣亲统舟师出洋巡护，并令登州府督率所属在于沿海紧要口岸稽查弹压，以壮声威而期周妥。

本年江苏省华亭、奉贤、娄县、上海、南汇、青浦、川沙、宝山八厅县起运同治二年漕米，由海运津，行走东洋，臣接准咨会，即咨行该镇等照章防护。兹准登州镇咨，并据该管道府禀报：自三月初五日起，至三十日止，上海漕舡金臻福、金恒盛、源和顺，娄县漕舡盛大发、宋隆发、金永茂，青浦县漕舡金永发、沈长利，南汇县漕舡蒋吉茂、金泰来，川沙厅漕舡张金太，奉贤县漕舡桢祥顺、沈裕生，共十三只，均于收口后一律放洋，由水师将弁护送北上，风帆稳利，足以仰慰宸廑。除饬将续到漕舡随时护送催趱外，理合附片陈明，伏乞圣鉴。谨奏。

375. 山东漕船出境日期片

同治三年六月十五日

再，东省闸外德正首帮粮船开行，业经奏报在案。兹据督粮道沈维璥禀报：闸内各帮跟接依次开行，循例督押北上，尾帮濮州帮于五月二十四日全数挽出德州柘园镇东境等情。除饬加紧押催迅速抵通交卸，一面分咨直隶督臣、天津镇臣饬属一体接催外，所有东省漕船出境日期，理合附片陈明，伏乞圣鉴。谨奏。

376. 江苏海运漕船搁浅松舱饬令赴津赔补片
同治四年五月初七日

再，据福山县知县吴恩禀称：江苏漕船高福利装青浦县漕米一千石，余耗等米一百五十石六斗七升二合五勺，外带二成客货，于四月初十日由上海放洋北上。十六日夜，因大雾迷天，船在崆峒岛以西洋面被风搁浅，赶即松舱抛弃漕米一百余石，并生姜、地栗五十包，竹篾三十捆，船身稍轻，始得离开浅处。次早驶至芝罘岛口岸，报县会营勘明，搁浅处所，下有沙梗，离岛三里余。查验船底稍有损漏，桅舵并未损坏。虽因搁浅松舱，究属驾驶不慎，核与免赔章程未符。讯之船户张福，愿于抵津后照章如数赔补，取具供结。饬将漏处修补，于二十三日乘风出口赴津交兑等情，并据登州镇道禀报前来。臣复核无异。除分咨外，理合附片具陈，伏乞圣鉴。谨奏。

377. 江苏漕船触礁沉溺请旨豁免折
同治四年六月初一日

奏为漕船触礁沉溺，照章请旨豁免，恭折奏祈圣鉴事：

窃据署蓬莱县知县冯澍详报：江苏金聚盛沙船装运镇洋县正耗漕米三千二百四十石，余米、食米二百十二石一升七合五勺，本年三月二十六日夜在洋遭风，驶至离该县庙岛十八里之玉林江，船底触礁破漏，舵水薛云生等喊救，经曲士贵等渔船救起，船被风浪打至距江二里余沉溺。于二十七日报经该员会营诣勘，玉林江暗礁林立，潮落后露桅寸许，饬夫捞起锚缆等件，给领变卖，米石同客货地栗等物，无法打捞。查验船票米照所填米数，核与所报之数相符。诘以因何不砍桅松舱，据称若遇暴风，船将倾覆，始行砍桅松舱。今系船底触礁破漏，与遭风情形不同，是以并未砍桅松舱，委无盗卖捏报情弊。取具各供，详经臣批饬代理登州府知府李熙龄复加勘讯无异。由登莱道潘霨核明具详前来。

臣查江苏海运章程，如漕船在洋遭风，验明砍桅松舱，货物俱损者，奏明豁免。今江苏金聚盛沙船装运镇洋县漕米赴天津交兑，因在山东庙岛洋面触礁沉溺，船货俱失，较之松舱抛货者尤为可悯。所有沉没漕米三千余石，应请旨豁免，以符定章。除分咨外，理合恭折具奏。

378. 南粮米船挽入东境日期片
同治四年六月初一日

再，本年南省试运米船，探知已由清江分起北驶，一切催趱稽查弹压事宜，先经臣分饬各该地方妥为筹备，一面责成运河道将经行处所赶紧修挑，并饬探有头起入东之信，迅即亲往迎提。兹据运河道宗稷辰禀称：当由济宁登舟，一路迎提，兼查看工段。查得滕、沛两县挑工，因防务耽延，尚未告竣，立即督催赶办。嗣据委员具报，米船始过窑湾，尚须等候铺灌水势，方能提挽上行，遂由夏镇转舟北上，严饬泇河同知同顺速往台庄迎提。飞报去后。现据禀报，所有米船计分七起，由押运官李宝等分起督押，统共一百零五只，全数于闰五月二十日先后挽入东境峄县黄林庄，昼夜提催护送前进。惟查鱼台、济宁州卫，汶上等四处河道，前正在赶办之际，突被贼扰，诸未妥协，须得驻济催办，再行驰往张秋查看黄水情形及沈家口一带浅滞，应如何筹办，总期设法料理，俾免日久阻滞等情前来。除仍严饬赶紧妥筹办理，迅速催趱各船连樯北上，勿任稍事停留外，所有试运米船全行挽入东境日期，理合附片陈明，伏乞圣鉴。谨奏。

379. 南粮米船渡黄日期片
同治四年七月十一日

再，南省试行河运米船挽入东境，经臣附片奏报。一面责成运河道宗稷辰驰赴济宁，会率司漕文武员弁，梭织提催，并往张秋查看黄水情形及沈家口一带浅滞处所，即饬雇船剥运，相机妥办在案。兹据该道禀称："七月初一日行至沈家口，一路水势已无浅阻，即收回济宁长剥米石，加意护送渡黄。现在第一起至第七起米船计一百零五只，于初三日巳时至午时全数过黄北上，诸臻平稳。抵至张秋后，探量水势充足，无庸起剥，惟恐东昌较他处稍浅，仍令聊城预备剥船应用"等情。并据江苏督运委员候补道刘咸呈报前来。除饬妥筹速办，并催沿河各州县加紧提催，务令连樯飞驶，一俟催出柘园镇东境再行奏报外，所有试运米船渡黄日期，合先附片陈明，伏乞圣鉴。谨奏。

380. 江苏漕船沉溺请旨豁免折
同治四年九月初二日

奏为漕船遭风被浪击碎沉溺，照章请旨豁免，恭折具奏仰祈圣鉴事：

窃据署蓬莱县知县冯澍禀报：江苏褚长利商船装运本省上年采买秈正米九百石，耗米十八石，食米七十二石，赴天津交兑，于本年五月二十八日夜驶至小平岛洋面，忽遭大风，逼至外洋，浪盖船面，势将倾覆。舵水倪荣亭、孙凤高等正在砍桅松舱，因船身过旧，被浪击碎，孙凤高等六名俱落水淹毙，倪荣亭等七名各驾杉板船随风漂至该县大竹山岛洋面，适遇宁元宗等渔船救起。报经该县会营诣勘，小平岛外洋系奉天金州厅管辖，距厅尚远，距该县亦四百余里，水深浪大，无风亦险。所有米石、船桅、板片同所带竹竿等货暨孙凤高等尸躯，均已沉溺，无法打捞。饬据倪荣亭等将身带照票呈验，所填米数、人数，核与所报无异。讯供取结，禀经臣以小平岛洋面是否系南来赴津必由之路，且查褚长利漕船前经收出芝罘口，经臣附片汇奏，是否即系此船，亦未据声明，批饬登州府知府豫山复往勘明，小平岛洋面，南来赴津各船多由该处行走。讯据倪荣亭等供称，前因甫经得生，心慌漏未声明前次收口缘由，余与原勘原讯无异。由登莱青道潘霨核明详请具奏前来。

臣查江南海运章程，如漕船在洋遭风，验明砍桅松舱，货物俱损者，奏明豁免。今江苏褚长利商船装运本省采买籼米赴天津交兑，因在奉天小平岛洋面遭风，被浪击碎沉溺，淹毙水手多名，船货俱失，较之砍桅松舱抛弃货物者，尤为可悯。该舵工倪荣亭等，既顺风漂至东省，呈报勘讯明确，相应请旨将江苏褚长利商船沉失漕米九百石，准予豁免，以符定章。除分咨外，理合恭折具奏。

381. 江苏米船在洋遭风片
同治四年九月初九日

再，据署荣成县知县张道南详报：江苏彭长顺商船装川沙厅起运白粮漕粳正米共六百六十六石四斗九升五勺，搭运筹备余米并食耗等米共一百十六石八斗六升九合五勺，赴天津交兑，于本年闰五月初六日午后驶至黑水洋遭风，舡桅、舡帮均被风浪损伤，舡身又重，势将沉溺。舵水周景元等本拟砍桅，因水手潘福群站立舡面，被浪打落，同杉板舡漂没无踪。随在舱内将米抛松，约有一百四五十石，舡始轻漂，随风北行，至夜半风息，于十五日进该县石岛口。报县会营查明黑水洋相距甚远，且系遭风，毋须往勘，验明舡桅、舡帮均已损伤，内装漕米有抛撒形迹，取验照票，均属相符。饬令修理，讯供取结，详经臣以该舡有无携带货物，是否同米抛弃，未据声明，批道饬据该县卷查原验所带二成竹纸等货，亦有抛弃情形，并未全失。曾经诘讯所抛米石作何著落，据该舵水等供称，伊等情愿认赔等语，并声明该舡已于闰五月二十五日修竣放洋等情，详复前来。

臣查海运漕舡遭风松舱，粮货俱损，照章本应豁免，今该舵水等既愿认赔，应由津局核办。除分咨外，理合附片具陈，伏乞圣鉴。谨奏。

382. 南粮回空米船飞饬回淮片
同治四年十一月十五日

再，查本年江南试运米船催出东境之后，即饬各属，一俟回空船只到境，立即小心护送，迅速南旋，毋任停留，以致沿途冻阻。兹据署德州知州赵新禀报：前项七起回空米船一百零五只，于十月初一日午时先后入柘园镇，十二日戌时挽出蔡家庄南下。又据东昌府上河通判毓明禀：据临清汛闸具报，空船五起陆续入临清汛境，共船七十五只，因闸河水小见冰，停泊卫河三元阁等处，后有二起尚在武城一带，现在水势日见消落，赶紧移会捕河设法导引黄水接济等情。查张秋南北及东昌一带运河，数年以来，汶水不能达及，全恃夏秋黄水涨注，冬春恐难引水使归运河。除咨河漕督臣查照，并飞饬沿河州县一体设法赶催跟接回淮外，理合附片奏闻，伏乞圣鉴。谨奏。

383. 南粮回空米船在东守冻片
同治四年十一月二十七日

再，查江南试行河运回空船只，节经严饬沿河各属催令飞驶南下。兹据临清直隶州知州张应翔禀报：前项船只，陆续到境，停泊长河、三元阁等处。缘闸河全赖黄流下注，舟楫始能驾驶。本年黄水来源本弱，兼以张秋镇口门愈垫愈高，八月内河水即见消落，虽经捐廉将淤塞口门挑深五尺、长二百二十余丈，讵奈上游水势日耗，不能下达。现在河身多有见底之处，且天寒冰结，断难行走，已禀经漕臣饬发各船户口粮银两，在东守冻等情前来。臣复加查核，确系实情。除批饬随时照料弹压，一俟冰融水长，即行催趱赶速南旋外，理合附片奏闻，伏乞圣鉴。谨奏。

384. 漕船开行日期及济宁等五帮未能跟接前进片
同治五年四月初一日

再，查东省起运同治四年漕粮，经臣迭檄严催赶早趱运抵通。兹据督粮道沈维璥禀报：外河德正等帮均经逐船盘验，于三月十八日开行北上，所有闸内济宁等五帮，随经迅催联綜前进。续据沈维璥禀报：闸河自去冬至今，水势稍落，节节浅滞，并有淤成平陆之处。正拟挑浚，期与外河各帮同行，讵甫经择日兴工，即值发、捻窜扰，东境汶上、东平一带皆漕船必由之路，未敢冒险前行等情。臣现驻河干，复查确系实在情形。除严饬各帮弁丁人等妥为保护，一俟地方平靖，河水通畅，飞催出闸遄行赶紧抵通外，所有外河德正等帮开行日期，并闸内济宁等五帮未能同时跟接行走缘由，理合附片奏闻，伏乞圣鉴。谨奏。

385. 江北漕船入东境片
同治五年六月二十九日

再，本年江北漕船经由东省，运河淤浅，各工应一律挑浚，以利行驶。值捻匪窜扰，未能及早概行戽水兴挑。适今年夏雨既早且大，河湖各水均形畅满，即张秋镇以北，于六月初旬亦值黄水涨发，分溜入运。经臣檄饬沿河司漕文武员弁，随时探明漕船，相机妥办，并迎提催趱在案。兹据运河道及地方文武禀报：江北漕船一百四十六只，又余米船十二只，于六月十三日挽入东境峄县黄林庄，沿路水涨风顺，于二十四日即全数挽过济宁州天井闸,速行北上等情。除飞饬沿途一体催挽,设法济送,勿稍停留外,理合附片奏闻,伏乞圣鉴。谨奏。

伍·盐务

386. 盐纲疲累请将应完带征各项银两分别停缓折
同治二年六月十二日

奏为沥陈商灶困苦情形,请援案停缓带征课款等项,以资补救,恭折奏祈圣鉴事:

窃照东纲各官商应完道光二十七八两年正杂等款,同商捐厘头不敷公费,又永阜场灶户借领修复滩池银两,经前抚臣谭廷襄援案奏请停缓,部议展限一年,届期即行严追报完在案。兹据署盐运司恩锡详称:商灶苦累较前倍蓰,虽仍加紧严催,不遗余力,徒有追呼之名,竟无完纳之实。溯自丰工漫口以来,潮灾、兵灾、水灾,层见叠出;近年捻匪窜扰,行销各地,均遭蹂躏,元气耗损,若将前项带征等款责令与新课同时并纳,实属力有未逮,恳请再行展缓前来。

兹〔臣〕复查东纲引碎商散,素称疲累,刻下情形更非寻常灾祲可比。当此经费短绌之际,苟可设法催纳,亟应实力提追,以裕饷需。无如目击灶困商穷,无计周转,何敢自安缄默贻误全纲。惟有吁恳天恩俯准将应完带征道光二十七八两年正杂各款,同商捐厘头不敷公费,并永阜场灶户未完借领修复滩池等项银两,自同治二年为始,分别停缓三年,届期再行催缴,以资补救而维全局。感颂皇仁,实无既极。为此恭折具奏。

同治二年六月二十六日奉到回折:"议政王军机大臣奉旨:'户部议奏。钦此。'"

387. 东纲疲累恳将二成余票展限折
同治二年六月十二日

奏为东纲票地疲累，恳将划出二成余票量予展限，以免壅滞，恭折奏祈圣鉴事：

窃照东省票地，素多滞岸，连年盐枭、南捻窜扰，疲累不堪，商本易亏，销盐更滞，全局几至涣散。前抚臣谭廷襄援照减引成案，将额票十四万一千一百三十五张以八成作正，年清年款，二成作余，尽销尽报，定限五年，届满再行核办。奏奉部议：准自同治元年起，至二年止，划出二成余票，嗣后仍照额行运，饬遵在案。兹据署盐运司恩锡详称：各票商积困已深，现在八成正票尚难如数销完，转瞬二年限满，即令照十成额数领运，实属力有不逮，复请奏展前来。

臣复查前项余票，苟可竭力运销，自应遵限督办，曷敢再行陈渎。无如兖、沂、曹、济等处，南捻蹂躏，土匪滋扰，武定盐枭又复蠢动，东昌降众尚未尽抚，淄川刘逆负隅抗拒，省东各府均有戒心，商贾裹足不前，销盐日形短少，商情拮据更甚于前。即使军务平靖，次第复业，随时加意整顿，亦非一二年间遽能望其起色。合无吁恳天恩俯准将二成余票仍自同治元年起，以五年为限，届期再请复额，以苏商困。感颂皇仁，实无既极。为此恭折具奏。

同治二年六月二十六日奉到回折："议政王军机大臣奉旨：'户部议奏。钦此。'"

388. 东纲疲累恳将二成余票再予展限折
同治五年九月二十八日

奏为东纲票地疲累，吁恳天恩准将票地二成余票再予推展，以免壅滞，恭折奏祈圣鉴事：

窃照东纲票地滞积已非一日，前因枭、捻各匪窜扰频仍，商本大亏，全局几散。当经前抚臣谭廷襄并臣先后奏恳援照减引成案，自同治元年为始，以额票八成作正，年清年款，二成作余，尽销尽报，定限五年，再行核办，经部议准在案。兹据盐运司卢定勋详称：票地素多滞岸，商穷资薄，力本难支，近年水患兵荒，无岁不有，销路日形壅滞。兼以本年自夏徂秋，阴雨尤甚，滩盐歉收，粮价运费异常昂贵，商情困惫已极，一时骤难复元。即八成正票尚属领运维艰，又按限带征积票，日事比追，实已筋疲力尽，若再将二成复额责令运销，必致累益加累，倒乏愈多。拟将前项二成余票，自同治六年为始，仍予推展五年，以纾商困等情请奏前来。

臣复查上次展限业经届满，果可设法运销，万不再请推展，讵奈众商积困已深，元气竟难骤复，确系实在情形。合无吁恳天恩俯准将票地二成余票再展五年，由臣督饬运司随时加意整顿，俟限满再请复额，出自逾格鸿慈。为此恭折具奏。

同治五年六月十二日奉到回折："军机大臣奉旨：'户部议奏。钦此。'"

389. 盐斤加价银两再予缓提片
同治二年六月二十日

再，查东纲北运盐斤一文加价，本系归商贴补赔折，每届三年期满，屡请展限。咸丰九年，部议毋庸归商，饬令解拨充饷。嗣因迭遭兵燹，商情困苦异常。咸丰十一年，前抚臣谭廷襄复经奏请缓提三年，部复暂行归商一年各在案。兹据署盐运司恩锡详称：现在运销壅滞，商情疲极之时，非将此项缓提，难资补救，援案再行请展前来。

臣复查加价一款，前既奏明提库报拨，本不容仍议归商，惟山东盐务实形疲累，若仍照案加征，更形竭蹶，势必贻误课款。

合无吁恳天恩俯准将引票州县加价银两，自同治二年为始，再予缓提三年，届期催追完缴，以恤商艰而顾正课。理合附片陈明，伏乞圣鉴训示。谨奏。

同治二年六月二十六日奉到回折："议政王军机大臣奉旨：'户部议奏。钦此。'"

390. 请将己未等纲未完票盐暂予展缓折
同治三年二月二十二日

奏为沥陈东商疲累情形，吁恳天恩俯准将未销票课援案展缓，以恤商艰而顾新运，恭折奏祈圣鉴事：

窃照东纲票商，迭蒙逾格恩施，莫不感深沦浃，何敢复求调剂。惟查票地各州县附近滩场，素多滞岸，加以比年捻、枭各匪肆行滋扰，商人成本既亏，行销更形壅滞。业经前抚臣谭廷襄援照减引成案，自同治元年为始，以八成作正，年清年款，以二成作余，尽销尽报，五年限满，再请复额，奏蒙俞允在案。臣莅任后，节经设法整顿，原期商民渐次复业，票张新旧并销，何敢畏难自阻。无如频年积累，元气未能骤复，大局难以支持。兹据运司恩锡详称：各官商自上年六月至十二月底止，半载以来，兑领同治二年新票不过三分之一，请领旧票者更属寥寥。推原其故，皆由近年各票地迭次被匪蹂躏，成本亏折，积困已深，若无分新旧，概令运销，商力实有未逮，且恐占碍新票地步，恳将己未纲已完票一十三万二百四十四张，庚申纲已完票八万四千五百一十六张，辛酉纲已完票二万三百四十六张，壬戌纲已完票五万八千五百七十九张，尽销尽报。其四纲未完票共二十七万八百五十五张，暂予停缓，俟盐枭敛迹，八成票张复额之后，再行起限，责令分年带销等情，具详请奏前来。

臣查该司所详，委系实在情形。各商迟误课运，固属咎有攸归，惟积票至二十余万之多，此时各口岸疮痍初复，枭匪尚未一律歼除，即使严参勒销，恐于课款仍无实济。溯查咸丰五年前抚臣崇恩因引积课悬，奏准展缓，分年带销，现在票地疲累情形事同一律。合无仰恳圣恩准将东省己未、庚申、辛酉、壬戌四纲已完票张尽销尽报，未完票张暂予展缓，俟枭匪敛迹，八成票张复额之后起限，分年带销；并恳将各员督销处分免于开参，俾商力稍纾，得以专顾新运，再有延误，即行从重惩办。为此恭折具奏。

同治三年三月初四日奉到回折："议政王军机大臣奉旨：'户部议奏。钦此。'"

391. 商灶困苦恳请调剂折
同治四年正月三十日

奏为沥陈商灶困苦情形，恳恩分别调剂，以资补救，恭折奏祈圣鉴事：

窃查东纲商散引碎，素称疲累，若非相机筹办，随时变通，诸事颇形掣肘。自咸丰三、四年起，以至于今，或被海潮，或经贼扰，兼以兰阳决口，黄水漫溢成灾，各商苦累不可胜言。经前任各抚臣奏准，将官商应完带征道光二十七八两年正杂等款，同商捐厘头不敷公费，并永阜场灶户借领修复滩池等项银两，悉予停缓在案。臣到任后，加意整顿，地方亦稍安靖，征收正课，渐有起色。而库存积引，兑领者仍复寥寥，实缘各商灶频年积困，未易昭苏。加以沿河口岸尽付洪流，盐斤歉收，粮价昂贵，成本吃重，亏赔更多，完解新课已属黾勉支持，若将带征等款同时并纳，商力实有未逮。兹据署盐运司卫荣光转据引票各商详请援案展缓前来。相应吁恳天恩俯念各官商苦累情形，将应捐进关二钱厘头不敷公费，及永阜场灶户未完借领修复滩池等项银两，自同治四年为始，停缓三年，俟三年后，察看情形，再行启征。至引票地应完道光二十七八两年带征课款，原欠银二十七万八千九百五十六两八钱一分五厘，除参商悬课归入节省公费内提补银一万四千五百九十五两六钱六分六厘，并完过银一十四万三千九百八十五两八钱五分四厘，尚有未完银一十二万三百七十五两二钱九分五厘，完纳已经过半，究与新课不同，应请援照道光二十九年核办二十五限带征成案，全数归入积欠项下，俟弥补积欠之厘头启征，再为次第补苴。所有自癸丑纲起，至甲子纲止，积引一百九十万九千三百七十六道，援照积票分限成案，分作八年代销，以纾商力。感颂皇仁，实无既极。除俟新引到纲饬催各商赶紧完课外，理合恭折具奏。

392. 东纲盐斤加价请展缓两年折
同治四年十一月二十七日

奏为东纲盐斤一文加价，恳恩展缓两年，以纾商力，恭折奏祈圣鉴事：

窃照东纲北运引票各地，道光十八年二次盐斤加价二文，至二十九年减去一文，归商贴补赔折，每届三年期满，奏准展限。咸丰九年部议提报充饷，因商累分文未缴，十一年及同治二、三两年复以运销壅滞缓提，经部复准。本年又请将四年新纲应行启征加价裁免，其商欠九、十两年之项，分作四年带征。部议将同治四年加价照旧征收，所欠咸丰九、十两年加价，准分四限摊完，奉旨允准各在案。

查东纲各商，资本微薄，办运零星，兼以频年黄水之灾，迭遭兵燹，虽经竭力整顿，总未见有起色。商课每引征银二钱四分，本年增完加价二钱二分，又带征九、十两年加价一钱一分，均须于领引时同时完纳。商力本形吃重，是以春间开办新纲，各商闻而生畏，几于无人领运。至三、四月间，南捻阑入东境，盐包非半途被抢，即停垣不运，商本更难周转。方期秋运有余，藉补春运，又经捻踪纷窜，滩池为黄水淹没，盐稷、绳席、车价无一不贵，春运既难，销路更滞，商本愈形亏折。各该商迭将苦累情形呈由运司卢定勋，详恳自同治五年为始，一文加价二钱二分，以一钱一分仍提充饷，以一钱一分及带征九、十两年一钱一分展缓两年再行启征等情，请奏前来。臣复加查核，确系实情。此项加价，专提充饷带征，甫交初限，如可竭力筹措，岂容率议递缓。讵奈商情疲累，若非量为推展，全纲将有颓废之虞。且盐课只期销引之多，不在增价之昂，若价昂而不能多销，正与不增价等，并恐日久私盐充斥，转误鹾务。合无吁恳天恩俯准自同治五年为始，将一文加价银二钱二分，以一半仍提充饷，下余一半，同九、十等年加价银一钱一分，一并展缓，俟两年后仍即照案征收，庶饷项可以酌提，而各商亦得专顾正课，多销额引。感沐鸿慈，实无既极。除咨部外，理合恭折具奏。

同治四年十二月十一日奉到回折："军机大臣奉旨：'户部议奏。钦此。'"

393. 山东运库积欠剥船生息银两暂免拨解片
同治三年五月三十日

再，臣钦奉上谕："刘长佑奏请饬催山东运司欠解剥船工食修舱银两一折。直隶额设剥船应需船户工食修舱银两，向由山东运司拨解。近年以来积欠至三十七万九千余两之多，实属延玩。著阎敬铭严饬运司，即将历年欠解直隶省剥船银两迅速筹拨，解交天津道兑收，以济要需，毋再延缓。该部知道。钦此。"遵查此款前准直隶督臣咨催，业经饬司赶紧设法筹解。兹据盐运司恩锡详称：东省应完直省剥船生息，溯自道光十七年以后，奏明以堰工加价及商捐进关一钱厘头银两贴补。从前额引全数销完，加价厘头征收足额尚多支解不敷。迩年东纲盐务，始因黄水为灾，继被逆匪滋扰，行销各处，均属凋残。现虽全省肃清，加意整顿，一时骤难复元，应完各款异常短绌。

进关厘头又经奏明停缓,加价一项,征数无几。京协各饷,纷至沓来,凑支分拨,业已罄尽。应解本省各项息银,数年来并未批解分厘,所有催提前项剥船生息实难完解等情前来。臣复加查核,确系实情。当此商力疲乏之时,赶办课运尚形竭蹶,若再催完积欠,帑利殊于正课有碍。合无仰恳天恩俯念无款可筹,准将东省运库积欠直省剥船生息银两暂免拨解。至本年例拨之项,仍饬随时酌量情形,俟冬间果能收有成数,再与各处生息均匀支解,以济要需。除咨直隶督臣转行天津道知照外,理合附片陈明,伏乞圣鉴。谨奏。

394. 山东运库积欠剥船生息银两分年归补折
同治四年九月初二日

奏为东纲积欠剥舡生息巨款,一时难以筹解,恳恩分年提解归补,以济要需,恭折奏祈圣鉴事:

窃照户部议复,天津验米大臣载龄等奏请加修直隶满料剥舡,以资转运一折。奉上谕:"前据载龄等奏请满料剥舡加价修整,当交该部妥议具奏。兹据户部奏称:该剥舡缺额既多,一时排造不及,自宜将满料各舡援案修理等语。著照该部所议。至此项续增舡一千只,早经限满,虽加修整,仍恐难于经久,自应照例排造。山东省发商生息一款,本专备续增剥舡修造工食之用,该省历年积欠已至九十余万两之多,以致修造舡只碍难举行,于运务大有关系。著山东巡抚严饬运司,即将前项积欠银两先行酌提银三十万两,分作三年专解部库,作为此项排造剥舡之费。其该省每年应解生息银两,仍令照例分解部库及天津道库,务须年清年款,不得再有蒂欠。经此次催提去后,该运司如敢再有玩误,即著据实参奏。钦此。"钦遵咨行到臣。遵查前项发商生息,为修艌直隶剥舡要需,积欠甚多,亟应提解,随经严饬运司筹办去后。

兹据新任盐运使卢定勋详称：伏查东省每年应完内外帑息银十七万一千余两，内剥舡一款，自嘉庆十六年由本省加价项下拨银发商生息，以为剥船修舱工食之用，每年息银三万两，应解天津道库二万三千两，余银七千两报解部库，遇闰加增银二千五百两，分别报解。嗣于道光十七年以商欠累累，奏明堰工加价贴补现年帑利，以恤商艰。迨至二十九年，钦差查办盐务，因近年银价昂贵，堰工加价贴补仍不敷支拨，统计积欠内外帑利共有八百余万两，虽节经展缓，而各商疲累，总未完缴，奏明按引商捐银二钱，内以商捐不敷公费一钱作弥补济欠，以商捐进关厘头一钱作为贴补现年帑利，其不敷仍以加价贴补，历经遵照办理。合计每年厘头约收银三万四五千两，加价约收银六七万两。以帑利十七万一千余两计之，支解尚属不敷。故自道光二十九年查办起，至咸丰二年止，剥舡生息一款，每年尚解银一万四千两至一万八千两不等。旋于二年七月因黄水泛滥，盐场被潮淹没，奏准贴补帑利之进关厘头及不敷公费展缓未征，并节经展至同治七年，始届限满启征，每年帑利又少银三万四五千两，贴补愈加不敷，是以剥舡生息一款，计自咸丰三年至九年止，每年仅能解银五六千两及九千两不等，而十年至同治二年全未报解，三年只解银三百五十余两，实因迭遭兵燹，引地悉多荒废，业商大半逃亡，领运者少，所征加价亦少。而连年京协各饷拨款逾于课额，催追紧迫，各前任以正课不敷解款，不得不将加价凑解，以应要需，致各项帑利全行停解，并无存项可以完欠。此历年积欠生息未能完解之实在情形也。

复查道光二十九年以前，先盐后课，各商引已领运课多未清，所欠帑息实在于商。惟嘉庆、道光年间积欠各项帑利逾数百万，历经递缓未完，事隔多年，旧商消乏更换，实无从着追。道光二十九年以后，先课后盐，完一引之课，始能领一引之盐，加价即随引缴，所欠者不在商而在未运之积引，而积引业已钦奉恩旨分限带销，即带征之款尚需时日。数年来灾患频仍，运销不能足额，加价征收本少，解款已属难支，兼以进关厘头递缓，欠项更无可追补。本年春间，捻匪窜扰东境，引地多被蹂躏，被劫引盐不少，春关领运，殊属寥寥。夏秋间黄水漫溢，被灾各州县较多，水陆艰于转运。又值江南徐州、河南归德府各属引地捻踪出没，南北各商畏葸不前，运销愈见阻滞，正课尚在短绌。且每引应完正课二钱四分有零，随引征收前项堰工加价银二钱四分，加以本年启征一文加价二钱二分，并带完九、十两年加价一钱一分，交款较正课增至一倍有半，实形吃重。若再将此项积欠生息巨款责令带完，不特力难支持，诚恐商情立见涣散，于全局大有关碍。此又远近各年积欠生息难以追补带完之实在情形也。

惟漕粮与京饷并重，剥舡为漕运所必需，此项息银，较之他项帑利尤关紧要，不得不于无可设法之中为先其所急之计。查贴补帑利之堰工加价，每年随引征收约银六七万两，本年截至七月止，除匀解本款外，前已凑解京协各饷，所余无几，请自同治四年为始，俟秋冬间征收积有成数，先提银一万两解交天津道库，以作现年剥舡修舱工食之用，如有余银，再将各款帑息均匀筹解。所有酌提积欠银三十万两，拟自同治五年起，于该年前项堰工加价项下提银二万两，解部归款，俟同治七年进关厘头限满启征，每年再提银二万两，连加价银二万两一并解部交纳，统计八年半即可清完归款。并恳据情具奏前来。臣复查委系实在情形。此项剥舡息银如果可以设法筹解，敢不殚心尽力。讵奈商疲课绌，竭蹶万分，实属力与心违。惟有仰恳天恩俯念东商迭次被兵、被水，疲敝已极，迄今元气未复，通纲完缴正课已形拮据，追补积欠更属艰难，准予推展年限，俾得完解从容，而款项亦归有着。除咨部查照外，理合恭折具奏。

395. 奉拨盐斤加价库无存款请酌量改拨折
同治四年正月三十日

奏为奉拨东省盐斤一文加价，库无存款，应请酌量改拨，并将咸丰九年、十年欠款分别立限带征勒追，其同治四年以后，恳恩准予裁免，以裕正课而纾民累，恭折奏祈圣鉴事：

窃臣接准部咨：奏拨山东盐课银十万两，又咸丰九年、十年及同治元、四等年一文加价银十五万两，作为本年京饷，饬于开印后迅速分批报解等因。随经饬司遵办。

旋据复称：盐斤一文加价一款，九、十两年，委系实欠在商，司库并无存项。前经部中查询，因前后任正署迭更，且冀稍可征收解兑，是以延未登复。同治元年自开征起至现在止，共收银四万八十三两五钱六分，除凑解京饷等项银三万九千八百四十四两二钱已随时专案报明外，实在库存银仅有二百三十九两三钱六分。二、三两年，奏准停征，四年届启征之期，尚未征起分厘，实属无款筹解，转转思维，殊深焦灼。至九、十两年应征之项，万难再任悬宕，但时阅五六年之久，官商屡易，且两年欠缴之数，较正课几至加倍，同时催追，实属力有未逮，应将咸丰九、十两年合折加价银十四万一千三十七两一钱六分内现行官商应完银十一万一千六百五十四两六钱二分，业已交卸各官应完银二万九千三百八十二两五钱四分。所有现在行销官商欠款，请自同治四年为始，凡官行盐务，一经交卸，即将欠缴加价先行全数移交后任；如延抗不交，由后任官禀请参追。商人买卖地方，照此办理。并令随同新纲引票、杂课摊交分限四年带完，每年计征银二万七千九百十三两六钱五分五厘。其有事故交卸及升迁各官交代尚未清结，又未移交现银者，即于本员名下分别勒追完纳。如有一官欠缴不及三百两者限三个月，三百两以上至五百两者限半年，五百两以上至八百两者限九个月，八百两以上至一千两者限一年，余银照此推展。至已故人员子孙业已出仕，欠缴不及三百两者限半年，三百两以上至五百两者限九个月；未经出仕，欠缴不及三百两者限九个月，三百两以上至五百两者限一年，余银照此推展。倘逾限不完，或完未全清，即行奏参革职严追，完日开复，查明并无子孙实系家产尽绝者，始准免议。商人亦照此办理。各官商如有愿将未完之项移交现行官商接收出结，分作四年带完，悉听其便。如此量为变通，款项不致虚悬，征催稍免掣肘，于饷需亦较有裨益。

至本年奉拨京饷，殊费周章。现在通盘筹画，除由盐课项下分解银十万两外，再于杂款项下竭力催征，移缓就急，约凑银二万余两。又本年应分限带征九、十两年加价，能否如数征完，尚未见确有把握。果能年清年款，同库存元年加价约共银二万八千余两，亦不过凑银五万两，已属万分竭蹶。下余银十万两，既无本款，又难借支，实系一筹莫展。应否酌量改拨，请旨敕部议复遵行。至同治四年分加价，本应照案开征，惟裕课必先恤商，恤商尤在便民。各商每领一引，仅交正课二钱四分有奇，此项加价交银二钱二分，是于正课之外又加一课。从前原因银价昂贵，归商津贴，今乃以恤商者病商。值此兵燹之后，民力维艰，今反以便民者厉民。且自咸丰九年提充军饷后，九、十两年分文未纳，十一年及同治二、三两年停征，惟元年随引征收，而额销分数已形迟滞，是加价之有碍课款，已有明征。如谓希冀将来，则后日盐务畅旺，不难另议加增，倘仍疲敝，又必再请展缓，何必虚留此一文加价名目。当此枭匪甫靖，商业初复，正宜调养元气之时，与其留此一款，反致销数短绌，孰若减此一款，以期正课丰盈。现宣拨饷频仍，如果稍可催征，岂不愿借资挹注，而目睹商民交困，又何敢缄默苟安。据署运司卫荣光具详前来。

臣复查咸丰九、十两年应征一文加价，虽系杂款，历任运司未能认真催征，部中屡询已未征完数目，又复延不俱复，实属督催不力，应将升任运司告病云南藩司陈景亮、署运司候补道明新、前任已革运司桂亮，请旨交部分别议处。其分作四年随课带完及交代未结并无现银移交者，于本人名下勒追完纳，均系实在情形。

至盐务加价一款，自道光十八年议行以后，至今已阅二十七年，其中归公者仅有三年，实在征收者仅有一年，不过得银四万两有奇，而引票因以短销。此盈彼绌，理所必然。果能引票如额畅销，则征课愈多，不在征收加价。是归公之说，有损无益。既不归公，从前原为恤商，今银价稍贱，任听商人贩收专利，实为累民。且官盐稍贵，私盐更形充斥。是此项归公、归商，均碍盐务。该署司议免此加价一文，实为切当。合无仰恳天恩俯准将拨解一文加价银十五万两，除筹凑银五万两外，下余银十万两，敕部酌量改拨，俾得无误饷需。并将咸丰九年、十年欠项，分别立限带征，勒追归款。其同治四年以后一律裁免，以裕国课而纾民累。感沐鸿慈，实无既极。除咨部查照，仍饬运司随时实力经理，并将九、十两年加价赶紧依限追缴，毋任蒂欠外，理合恭折具奏。

396. 运库积欠生息银两请暂免饬催片
同治四年三月二十六日

再，前准工部咨：奏催东省运库自咸丰十年起，至同治三年止，欠解五成生息银两，行令迅速筹解等因。经臣行司遵照去后。

兹据署盐运司卫荣光详称：此款系由运库征收引票盐斤加价项下均匀贴补。近年东纲嵯峨，始遭黄水，继被贼氛，以致完项短绌；稍有征存，又因凑解京协饷银悉索殆尽，虽经竭力整顿，而凋残之后骤难复元。所征加价，现须留备修葺文庙工程之用，应贴本省、豫省等款，未能批解分厘。前项息银，应请暂免完解等情。臣复核无异。当此纲商疲乏之时，若将帑利新旧并交，既恐商力不支，且于正课有碍。合无仰恳天恩俯念无款可筹，准将东省运库积欠前五年工部五成生息银两暂免饬催，其本年应解之款，仍由臣饬令赶紧催输，一俟积有成数，即同京饷搭解，以济要需。除咨部查照外，理合附片陈明，伏乞圣鉴。谨奏。

同治四年四月初十日奉到回折："军机大臣奉旨：'著照所请，该部知道。钦此。'"

397. 运库历欠生息银两恳暂免拨解折
同治五年三月十二日

奏为运库历年积欠生息银两，实难催追，恳恩暂免拨解，另拨银三万两勉筹陆续解兑，以济要需，恭折奏祈圣鉴事：

窃臣接准部咨："钦奉上谕：'户部等衙门奏，遵议筹拨内务府需用银两一折。前因内务府奏称用款支绌，当交户部会同妥议。兹据奏称，各省欠款太巨，请设法变通，酌核解款及暂行添拨各等语，著照所请。各直省即自同治五年起，查明现年能解若干，每年带解欠款若干，详细奏复，并将添拨银两陆续解交内务府，限六月前解到一半，十二月扫数解清等因。钦此。'"钦遵行司筹解去后。

兹据盐运司卢定勋详称：查奉催内务府帑利一款，自道光四年起，商欠累累，难以催追。十七年以后，历经奏准调剂，以堰工加价贴补，商力仍属不支。又于二十九年奏明以商捐进关一钱厘头贴补，不敷仍以堰工加价贴补各在案。从前额引全数销完，每年计征加价银七万余两，厘头银四万五十两，统计征银不过十一万余两。各款帑利共应额解十七万二千余两，即尽数贴补，所短尚巨。乃自咸丰三年以来，始因黄水为灾，继被逆匪滋扰，行销地方，凋敝不堪，各商资本早亏，元气未复，进关厘头屡请展缓，仅有加价一项征收，短绌异常，各项帑利愈形不敷贴补。加以部催京协各饷，纷至沓来，各前任不得不移缓就急，司库无论何款，无不搜括净尽，查核旧年加价，业无存剩。且道光二十九年以后，先课后盐，完一引之课，始能领一引之盐，加价随引征收，所欠者则不在商而在积引。历年未领积引，业奉恩旨分限带销。数年来灾患频仍，运销不能足额，随引交款甚形吃重。各商赶顾新课，已属勉力支持，若再将此项积欠生息巨款责令分成带完，不特新课难以催追，且恐商情立见涣散，于全局实有关碍。此历年积欠生息未能提解之实在情形也。

至现年加价应解内务府帑利银二万五千两，除前经奏定以一半分解工部外，计应解银一万二千五百两，若照部议酌解银五成，尚需银六千二百五十两。惟将现年收支各数通盘筹画，进关厘头，前已展缓，即将堰工加价尽力催追，约不过收银六七万两，而应解部库、排造剥船及天津道剥船修舱工食生息，并本年新漕试行河运应解运河道挑筑各工津贴等款，暨庙工生息银两，均系先后奏定拨款，不容稍有短欠，共需银七万余两，即加价尽数征收，犹恐不敷。其余各项帑息，为数尚巨，实属无款筹解。此又现年帑利难以提解之实在情形也。惟有据实沥陈，恳将前项历年积欠生息银两奏明暂免拨解，并请将另拨银三万两，俟本年及积引带征加价有款再同杂款凑拨，陆续报解，下年应解帑利，自同治六年为始，遵照部议酌解。现年五成银六千二百五十两，毋庸另行添拨，以苏商困等情前来。

臣逐加复核，确系实在情形。东纲连年灾患频仍，困惫已极，专顾正课已形拮据，旧欠实难催追。惟有吁恳天恩俯准将历年积欠生息银两暂免拨解，嗣后酌解现年五成并免另行添拨。感沐鸿慈，实无既极。

至另拨银三万两，本年奉拨京协各饷已逾课额，惟值内廷待用孔殷，亟应勉力筹解。除饬司迅速凑办分批解交外，理合恭折具奏。

同治五年三月二十四日奉到回折："军机大臣奉旨：'户部议奏。钦此。'"

398. 请准仍抽芦盐厘金以助军饷折
同治二年九月十六日

奏为恳恩俯准仍旧抽收芦盐厘金，以助军饷，恭折奏祈圣鉴事：

窃臣自到东以来，目睹东省饷糈缺乏情形，因思楚北饷项多半借助厘金，急拟整顿厘务。初因山川道里商贩舟车所至未甚周知，不敢草率从事，近来驻军东昌一带，于黄、运、卫三河分合水道，逐一详究，稍有端倪。查卫河河道，从西南豫省境内折北，经直隶大名，入山东之馆陶、临清、夏津、武城、恩县、德州辖境，直达天津入海，长芦商盐装赴豫省销售，必须由东省各州县经过。从前胜保在直、东一带驻军，因饷需不继，曾在馆陶、陈家口两处设局，嗣后遮克敦布驻扎附近，亦在馆陶抽收，迭经办理在案。臣今年四月到东，其时卫河一带贼氛靡定，商贾不前，未暇议及。旋准直隶督臣刘长佑咨开："奏奉谕旨：'停止抽收盐厘等因。钦此。'"臣自应钦遵办理。惟查抽厘一项，原因筹饷之难，为此万不得已之举，在他省水陆交通商贾辐凑处所，抽收易裕，可不专借盐厘。东省河道无多，黄、运两河所设货厘各卡，客船稀少，核计每年各局所收京钱不过万余串，以视臣在楚所办厘局百不及一。只此卫河盐厘，闻胜、遮两营办理，每年恒得十余万串之多。是东省军饷以及协拨各饷实亦赖此挹注，若停抽此项巨款，则更无善策可以稍裕度支。况地方半经捻、教、棍、幅各匪扰乱，民间凋敝异常，正额钱粮，议蠲议缓，无岁无之。今秋大水为灾，征收尤难。现在本省营饷欠至三十余月，征兵之饷欠至百余日，僧格林沁营饷解不足数，且安徽江北皆委员来东守提协饷，杯水车薪，万难支给。臣再四熟思，与其借资于农民，不如抽厘于客贩；与其专抽小本之客贩，不如兼收大本之盐商，轻重相衡，似无偏累。

又查抽收芦盐旧章，每包五百六七十斤，不过令出厘金京钱三百六十文之数，所加甚属有限。核算每盐三斤有余，仅加抽制钱一文，何至重累商本。民间食盐之户，于三斤有余之盐多费制钱一文，假使价不虚抬，在民间必无淡食之虞，在商盐断无滞销之患。臣在楚北，见民间盐价每斤恒在制钱八九十文上下，均属相安无事。虽南北情形不同，亦何至以此细微便有窒碍。商民无病，事在可行。

前该商借抽厘为名，格外居奇抬价，致生枝节，则非抽厘之咎也。臣倘得设局抽收，惟有遴选廉洁自爱之员，饬令常川驻局，严禁书役人等于抽厘之外私立各项名目，浮取丝毫。总期涓滴归公，多收一分之厘金，即可多益一分之军饷；少动一分之正款，即可多解一分于部库。方今财赋万分支绌，不得不计及纤细，盈缩相权，以为补救之计。

臣思维至再，合无仰恳天恩准其仍旧照章抽收芦盐厘金，实于军饷有益。现至九月中旬，转瞬河冻，商船停运，如蒙早邀俞允，则尚可抽收匝月，稍得补苴。其黄、运河内杂货厘卡，刻下军务稍松，臣亦须察度情形，择要挪移归并，以免绕越。理合先将拟抽卫河芦盐厘金情形，专折具陈。

399. 仍请抽收芦盐厘金以济军饷折
同治二年十月二十三日

奏为办理芦盐厘金，现经部议停止，仍恳天恩俯准暂行抽收，以济军饷，恭折奏祈圣鉴事：

窃臣前因东省饷糈缺乏，曾经奏请抽收芦盐厘金助饷。奉上谕："前因刘长佑奏卫河设局抽收芦盐厘金，商人苦累，恳请停止，当经降旨允准。兹据阎敬铭奏东省只有卫河盐厘每年恒得十余万串，军饷借资补苴等语，自系实在情形。即著照阎敬铭所请照旧抽收等因。钦此。"钦遵。臣当经选派廉明之员驰往卫河处所，于十月初一日设局抽收，并严禁格外需求，据禀已有成效。兹于十月十五日接准户部咨称：以行盐各有界限，不容侵越。长芦之盐不于东省落税，亦不在东境售销，不过道经馆陶等处，非湖北借运川盐之例可比。前次胜保、遮克敦布所办，并无报部案据，更恐抽厘最多弊混。现在长芦盐务并无起色，设以抽厘之故，商力不支，长芦转得有所借口。且东省本有盐务而计及抽收芦盐厘金，亦欠允协，奏请毋庸抽收芦盐厘金等语。奉旨："依议。钦此。"臣亟应钦遵办理。

惟查东省迭经匪扰，地方凋敝异常，正额钱粮议蠲议缓，今秋大水，征收更难；而月饷、营饷以及京饷、各处协饷，拖欠累累，实系万分支绌。臣前次奏请抽收芦盐厘金，原属万不得已之举。且查抽收芦盐旧章，每包五百六七十斤，仅令其出厘金京钱三百六十文，核算每盐三斤有余仅加抽制钱一文，为数甚微，何至有累商本，而积岁所得，实足裨益军需。伏思部臣所奏，引地各有界限，自属不容侵越。惟查各省盐务，如有无商悬岸，尚准由官捆运融销，似引地仍不为限。况各省抽厘设卡，无论或盐或货，并不查其何地落税，何地行销，只就经过地方即行抽办，各省一律如此办理。又查胜保、遮克敦布所办，曾历多时，现部臣声称并无案据。夫其未经报部，久行抽收，该商等设有大碍，早已非常苦累，何以数年办理，并无他词，则长芦盐务之无起色，断不因东省抽厘之故，可想而知。至东省盐务，果使历年畅销，运库稍裕，亦何必为此舍本逐末之举。无如积弊已深，加以枭徒充斥，臣抵任后，力求整顿，前经奏明派都司马春峤一营驻扎武属一带，搜捕枭匪，期于盐务有益。又因盐垣濠堑不加修理，奏参永利场大使范春城等各员，分别惩办在案。现复派盐运使恩锡前往悉力整求，将所有历年未完之课上紧催提；应完之课按数征收，务期力挽颓习，俾得课帑充裕。但恐沿习已久，非旦夕可冀奏功，而京饷、军饷所需，刻不容缓，非暂借芦厘接济，无以补救目前。可否仰恳天恩俯如所请，仍将芦盐厘金照旧抽收。臣惟有慎派廉洁自爱之员，实心办理，俾令涓滴归公，断不容其借端需索，以亏商力，一俟东盐办有起色，即行停止，似于芦课并无所伤，而于东饷实有所济。愚昧之见，是否有当，伏乞皇太后、皇上圣鉴训示遵行。谨奏。

同治二年十一月初四日奉到回折："议政王军机大臣奉旨：'户部妥速议奏。钦此。'"

400. 抽收芦盐厘金以裕军饷折
同治二年十一月二十九日

奏为芦盐厘金可否仍钦遵前奉谕旨办理，俾全政体而裕饷需，恭折具奏仰祈圣鉴事：

窃臣于九月十六日奏请仍旧抽收芦盐厘金，当经奉旨允准。嗣于十月十五日准户部咨到议驳，又经臣于十月二十三日复奏恳恩俯准暂行抽收，奉旨："户部妥速议奏。钦此。"兹于十一月十二日又准户部咨到议驳，奉旨："依议。钦此。"

伏查抽收厘金，原非经久常猷，部议正大，臣即当遵照办理。惟臣系为帑项军储起见，部臣或未周知外间情势，臣若依违迁就，缄默不言，惟部议是从，既不足以上对君父，亦非部臣公忠为国。论列是非之心，臣果确知无弊，可以抽收，当亦部臣所甚愿。臣于初次具奏及开局之时，已先后派员赴大名及滑、浚、内黄一带查访，盐路实系畅销。河北彰、卫、怀三府，地处中央，非比东省滨海之区，私盐充斥，又无本地硝盐；更不同于东省，南连淮北，有私盐浸灌，种种均属悬殊，总不至以三斤有余之盐多抽制钱一文，遂至滞销妨课。即该商以此赴部呈控，部臣揆诸情理，定亦斥其必无。且臣奉旨允准，即于十月初一日开局抽收，迄今冻河之日止，一月有余，共抽京钱二万三千余串。过往商船不下数千只，该局员等一再访问，即本商亦自称三斤有余之盐多费制钱一文，何至重累商本。并金云嗣后当于开船南驶之日，携资交厘。其果于报效之诚，见于言表。此不特部臣难以周知，若臣不驻扎东昌数月，亦难详悉。臣诚愚钝，何至漠视芦商，必欲从重收厘，致误正课。臣只见事属可行，以为公家之利，借充公家之用，绝不敢存宽袒东商、苦累芦商之私。如果明年南路滞销，即不由抽厘之故，臣亦自当奏请停止。臣忝膺疆寄，勉为体察事理，决不敢愦愦妄行，于芦商有畛域偏估之见。第此每年可收二三万金之款，任其弃捐，诚甚可惜。目下东省贼氛甫靖，民力未纾，各省协拨军饷曾经陈请改拨缓筹，部议未准；兼之京饷紧要，臣虽处万分支绌之时，亦不能不设法解济，正不独本省军食难于无米为炊。至东省盐务，本可整顿，第以数年凋敝之后，必欲旦夕收功，臣不敢为此虚诞之语，反涉搪塞。臣诚不才，无可辞咎，然正惟不敢意存搪塞，是以恳恩暂抽芦盐厘金，以资接济，一俟本省盐务大有起色，江南、河南、东省引地肃清，可以畅销，亦即停止。且以钦奉特旨允准之案，开局月余，旋行停止，朝令夕更，有妨政体。此后在外臣工于一切劝捐饬办各事，皆无以取信于民；东省民习久在圣明洞鉴之中，恐更无以挽回风气。

臣确知抽收盐厘毫无窒碍，为此沥情渎冒陈奏，可否仍钦遵初次特旨，准臣抽收盐厘，抑照部议停抽之处，臣均不敢擅便，恭候命下遵行。倘不获仰邀恩准，所有奏准期内始终分文未缴之义兆霖一商，应由臣勒令一律补缴清楚，庶足以昭公允而免取巧。合并陈明。

401. 南运引盐仍归东省办理折
同治四年三月初十日

奏为南运引盐仍改归东省办理，以复旧章，恭折奏祈圣鉴事：

窃照河南归德府属之商丘、宁陵、睢州、永城、虞城、夏邑、柘城、鹿邑及卫辉府属之考城等州县，向系东省盐务南运引岸，同治元年冬间，经僧格林沁饬委粮台总局试办，以济军饷；前任抚臣谭廷襄奏准官商并运，每盐一包，提银二两，课款均在其内，遵照办理在案。嗣于三年秋间，据粮台委员详称：交界地方，寇氛未靖，百货滞销，盐务不无壅滞。该商等因本短力绌，来年未能接续行运，应请改归旧章，另招殷商接办，或派官办理，俾免废弛引岸等情。随经督饬运司悉心妥议。

查得东纲运行，豫省商丘等九州县引地由粮台筹发运本试办接济军饷，原属一时权宜。现在粮台办理既难畅销，自应仍复旧章，以重鹾务。惟每引缴银二两一节，同治二、三年间，成本由粮台给发，尚虑滞销，现改归东省，必须各商自备运本，若仍责令缴银二两，必致误运。且南运为北运藩篱，向不加价，以敌淮私。刻下丰、沛、萧、砀、铜山等县，皆有商运，淮北口岸，道路通顺，亦俱有盐，各处均不增银，独商丘等九州县仍前提银充饷，势必四面浸灌，难期畅销，应仍照东省先课后盐向定章程办理。惟南运之课，少于北运，该商等惟利是趋，率以课轻之引洒派北运课重之地，若非随时查察，于课款大有出入。嗣后南运盐包、捆、绳、盖席等项，另行改式，以示区别，由永阜春运以至雒关，直达行销各处，随时报查，务期各销各引，决不容随地洒卖。至粮台应领同治二、三两年引张，前据具报，除领五万道外，尚未领九万三千三百九十道，时已迫促，实有运销不及之势，应援照东纲未完己未、庚申、辛酉、壬戌四年票课展缓成案，随同新引，分作八年带销。同治二、三两年南运各处，应议职名暂免议处。由署运司卫荣光详请具奏前来。臣逐加复核，均系实在情形，自应改归旧制，与僧格林沁函商，意见相同。应请将南运引盐以同治四年为始，仍归东省，无论官商，悉照先课后盐章程办理，由臣督同运司分饬场官、雒关各委员一体随时访察，杜绝弊端。该粮台未领引张，援案分年带销。所有商丘、宁陵、睢州、永城、虞城、夏邑、柘城、鹿邑、考城等九州县同治二、三两年奏销案内各官职名，实与商办督销不力者有间，仰恳恩施敕部暂缓议处，俟逾限不完，再行开参。除咨部查照外，理合恭折具奏。

同治四年三月二十三日奉到回折："军机大臣奉旨：'户部议奏。钦此。'"

402. 东纲南北两运未完引张请从宽免议片
同治四年三月二十七日

再，查东纲咸丰八年南北两运引张，除已销外，尚有未销引一十五万一千一百一十六道，内惟北运行销之巨野、郓城，南运之商丘、宁陵、睢州、永城、虞城、夏邑、柘城、鹿邑、考城、铜山、丰县、沛县、萧县、砀山、宿州等十七州县，一引未领。前因被兵被水，经前抚臣文煜于商课奏销案内声请免议奉驳。在部臣恪遵定例，原为慎重课款起见。惟各该州县连年或逼近贼氛，或迭遭蹂躏，迥非完善之区可比，迨后疮痍未复，商本已空，新引尚难全清，旧课更难兼顾，若将销引未完各官概以督销不力议处，未免向隅。据署盐运司卫荣光随案声明详请具奏前来。臣复加确核，委系实情。除循例题报外，合无仰恳天恩俯念滞销有因，以宽免议，出自逾格鸿慈。其未完各引，仍饬司赶紧设法带销，分别核办。理合附片陈明，伏乞圣鉴训示。谨奏。

同治四年四月初十日奉到回折："军机大臣奉旨：'该部议奏。钦此。'"

403. 咸丰十一年东纲引课未完请暂免议处片
同治四年五月初七日

再，查咸丰十一年东纲南北两运引地各州县地方，或捻匪窜扰，或黄水淹没，盐斤艰于销售，引课未完，实属有因，并非各官督催不力。正在核办间，钦奉上谕："癸丑纲至甲子纲积引一百九十万九千三百七十六道，著援照积票分限成案，分作八年带销。钦此。"所有各官未完处分，自可援案暂免议处。倘限满仍有拖欠，再行严参。合无仰恳逾格恩施扣除免议，并将以前未准部复各年奏销各官未完处分一并扣除，俾归画一。除将咸丰十一年商运奏销循例具题外，理合附片陈明，伏乞圣鉴。谨奏。

同治四年五月十八日奉到回折："军机大臣奉旨：'户部议奏。钦此。'"

404. 咸丰九年东纲未完引课请暂免议处片
同治四年六月初一日

再，查咸丰九年东纲南北两运引地各州县地方，或捻氛肆扰，或黄水为灾，盐斤艰于销售，引课完不足额，实属有因，并非各官督催不力。伏查东省癸丑纲至甲子纲积引一百九十万九千三百七十六道，业经钦奉上谕，援照积票分限成案，分作八年带销。所有各官未完处分，自可援案暂免议处。倘限满仍有拖欠，再行严参。合无仰恳逾格天恩扣除免议，并将以前未准部复各年奏销各官未完处分一并扣除，俾归划一。除将咸丰九年商运奏销循例具题外，理合附片陈明，伏乞圣鉴。谨奏。

405. 东盐南运试行河运片
同治五年六月初二日

再，查东盐南运，距场最远，车船脚价所费不赀。黄河兰、仪漫口以后，由直隶开州、东明等处至东境濮、范、寿张、东阿，渐入盐河，每届夏秋汛涨，一水可通。据南运商人请将考城、睢州、宁陵三州县盐包试行河运，如果省费便捷，南运各州县均可一体推行，倘或淤浅及冬春冻涸，仍归旧道行运，禀由盐运司卢定勋详请具奏前来。臣复加察核，系为恤商速运起见。除分咨直、豫两省暨严饬沿河州县，凡有南运盐船持引过境，即速放行，毋稍阻滞，该商如有沿途洒卖情事，查出从重惩办外，所有考城、睢州、宁陵等处盐包试行河运缘由，理合附片奏闻，伏乞圣鉴。谨奏。

406. 咸丰九十两年引票加价数目勒追欠款折
同治四年闰五月初九日

奏为查明咸丰九、十两年引票各地应完加价各数目，及交卸各官欠款分别勒追，毋庸再议摊赔，本年盐务疲累，京饷尽征尽解，各处协饷一概停拨，南运引地万难另提济饷，据实复奏，仰祈圣鉴事：

窃臣接准户部议复东省请裁同治以后盐务一文加价，并分限带征咸丰九、十两年加价一折，饬令将引票各地应完银数各若干及已经交卸各官逐一查明欠款，分别追缴，或责令现行官商设法摊赔，详细声明到部核办。又议复南运引盐仍归东省办理一折，令即体察情形，每年另提济饷若干，以充僧营军饷等因。均奉旨："依议。钦此。"咨行到臣。当即钦遵行司查议去后。

兹据署盐运司卫荣光详称：遵查咸丰九、十两年各官商已领引票欠缴一文加价银十四万一千三十七两一钱六分，内有引地官商欠缴银八万三百十一两一钱二分，票地现行官商欠缴银三万一千三百四十四两五钱，共银十一万一千六百五十四两六钱二分，分限四年随同新纲引票按数摊完。自同治四年为始，官行盐务一经交卸，即移交后任，随引带完。商人买卖地方，照此办理。倘不能年清年款，逾限再有蒂欠，则正课亦有未完，州县官本应按年核计分数照例揭参，商人立即比追，不必再予勒限，转致宽纵。前议勒追著赔逾限严参一节，系专指业已交卸各官而言。其应完银二万九千三百八十二两五钱四分，内有引地各官欠缴银一万八千四百四十五两二分，票地各官欠缴银一万九百三十七两五钱二分，应请以同治四年四月初八奉文之日起限催追，俾归有著，逾限照章参办，毋庸另议摊赔。

至加价既经奉拨京饷，自应勉力催征。惟查同治元年库存加价仅有二百余两，下余未完随同是年旧引征收。而该年积引前蒙恩准分作八年带销，现若新旧并催，不特与奏案不符，抑且商力未逮。此元年加价不能接征之实情也。

所有咸丰九、十两年及同治四年加价，俱随新纲引票征收。而引票到东三月有余，兑领者不及十分之一。兖、沂、曹、济各属，发、捻纷至沓来，百姓荡析离居，销路壅滞，难期起色。南运道路梗塞，各商裹足不前，即使勉强接办，只可循照东省旧章办理。至另提济饷之议，毫无把握，势难遵办。

永阜场为引地春盐总汇之区，票地章丘等州县俱各赴彼春运。春间水势浩瀚，存盐多被淹没，新盐又不旺产，兼之民情惶惧，春运尤属不易。全局掣动，商力甚迫，不能不据实直陈。惟冀东省及早肃清，督饬商灶竭力晒运课款专顾京饷，此外各处协饷即年清年额，无款筹拨，一概均免拨解等情请奏前来。臣逐加复核，均系实在情形。南运引地前由粮台筹发运本，试办接济军饷，原属一时权宜。现因粮台办理难以畅销，复请改归东省仍照先课后盐向定章程核办。但求引岸得免废弛，已属万幸。若仍前提银充饷，势必贻误大局，未敢稍事迁就。所有另提济饷一节，应请毋庸置议。

至东纲素称疲累，刻又贼匪滋扰，惟有督饬运司破除情面，力求整顿，以资补救。除分饬官商将应完各该年加价照案赶紧清缴并咨部查照外，所有查明咸丰九、十两年引票各地应完加价各数目，交卸各官欠款分别勒追，毋庸摊赔，暨本年京饷尽征尽解，停止凑解各处协饷，及南运另提济饷力难遵办各缘由，理合恭折复奏。

407. 请留盐纲总会同新纲总片
同治二年十一月初三日

再，查东省引票各商，向来各有纲总四人，按年轮替董司公事。于道光二十九年查办盐务案内，奏奉谕旨：饬部议准。引票两纲，每纲只准二人承充，纲总仍照旧按年轮替。历经遵办在案。惟今昔情形互异，不得不量为变通。近年各属枭匪充斥，引票滞销，一切设巡缉私、催运纳课，刻不容缓，该纲总每以盐务棘手，又系一年一换，遇有应办事件，鲜不潦草塞责，希冀期满即可诿卸。年来盬务废弛，大率由此。非得公正练达之人，久任其事，实不足以资整顿。臣与运司再四筹商，惟有于现在引票纲总中择其公正练达者，每纲各留一人，会同新充纲总董司其事，藉资熟手，俟一二年后，体察新充纲总实系得力，再行核办。如有反持公事剥削散商情弊，一经查出，即行斥革严惩，另换妥商承充。如此因时制宜，似属较有裨益。据署运司恩锡具详请奏前来。除咨部查照外，理合附片陈明，伏乞圣鉴。谨奏。

陆·关税厘金

一、东海关

408. 酌议东海关现行税则折
同治二年五月初十日

奏为酌议东海关现行税则，并将沿海各口土税一律按则征收，恭折奏祈圣鉴事：

窃照山东省沿海各属抽收税银，因从前并无定则，是以彼此参差。现已奉旨新设东海关，饬令登莱青道改驻烟台，作为监督，自应议定条款，以专责成。兹据该监督潘霨禀称：遵查东省烟台及大小各海口未设关以前，先有土税厘金各处抽收，未能划一。今既事有专司，亟应明定税则，一体遵行，方昭核实。除洋税按照各国条款毋庸议外，所有各项粮食货物，均照部颁税则及天津钞关章程，悉心考核，互相参观，或物同而名异，或此有而彼无，或各货有高下之分，或定税有多寡之别。天生万物，本有难齐，自应酌中，以符例意。登、莱、青三府，向非产米之区，皆取给于客贩，议税比临清关稍减；豆饼、豆子非尽土产，贩自他处居多，议税比山海关较轻。其余绸缎、布匹、食物、磁铜、木石器具等项，已载者悉仍其旧，未载者补之，务期酌量持平，行之久远。至应如何定额，现当试办之初，无凭悬拟，俟办有成效，再行详定等情，并开造清册呈送批行省城税厘总局核议具详前来。

臣复核该监督所禀海口情形，极为熟悉；酌议现行税则，缕晰条分，均属周妥。按照部颁税则、天津钞关章程略有增减，系为因地制宜起见。现值各商舡陆续进口之际，未便稽迟，致误税课。一面饬令该监督将沿海大小各口土税即照所拟税则先行征收，仍照旧汇解藩库充饷；一面咨部查照。理合会同三口通商大臣崇厚恭折具奏。

409. 税厘征收比例及海口局员一律裁撤片
同治二年五月

再，征税既有定则，抽厘亦未便稍形偏重。嗣后拟请税厘仍分两款，以税为主，以厘为辅，征税一分，征厘三厘，税归海关，厘归州县，各自征收，互相查对，海口分局委员一律裁撤，庶涓滴均归实用，国课、商情两有裨益。理合附片奏闻。

再，此案该监督于三月间具禀，其时因军务倥偬，前抚臣谭廷襄未及具奏，臣到任后移交接办。合并陈明，伏乞圣鉴。谨奏。

410. 应解征收洋药厘金请免限额片
同治二年五月初十日

再，查接管卷内，钦奉上谕："同治二年各省抽收洋药厘金，著即按照户部单开数目，自同治二年正月起，山东提银五万两，按三个月报解一次，一年分四次解清，务须年清年款，不准稍有亏短，亦不准以别款抵拨常年京饷，更不得牵混减抵。其办理厘卡各员职名，仍著开明报部，以凭查核等因。钦此。"经前抚臣谭廷襄钦遵转行在案。臣莅任后，即据省城厘税总局各委员详称：查东省征收洋药税厘一案，先于咸丰九年在沿海各口试办，其余腹地州县，或因地处偏僻，商贩无多；或因兵燹迭遭，市廛凋敝，无可征收，迨至咸丰十一年九月复在省城设立总局，并饬催东省各属实力举行。无如来源甚微，纵使涓滴不遗，计数仍属有限。在同治元年六月以前，税厘并收，历年仅征二万两有奇。自元年秋季以后，设立东海关，议定税厘分征，厘捐更形减色，虽商贾多寡、消售盈虚未可预定，要亦无甚出入。本年钦奉谕旨，东省应解洋药厘金银万五两，数目悬殊，力难照解，求免限以定额等情，详请具奏前来。

臣查东省非比粤、楚为水陆冲途，内外洋商舡云集，抽收短绌，系属实在情形，与其缄默贻误于后，曷若据实陈明于先。应请将洋药厘金免其限以定额，总期竭力征收，尽数报解，仍按三个月解兑一次，务须年清年款，不准稍有亏短，亦不得以别项抵拨，以昭核实。除咨部查照外，理合附片陈明，伏乞圣鉴。谨奏。

411. 前东海关监督征收洋税土税及支用数目折
同治二年十二月十三日

奏为前任登莱青道崇芳任内征收外洋税课及内地土税各银两，并支用海关经费数目，据详恭折奏祈圣鉴事：

案据现任东海关监督登莱青道潘霨详报：转准该前道崇芳移称，山东省沿海税务经总理各国事务衙门奏准，悉归登莱青道经理，并颁发东海关监督关防，该道遵即移驻烟台海口，按照通商税则征收，并将应支经费咨部立案。旋准复称，应俟具奏到日，再行核办等因。

兹查东海关自咸丰十一年七月十七日开关，在第四结期内之日起，至同治元年十一月十一日第九结止，又自十一月十二日起，至十二月十七该道交卸前一日止，共征收外洋进出口货物正税银六万二千三百三十二两一钱四分五厘半税，并复进口半税银一万八千八百四十二两九钱一分六厘，洋药进口正税银四千七百四十二两四钱，舡钞银二千九百六十四两，业将征收细数并扣交英、法国二成等项银两数目，造册咨部在案。

惟设立东海关系属创始，一切漫无定章，督同各委员并与外国领事官互相商榷，始有就绪。烟台海口辽阔，时虞绕越偷漏，必须昼夜严密巡防。居民均系鱼鳞矮屋，又须设法租赁办公处所。核计在关文武员弁薪水、幕友束修及书差饭食，并芝罘、崆峒等处号舡、巡舡水手工食暨租赁海关公署、外国帮办税务、扦子手、通事、书吏辛工饭食、房租及一切心红纸张等费，均系力求撙节，自咸丰十一年七月十七日起至同治元年十二月十七交卸前一日止，连闰计十八个月，统共支发银二万零九百二十六两，内有外国扦子手、通事等共支银六千零七十两，实用海关经费银一万四千八百五十六两，除舡钞内提解官学生银四百九十六两三钱二分，其余舡钞银二千四百六十七两六钱八分，经费银六千八百七十三两三钱九分六厘，全数动用外，计不敷经费银五千五百一十四两九钱二分四厘，请由不扣二成之半税、复进口半税项下先行借垫，其火耗一款作为随时津贴倾熔银两之用，动支无存。以上均系核实支销，毫无浮冒，造具总撒收支各册，转详请奏。并声明征收各口商舡土税，当于烟台口设立户关，认真劝办，并责成沿海各州县就近经理，自同治元年六月二十八日起至十二月十七交卸前一日止，计六个月十八天，共支经费银二千四百六十四两。除已由随正一分耗银洋药、耗银舡钞项下如数动支外，尚有余剩银两，因沿海各口道路遥远，间有梗阻，各州县解款未齐，容俟严催报解齐全，再将征收税银细数册报。兹先将户关应用经费数目附请核销等情前来。臣复核无异。除清册咨部外，理合据详会同三口通商大臣崇厚恭折具奏，伏乞皇太后、皇上圣鉴，并请敕部核销。谨奏。

412. 东海关征收各税并案报销折
同治四年正月十九日

奏为东海关征收各海口进出内地商船土税并案报销，恭折奏祈圣鉴事：

窃照山东省新设东海关户关，经户部奏明：各关征收税银俱拟准一年奏报，其未及一年期满离任者，将所收税银报部，交与后任监督接征，扣至一年期满，分晰前任、本任征收数目汇奏。该关土税自同治元年六月十八日开征，连闰应扣至二年五月十七日作为一年期满，由臣照例奏报，以专责成，毋庸与三口通商大臣会商，以免往返稽延等因。遵照在案。

查东海关所辖沿海大小各口，分置五府十六州县，如福山县烟台一口，为东海关大关，其余如武定府所属之利津县铁门关一口，海丰县埕子口一口，沾化县陈家庙口一口；沂州府属之日照县龙旺、涛雒、夹仓等三口；登州府属之蓬莱县天桥口一口，黄县龙口、黄河营二口，宁海州戏山口一口，海阳县乳山口一口，文登县威海、张家埠二口，荣成县石岛、俚岛二口；莱州府属之掖县海庙、太平湾、虎头岩三口，昌邑县下营口一口，即墨县金家口、青岛二口，胶州塔埠头一口；青州府属之诸城县陈家官庄一口，共计二十三口，星罗棋布，距烟台一千余里至数百里不等。该关征收沿海土税，亦属创始，非同向有关卡者可比。且地处海滨，既无衙署，又无书差，试办之初，未免茫无头绪。自现任监督潘霨于同治元年十二月十七日到任，即经移驻烟台，次年开篆后，分派委员等赴各该口认真经理，并随时亲往查办，不遗余力，始能日有起色。同治二年六月以前，按照天津钞关章程征收，自七月初一日起，照奏定东海关税则征收，节经饬催赶紧核实报查，因经征各州县造报未齐，不及随时请销。兹据东海关监督登莱青道潘霨将前任监督崇芳及本任征收常税两年关期并案详请奏销，分晰造送清册前来。

臣逐一复核。前任监督崇芳，自同治元年六月二十八日开设户关之日起，至十二月十七日交卸前一日止，除烟台口征收遛逻船只、内地闽广商船进出口货税正耗数目，前经专案奏报不复冗叙外，所有其余沿海各口征收内地进出货物、洋药正税共银四千二百一十一两七钱四分七厘，又随征耗银四百八十一两二钱九分二毫。大小各口需用经费力求撙节，共支银二千九百三十两零四钱，连前次奏案册报户关经费银二千四百六十四两，二共银五千三百九十四两四钱。除将一分耗银暨洋药耗银、遛逻船钞三款共合银三千八百三十五两四钱九分二毫全数动支外，尚不敷银一千五百五十八两九钱九厘八毫，应由该监督崇芳自行设法垫办。

现任监督潘霨，自同治元年十二月十七接办日起，至二年五月十七日一年期满止，共征收烟台户关及各口内地商船税银三千八百二十七两七钱六分八厘二毫，随征一分耗银三百八十二两七钱五分四厘七毫，又征收洋药税银二千八百七十两，耗银四百四十六两五钱八分一厘；共开支烟台一口五个月、其余各口四个月经费银二千七百九十七两。又自同治二年五月十八日起，至三年五月十七日一年期满止，共征收烟台户关及各口商船税银五万二千零十五两五钱六分零四毫，随征一分耗银五千二百零一两五钱一分六厘九毫，又征收洋药税银七千六百十七两零二分八厘，耗银一千一百八十四两八钱六分；共开支烟台一口暨各口十二个月经费银七千五百三十两。均系实力核减，并无浮滥。据报除一分耗银及洋药耗银全数动用外，尚不敷经费共银三千一百十一两二钱八分七厘四毫，暂在正税项下借发。现在常税日见畅旺，俟下届征收耗银开支有余，即行如数拨还，如无余剩，由该监督赔补，确系实在情形。除各册咨部查核并饬下次关期满日即行催齐详报，不准违延外，理合恭折具奏。

413. 前东海关监督透支经费行令分别着赔片
同治四年闰五月初八日

再，臣前准户部议复东海关办理洋税经费，请照章动用八分及七成船钞一案内开：前任该关监督崇芳第十结期内，计有透支经费并第九结实存银两并未移交后任，及该员尚有未完之项，行令分别着赔完缴等因。奉旨："依议。钦此。"咨行到臣。当经钦遵转行查办去后。

旋据现任东海关监督登莱青道潘霨禀称：卷查东海关自咸丰十一年七月十七日前监督崇芳开办起，至同治元年十二月十六日卸事止，统征外洋船只进出口洋药正半税钞共银八万八千八百八十一两四钱六分一厘，内开除英、法两国二成会单及动用八分经费暨船钞并借用不敷经费等项共银四万九千二百八十三两一钱四分七厘，两次奏拨凑解僧营军饷银三万九千五百九十八两三钱一分四厘，洋税项下全数支拨无存。又征收逼逻、内地各船税钞共银二万三千八百六十两一钱五分一厘，内开除动支耗银暨船钞共银三千三百五十四两二钱五厘,又凑解僧营军饷银四千四百一两六钱八分六厘,应实存银一万六千一百四两二钱六分,作为移交常税项下旧管,均属有案可稽。

至部驳崇芳在任十八个月,前据奏称用过经费银二万九百二十六两,兹册造八千二百七十八两九钱二分一厘,计又透支七千七百八十八两九钱二分一厘一节。查当日崇芳造报系自开关日起至交卸日止,而条约内载:各关征收洋税,应以英国三个月为一结,是以现任潘霨造报仍以同治元年十一月十二日第十结起,不得不将崇芳先已开报征除各数截清日期,详晰重复声叙,所有册造开除银两,均于各款之下逐一注明,并无另有透支之款。

又部驳第九结实存应列入第十结作为旧管,崇芳册造实存银三千一百五十两九钱八厘,据称动用无存,第十结又无旧管,是并未移交后任一节。查实存银两业经如数凑解僧营军饷,崇芳造报第九结册内亦已注明,委非漏未移交。其间前后交互,原有声叙未清之处,其报解军饷,亦未分款叙明,合再查明,案据开具简明清折,呈送核咨等情。当经核明咨部在案。顷准部复,此案未便据咨办理,应由臣自行具折奏明等因,自系为慎重税课起见。除清折前已咨部存办外,理合会同三口通商大臣崇厚查叙原委,附片陈明,伏乞圣鉴。谨奏。

414. 东海关征收常税请俟扣足三年再行定额折
同治四年九月二十六日

奏为东海关征收常税,请俟扣足三年后再行定额,以重课税,恭折仰祈圣鉴事:

窃照同治三年四月间,接准户部咨:议复东省酌议东海关沿海州县各口进出商舡税则,量为更正一案,请俟奏报三届后即行定额。奉旨:"依议。钦此。"钦遵转行遵办去后。

兹据该关监督登莱青道潘霨禀称：遵查东海关系属创始，自同治元年六月十八日前任崇芳开办起，按照天津关税则征收。嗣又于同治二年五月间酌议税则，即于六月初九日先由烟台举办。其余大小各口，距烟台远近不一，准藩司咨，均于七月初一日一体照办。迨至户部议复更正税则，该关于同治三年五月十七日接到行知，始于十八日分饬各口遵照。是开办虽届三年，而自同治元年六月十八日起，至三年五月十七日止，此两年之内，或照天津关税则，或在未经更正以前，征收税银数目参差不齐，多寡悬殊。现当关税日见畅旺，若遽请定额，转非所以重国课而昭核实。请自同治三年五月十八日遵办更正东海关税则之日为始，连闰扣至六年四月十七日，三年期满后再行定额等情请奏前来。

臣复查各关税课，酌定年额，核计考成，如有盈余，据实报明，短少著落赔补，原所以杜侵欺而重课税，不容草率从事。该监督将东海关税扣足三年，再行定额，庶不致有避多就寡、畸重畸轻之弊，可以垂诸久远，似为慎重税务起见。除咨部查照外，理合会同三口通商大臣崇厚恭折具奏。

415. 东海关征收常税一年关限期满折
同治四年十月三十日

奏为东海关征收各海口常税一年关限期满，恭折奏祈圣鉴事：

窃照东海关常税，自同治元年六月十八日开办起，连闰扣至三年五月十七日止，两年期满，经臣并案奏报在案。兹查自同治三年五月十八日起，至四年五月十七日止，所有烟台大关及所辖大小二十三海口，共征收内地税银五万零三十八两四钱六分六厘，随征一分耗银五千零三两八钱四分六厘；又征洋药税银一万一千七百十三两七钱一分，随征耗银一千八百二十二两零二分五厘，统计征收内地商船税暨洋药税共银六万一千七百五十二两一钱七分六厘，并一分耗暨洋药耗共银六千八百二十五两八钱七分一厘。共开支烟台户关及大小各海口十二个月经费银七千五百三十两，除将一分耗暨洋药耗全数动用外，尚不敷经费银七百零四两一钱二分九厘，暂在正税项下借款垫发，随时筹补归还。据监运使衔东海关监督登莱青道潘霨造册具详前来。臣复核银数相符。除循例题销并将各册咨部外，理合恭折具奏。

再，口岸远近不一，册籍繁多，饬取各属底册较对，致稽时日，是以具报稍迟。合并陈明。

416. 酌保东海关委员折
同治四年十一月二十八日

奏为东省东海关委员襄办常税，时逾两载，始终勤慎，援案酌保，恭折仰祈圣鉴事：

窃查东省设立东海关征收常税，事属创始，一切茫无定章，且中外交涉事件，在在均关紧要，全资群策群力，方能妥协。兹查东省派委各员随同该关监督襄办征收常税事宜，稽查各海口，弹压地方，并会同税务司督饬通事、扦手人等查验进出口船只货物，均能始终勤慎无懈，中外商民安贴，税课日见充盈，时阅两载有余，不无微劳足录。据东海关监督登莱青道潘霨详请奏奖前来。

臣查烟台办理通商洋税各员，经臣崇厚于上年冬间奏奖，该委员等征收常税，自应一体援案核奖。除将随时更换办事不及两年者，俟下届再行核明甄叙外，合无仰恳天恩俯准将办理税务两年有余尤为出力之同知衔应升之缺升用福山县知县吴恩荣，拟请以同知、直隶州知州在任候补；候补知县徐芝孙，拟请以不论何项班次遇缺即补；福山海口巡检黄兆麟，拟请以应升之缺升用；试用未入流应升之缺升用李经，拟请以典史先前班尽先补用；六品翎顶、候补把总、承荫八品监生张椿珊，拟请赏加五品衔，仍留蓝翎。

又利津县铁门关一口，该处税务久为行店吏役人等把持，颇称难办，从前每岁收不过数千金。今春派委候补知县何毓福及典史江瑞采办理，饬令极力清查。该处把持有素，聚众滋闹，该委员等宽严并用，相机妥办，大有成效。江瑞采一员办事已及二年，何毓福仅办一年，惟今年查弊核税，何毓福尤为认真出力，核计今年收数，较之往年加倍，极见实心任事，应一并给奖示劝。拟请将同知衔候补知县何毓福，赏加运同衔；分缺先用典史江瑞采，请不论何项班次遇缺即补，并赏加六品衔，以昭奖励，出自逾格鸿慈。谨会同三口通商大臣崇厚合词恭折具奏。

417. 东海关征收常税一年关限期满折
同治五年九月二十八日

奏为东海关征收常税一年期满，恭折奏祈圣鉴事：

窃照东海关常税，自同治元年六月十八日开办起，至同治四年五月十八日关限期满止，业经臣先后奏报在案。兹查自同治四年五月十八日起，连闰扣至五年四月十七日关限期满止，所有烟台大关暨所辖大小二十三口，共征收内地商船税银六万五千三百零八两二钱六分四厘，随征一分耗银六千五百三十两零八钱二分六厘；又征洋药税银一万五千九百六十六两三钱四分八厘，随征耗银二千四百八十三两六钱五分九厘，统计征收内地商船税暨洋药税共银八万一千二百七十四两六钱一分二厘，并一分耗暨洋药耗共银九千零十四两四钱八分五厘。除开支烟台户关及大小各口十二个月经费银八千一百零六两外，尚余耗银九百零八两四钱八分五厘，请全数归还同治二年至四年经费不敷垫用正税银三千八百十五两四钱一分六厘四毫项下，尚短垫款银二千九百零六两九钱三分一厘四毫，应俟下届耗银有余扣还归款，以重税项。据盐运使衔东海关监督登莱青道潘霨造册具详前来。臣复核银数相符。除循例题销并将各册咨部外，理合恭折具奏。

二、临清关

418. 临清关税课无收折
同治二年六月十二日

奏为临清州逆匪滋扰,商贩不通,税课无收,恭折奏祈圣鉴事:

窃照临清关税课全赖汶、卫两河南北商贩船只往返流通,借以征收足额。讵料上年十月间,逆匪在沿河一带窜扰,附近村庄焚掠殆遍,商船粮载,均皆裹足不前。迨至本年正月初间,贼窜河东,经署直隶督臣崇厚奏明卫河西岸挑挖濠沟,修筑土墙,船只全行封禁。闸河一带,又因水势微弱,将砖板两闸严闭,借蓄水势。魏家湾、梁家浅、三十里堡、歇马亭等处兵勇乡团,节节防守盘查,不容停船。是内外河均已封闭,商船断绝,即使设法招徕,而各路阻滞,税课无可征收,非寻常短绌可比。据该关委官代理临清州知州彭垣沥陈苦累,详明俟河道撤防再行照常接征等情请奏前来。

臣复查关税例有定额,在往年河路通顺之时,抽收缺额,固属催征不力;而刻下商贾绝迹,无船无货,未便强以所难。既据查明委系实在情形,亦未敢缄默不言,迟至关期年满,事后始行奏报。合无仰恳天恩俯准俟贼氛稍靖撤防后再行照常接征。感荷鸿慈,实无既极。除咨部外,理合恭折具奏。

419. 同治元二年临清户工两关征收短绌折
同治三年五月初二日

奏为查明临清州户、工两关一年期满,征收正余银两短绌,恭折仰祈圣鉴事:

窃照户、工两关征收税银,向委临清直隶州知州征收,按年核其完数,分别奏报。户关每年应征正额银二万九千六百八十四两，铜斤水脚银七千六百九十二两三钱一分三厘。盈余银一万一千两，以六千六百两为额内，四千四百两为额外。工关每年应征正额银四千五百七十二两七钱四分。盈余银三千八百两，以二千二百八十两为额内，一千五百二十两为额外。兹据济东泰武临道卫荣光转据临清直隶州知州张应翔详报：户关自同治元年七月初四日起，连闰扣至二年六月初三日止，一年期满，经征委员前代理临清直隶州知州彭垣共收过船料、货税、粮食正银三万三千三百一两九分内，除支各役工食八成及扣存核减二成共银一百七十四两，应解正额银二万九千五百一十两，铜斤水脚银三千六百一十七两九分，较之应征定额，计缺收铜斤水脚银四千七十五两二钱二分三厘，额内盈余银六千六百两，额外盈余银四千四百两。工关自代理知州彭垣同治二年正月初四日开河起，至十月初五日交卸止，现任知州张应翔自十月初六日接征起，至十二月三十日年满止，共收过短载正银一千六百一十四两三钱二分，盐货正银一千一百七十七两二钱，统计一年共收过短载、盐货银二千七百九十一两五钱二分，较之应征定额，计缺收正额银一千七百八十一两二钱二分，额内盈余银二千二百八十两，额外盈余银一千五百二十两。声明短收之由，是缘同治元年十月以后沿河地方屡被逆匪窜扰，商船粮载裹足不前；二年正月，贼窜河东，经前署直隶督臣崇厚奏明卫河两岸挖濠筑墙，船只全行封禁；闸河一带，又因水浅源微，将砖板两闸严闭蓄水，兵勇节节设防，内外两河均已断绝。经臣奏明请俟河道撤防再行照常接征在案。迨九月初间，贼匪渐平，商贩仍少，且为日无几即值冰冻封河，税课无可征收，并非经征不力。兹届一年期满，恳请据情具奏前来。臣复加查察，委系实在情形。

伏查咸丰三年钦奉上谕："各关仍遵额定税数照常征收，如短缺实属有因，著俟一年期满奏报到时，由户部酌量情形，分别奏明请旨核办等因。钦此。"又查咸丰四年粤匪窜陷州城，关税短绌，年满奏报，蒙恩免予著赔，迨后历年户、工两关短收税课均准减免有案。今同治二年征收短绌，迥非前数年商贾稀少可比，即较之咸丰四年暂时被扰情形尤甚，应否免其著赔议处，臣未敢擅便，理合据实声明，听候勅部议复。为此恭折具奏。

420. 临清户关征收短绌折
同治三年十一月二十九日

奏为临清户关一年期满，征税短绌实在情形，恭折奏祈圣鉴事：

窃照临清关税银向委临清直隶州知州征收，按年核其完数，由臣奏报。户关每年应征正额银二万九千六百八十四两，又铜斤水脚银七千六百九十二两三钱一分三厘，又盈余银一万一千两，以六千六百两为额内，四千四百两为额外。兹据署济东泰武临道衡龄转据临清州知州张应翔详称：户关征税，前任代理州彭垣自同治二年六月初四日起，至十月初五日交卸止，现任知州张应翔自十月初六日到任起，至同治三年六月初三日止，一年期满，共征收船料、货税、粮食正银二万四千二百二十七两七钱，较之应征定额，计短收正额银五千四百五十六两三钱；又铜斤水脚银七千六百九十二两三钱一分三厘，额内盈余银六千六百两，额外盈余银四千四百两，全数无收。

其短绌之由，实缘临关所赖者汶、卫两河，从前南粮行运，商船随漕搭放，流通无滞。自粮艘不行，冬挑停止，河身淤浅，且自黄水穿入盐河，各商皆由张秋绕越东行；闸河以内，黄水分注，淤垫日高，本年河淤更甚，仅剩中流一线，严板蓄水，亦属无济，船只竟至断绝。此闸内汶河几同废弃之实在情形也。

至卫河亦全赖粮载为大宗，各货次之。无如豫省歉收，又遭贼扰，粮食货船均属稀少。兼以上游龙王庙等处，直省设有厘局，商民无利可趋，并虑赔累，相率裹足不前。此又卫河难以畅收之实在情形也。

上年夏秋之间，沿河一带逆匪滋扰，官兵节节设防，两岸挑濠筑墙，砖板二闸，一律严闭，临关竟同虚设。曾经前抚臣谭廷襄奏明，俟撤防后再行接征。奉旨："该部知道。钦此。"迨至冬初，稍可征收，未几又值冰冻封河。本年正月间开河以来，虽经竭力整饬，设法招徕，而税源殊觉枯涩，统计收数甚短，为近年所未有。并恳免其著赔议处等情，详请援案具奏前来。臣复加访察，均系实在情形。

恭查咸丰三年钦奉上谕："各关仍遵额定税数照常征收，如短缺实出有因，著俟一年期满奏报到时，由户部酌量情形，分别奏明，请旨核办等因。钦此。"钦遵在案。今户关实缘上年贼势鸱张，河道梗塞，本年商船寥落，税乏来源，计一年之内，将及五月无收，两河之路只有一河通顺，短绌较多，实属有因，并非经征不力。应否免其著赔议处，相应据实声明，听候敕部议复。为此恭折具奏。

421. 临清关税源短绌恳准暂予免赔折
同治四年四月　日

奏为东省频年黄水穿运，匪踪纷扰，临关税源过形短绌，恳恩俯准暂予免赔，恭折奏祈圣鉴事：

窃查临关征收税课，倘有缺额，由该关委员著赔，自应赶紧征收，以裕国课，曷敢稍形松懈。惟今昔情形不同，税源大形短绌，有不得不据实直陈者。

查临关全赖汶、卫两河商贩空重船只往返流通，庶可征收足额。自南粮不行，冬挑停止，十有余年；兼之黄水穿运，河身极形淤浅；又因贼匪滋扰，砖板两闸严闭蓄水，沙泥不能随溜而行，愈垫愈高，汶河上游张秋一带，竟至淤成平地，今春查勘淤塞各段，比水面尚高七尺余。上游之水势难下达，只赖卫河一路，而商船又因各马头均被焚掠，豫省歉收，粮食北行者绝少；

直隶龙王庙等处设有厘局,怵于节节输纳,皆旱绕由河南一带北上,是以近年临关征收异常支绌。

伏查咸丰三年钦奉上谕:"各关征收税课,仍遵额定税数照常征收,不得以尽征尽解违例奏请。如将来亏短,实属有因,著俟一年期满奏报到时,由部酌量情形,请旨核办等因。钦此。"钦遵在案。上年户关年满奏报,蒙恩减免六成,着赔四成。而今岁缺额更甚往年,若俟届期奏报,必致照例着赔,未免向隅。且他关监督一年一任者居多,临关则向由臣衙门饬委临清州兼理,如久于其任,比他关赔累更巨。从前定例原为稽征不力而设,今两河只剩一河,税源仅剩一半,而一河之税又甚稀少,与稽征不力大相悬殊,其势万难楷柱。据该委员临清州知州张应翔沥情禀恳具奏前来。

臣逐加复核,均系实情。果可竭力整饬设法招徕,何敢率行渎请。只缘税乏来源,空劳无补,转瞬户关又将一年期满,即现在试行河运,估计修挑亦属缓不济急。刻值匪踪纷窜,商贩裹足不前,辗转思维,实深焦灼。倘再意存粉饰,并不先事陈明,贻误滋甚。合无仰恳天恩饬部核议,暂予免赔,一俟闸内汶河通顺,商船较多,如有短收,仍行照数赔补,以符定制。感沐鸿慈,实无既极。除咨部查照外,理合恭折具奏。

同治四年四月初十日奉到回折:"军机大臣奉旨:'该部核议具奏。钦此。'"

422. 临清工关征收短绌折
同治四年闰五月初九日

奏为临清工关一年期满,征税短绌实在情形,恭折奏祈圣鉴事:

窃照临清关税银,向委临清直隶州知州征收,按年核其完数,由臣奏报。工关每年应征正额银四千五百七十二两七钱四分,盈余银三千八百两,以二千二百八十两为额内,一千五百二十两为额外。兹据署济东泰武临道衡龄转据临清州知州张应翔详称：工关征税自同治三年正月初八日开河起，至十二月二十九日年满止，共征短载、盐货正银五千三百五十五两四分，扣除应征定额，计收额内盈余银七百八十二两三钱，缺收额内盈余银一千四百九十七两七钱，额外盈余银一千五百二十两，全数无收。其短收之由，实缘工关仅征船料，全赖汶、卫两河船只往返流通，庶可征收足额。自黄水穿运，河身极形淤浅，前年贼匪滋扰，砖板两闸严闭蓄水，沙泥不能随溜而行，愈垫愈高，张秋一带竟成平陆，汶河几同废弃，只赖卫河一路，而上游各马头俱遭贼匪焚掠，元气未复。直隶龙王庙等处，设有厘卡，怵于节节输纳，率皆裹足不前，以致征收短绌，并非经征不力。兹届一年期满，恳请据情具奏前来。臣复加访察，委系实在情形，迥非寻常商贾稀少可比。

伏查咸丰三年钦奉上谕："各关征收税课，仍遵定额税数照常征收，不得以尽征尽解违例奏请，如将来亏短实属有因，著俟一年期满奏报到时，由部酌量情形，请旨核办等因。钦此。"钦遵在案。今工关税银短少，实属有因，委非经征不力，应否免其著赔议处，相应据实声明，听候敕部核复。为此恭折具奏。

423. 临清户关征收短绌情形折
同治四年九月初三日

奏为临清户关一年期满，征税短绌实在情形，恭折奏祈圣鉴事：

窃照临清关锐银，向委临清直隶州知州征收，按年核其完数，由臣奏报。户关每年应征正额银二万九千六百八十四两，又铜斤水脚银七千六百九十二两三钱一分三厘，又盈余银一万一千两，以六千六百两为额内，四千四百两为额外。兹据济东泰武临道卫荣光转据临清州知州张应翔详称：户关征税，自同治三年六月初四日起，扣至四年闰五月初三日止，一年期满，共征收船料、货税、粮食正银一万六千九百二十七两五钱九分，较之应征定额，计缺收正额银一万二千七百五十六两四钱一分，铜斤水脚银七千六百九十二两三钱一分三厘，额内盈余银六千六百两，额外盈余银四千四百两，全数无收。其所以短绌之由，实缘临关全赖汶、卫两河空重船只往返流通，借以征收充额。汶河自粮艘不行，冬挑停止，河身淤浅，兼以黄水穿运，愈垫愈高，并有淤成平陆之处，因而舟楫不通。至卫河以粮载为大宗，各货次之，上游各马头已被焚掠，豫省连年歉收，粮食不能北行。直隶之龙王庙等处设立厘局，即偶有商贩，怵于节节输纳，相率起旱绕由河南一带北上，遂至关税异常短绌。本年二月间，曾经奏奉谕旨：交部核议。嗣接部复：应俟年满具报征收税数若干，再行酌量情形核办等因。遵照在案。

查汶、卫二水，至临合流，商船由汶出闸入卫，或由卫进闸入汶，东西南北，四路可通。自汶河淤浅，只剩卫河，只通南北，难达东西，税源倍形衰弱。本年贼窜曹属濮、范一带滋扰，与直隶开州等处毗连，官兵各路设防，船只益形阻滞。是以临关情形，非特更逊于上年，即较之咸丰四年蒙恩免赔之年亦甚。盖咸丰四年，逆匪扰临月余，旋即克复，汶、卫尚可流通。今则河道淤塞，税无来源，实属人力难施，委非经征不力，并恳免其著赔议处等情，援案详请具奏前来。臣复加访察，均系实情，毫无捏饰。

恭查咸丰三年钦奉上谕："各关仍遵额定税数照常征收，如短缺实出有因，著俟一年期满奏报到时，由户部酌量情形，分别奏明，请旨核办等因。钦此。"钦遵在案。今户关实因河道梗塞，贼势纷窜，商船寥落，税额短绌较多，久在圣明洞鉴之中。合无仰恳天恩俯念实出有因，迥非经征不力可比，敕部核议准予援照咸丰四年成案，免其著赔议处，一俟汶、卫两河通顺，商船较多，如有短收，仍行照数赔补，以符定制。感沐鸿慈，实无既极。为此恭折具奏。

同治四年九月二十一日奉到回折："军机大臣奉旨：'户部议奏。钦此。'"

424. 临清关添拨内务府银两征收足数起解片
同治五年三月十二日

再，查临关添拨内务府银三万两，据济东泰武临道转据临关委官临清州知州张应翔详称：查征存新旧关税，均于上年奉拨京饷银五万两案内全数凑解。刻下续征无几，应俟征收足数，方能起解。惟临关只有卫河一路，商船稀少，税无来源，上岁户关期满，仅征正银一万六千余两。似此异常短绌，能否如期征足银三万两，实难预定，惟有竭力稽征，以济要需。并声明每年应解内务府摊缴参价银三千两，均系按年起解。所有咸丰九年至同治二年俱因军需紧要，凑拨军饷，其同治三、四两年之款亦已凑解京饷，业经分别开造年款咨部查照等情请奏前来。臣复查无异。除批饬赶紧征收，委员起解外，理合附片陈明，伏乞圣鉴。谨奏。

425. 临清工关征收短绌折
同治五年四月初一日

奏为临清工关一年期满，征税短绌实在情形，恭折奏祈圣鉴事：

窃照临清关税，向委临清直隶州知州征收，按年核其完数，由臣奏报。工关每年应征正额银四千五百七十二两七钱四分，盈余银三千八百两，以二千二百八十两为额内，一千五百二十两为额外。兹据济东泰武临道卫荣光转据临清州知州张应翔详称：工关征税自同治四年正月二十八日开河起，至十二月二十九日年满止，共征收短载盐货正银二千九百一十九两八钱九分，核之应征定额，计缺收正额银一千六百五十二两八钱五分，额内盈余银二千二百八十两，额外盈余银一千五百二十两，全数无收。其短收之由,实缘工关仅征船料,全赖汶、卫两河船只往返流通,庶可征收足额。自黄水穿运,沙泥淤垫,张秋一带十余里成为平陆,汶河竟同废弃,虽经上年设法挑挖,仅伏汛时河水流通,旋复口门淤塞,临关税源已去大半,只赖卫河一路。而近年皖省迭遭兵燹,所产茶叶等物,悉被焚劫,可贩之货本属无多。豫省则以粮食为大宗,连岁灾歉频仍,匪踪窜扰,商船更觉寥落。又有直隶龙王庙等处设立厘卡,怵于节节输纳,率皆裹足不前,以致征收短绌。上年户关期满,经部议复酌量减八赔二,以示体恤在案。今工关一年届满,情形尤甚于前,实属人力难施,委非经征不力,恳请据情具奏前来。臣复加访察,确系实情,毫无捏饰。

伏查咸丰三年钦奉上谕:"各关征收税课,仍遵定额税数照常征收,不得以尽征尽解违例奏请,如将来亏短实属有因,著俟一年期满奏报到时,由部酌量情形,请旨核办等因。钦此。"钦遵在案。今工关税乏,来源短绌,实属有因,察核时势,迥非寻常商贾稀少可比,该委员并非经征不力,应否免其著赔议处,相应据实声明,听候敕部核复。为此恭折具奏。

同治五年四月十三日奉到回折:"军机大臣奉旨:'该部议奏。钦此。'"

426. 临清户关征收短绌折
同治五年八月三十日

奏为临清户关一年期满,征税短绌实在情形,恭折奏祈圣鉴事:

窃照临清关税银,向委临清直隶州知州征收,按年核其完数,由臣奏报。户关每年应征正额银二万九千六百八十四两,又铜斤水脚银七千六百九十二两三钱一分三厘,又盈余银一万一千两,以六千六百两为额内,四千四百两为额外。兹据济东泰武临道卫荣光转据临清州知州张应翔详称:户关征税自同治四年闰五月初四日起,扣至五年五月初三日止,一年期满,共征收船料、货税、粮食正银一万九千七百三十九两七分，较之应征定额，计缺收正银九千九百四十四两九钱三分，铜斤水脚银七千六百九十二两三钱一分三厘，额内盈余银六千六百两，额外盈余银四千四百两，全数无收。其短收之由，实缘临关全赖汶、卫两河空重船只往返流通，借以征收充额。今汶河自黄水穿运，淤泥愈垫愈高，张秋一带十余里几成平陆，上年设法挑挖，仅于伏汛期内流通。又值淮勇过境，雇船伺应，商贾闻风裹足，率将货物改行陆路。兵差甫过，而江北粮艘又复踵至，其时水势渐消，不得不严闭各闸，蓄水济运。迨米船出境，南坝头口门旋即淤塞。自去秋至本年五月间，河道几同废弃，直至六月下旬伏汛水发，始觉通顺，然已在该关年满之后。至卫河惟以粮食为大宗，豫省连年歉收，北上粮载甚属稀少，各处捻氛未靖，商民畏缩不前。又因直隶龙王庙等处设局抽厘，怵于节节输纳，相率起旱绕行，遂至关税异常短绌。上年奏报户关期满恳请免赔案内，曾经户部议复减八赔二，以示体恤，奏奉俞允在案。本年汶、卫二水淤塞微弱，税乏来源，殆较上届为尤甚，实属人力难施，委非经征不力，并恳免其著赔议处等情详请具奏前来。臣复加访察，均系实情，毫无捏饰。

恭查咸丰三年钦奉上谕："各关仍遵额定税数照常征收，如短缺实出有因，著俟一年期满奏报到时，由户部酌量情形，分别奏明，请旨核办等因。钦此。"钦遵在案。今户关实因河道梗塞，贼势分窜，商船寥落，税额短收，久在圣明洞鉴之中。合无仰恳天恩俯念实出有因，迥非经征不力可比，敕部核议，准予援照咸丰四年成案，免其著赔议处，一俟汶、卫两河通畅，商船较多，如有短收，仍行照数赔补，以符定制。感沐鸿慈，实无既极。为此恭折具奏。

柒·土 贡

427. 临清州应贡羊皮请暂停办片
同治二年六月十二日

再，查临清州每年例办羊皮三千张，向系汇入中秋节贡品进呈。兹据代理知州彭垣详称：此项皮张，向在附近各处并直隶顺德府地方采办。现因逆匪滋扰，羊户星散，无从购买，匠作均皆失业，难以如法硝制，恳请停办等情前来。臣复查委系实在情形。溯查咸丰四年临清州例贡曾经停止有案，应请将本年皮张援案暂停，俟贼匪平靖，再行照常恭进。除咨明内务府查照外，理合附片奏闻。谨奏。

428. 恳免采买缎绸布匹折
同治三年十月十六日

奏为采买绸绐布匹，东省难以购办，恳恩免解，恭折奏祈圣鉴事：

窃照内务府奏派东省采办各色串绸二百匹，洋绐五百匹，素西绸五百匹，松江细布一千匹，清水细布五千匹，并上届欠解洋绐二百匹，串绸一百匹，饬即办齐委解等因。奉旨："依议。钦此。"咨行到臣。随经钦遵饬办去后。

兹据历城县知县陶绍绪禀称：前项绸布向由浙江等省贩运而来，东省并非出产之区。频年南省不靖，商贾裹足，来源已断。明知难以购办，而缎库待用孔殷，曷敢推诿。随即饬派丁役分投采办，满拟各铺户将所存零星剩货尽数搜罗，陆续起解，乃四路丁役转据各铺金称，上年采买已尽，如果尚有余存，何不乐于交易。目下委无存剩料匹，亦无续到商贩，恳将各项绸绐及松江细布免解，惟清水细布一项，东省尚可购求，俟办齐再行验解等情，由藩司具详前来。

臣查东省本非江、浙等省可比，此项绸绉及松江细布并不出产，上年采办因市肆尚有存货，已属万分竭蹶，除解尚有蒂欠。现在南路虽已疏通，商贾仍未北来，各铺又无存货，确系实在情形，强令承办，徒滋延误，惟有恳恩俯准免解。所有清水细布，饬即赶紧购买，一俟办有成数，即行委员解交。除咨内务府查照外，理合恭折具奏。

429. 奉派采办绸布奏请展限片
同治四年二月二十八日

再，东省奉派采办清水本色茧绸五百匹，清水细布五千匹，并前派清水细布五千匹，迅速全数委解。当经飞饬承办之历城县如式购买，已于上年十二月间办妥细布三千匹，茧绸四百匹，饬委候补县丞茅方廉管解交纳在案。下余布匹、茧绸，实因去年各处棉花歉收，兼以兵火之后蚕桑未裕，以致机户稀少，价值昂贵，采买维艰。若零星分购，又虑宽长尺寸参差，颜色亦难纯洁，实非仓猝所能起解。据历城县禀由藩司详请奏展前来。臣复查确系实在情形。惟有恳恩宽以时日，俾得从容办理，仍饬司严催，按照短解数目随时竭力凑办，不准稍有延宕。除分咨查照外，理合附片陈明，伏乞圣鉴。谨奏。

430. 例贡木瓜石榴柿霜耿饼请暂停片
同治四年九月二十六日

再，东省例贡木瓜向由曹县购办，石榴、柿霜、耿饼向由菏泽县购办。惟该二县频年贼扰，果木砍伐殆尽，渐次补种，复因去腊大雪过厚，诸多伤损，本年又两次被扰，实属无从采办，应请暂行停止，容俟地方平靖，来岁敬谨恭进，以符旧制。除咨内务府查照外，理合附片陈明，伏乞圣鉴。谨奏。

第五部分

壹·军务

一、淄川、东昌、泗水

431. 赴淄川日期并防剿情形折
同治二年四月十八日

奏为恭报微臣赴淄日期，并防剿各匪现在情形，恭折由驿具奏仰祈圣鉴事：

窃臣于本月初九日接受抚篆，专折恭谢天恩，并将臣甫经到任及地方大概情形奏明在案。臣初到东省，于一切吏治民风、用兵筹饷均未能洞悉隐微。视事以来，日接僚属，悉心采访，略得梗概，亦尚未能周知。大抵民风素称俭朴，吏治渐黜浮华，而兵力则有单弱之虞，饷数则有支绌之虑。臣数日以来已将应办事宜渐次部署。正欲起程赴淄，于十四日接据聊城县禀报：东窜之匪由夏津折回，仍在莘、冠境内滋扰，十一日夜间复由阳谷县境内七级偷渡运河，经阳谷翟家团迎击，互有杀伤，炮队赶到，杀毙贼匪数名，该匪仍向东北奔窜。是夜，在聊境顾官屯一带盘踞。

续据茌平、东阿禀报：贼于十三日窜至东阿境内滑口、铜城一带，又窜至离黄河十五六里之周家集。臣已飞饬曹州镇总兵保德确探贼踪，迅由间道绕出贼前，迎头拦截。又飞咨直隶提督恒龄探踪截击。又饬令现住省城之守备张大富一队，驰赴齐河、禹城、茌平一带，追踪进剿。一面飞饬沿途各州县调团严密防堵，毋得再任奔窜。

又据泰安府县禀报：初七日教匪窜入新泰、泰安等境，旋向蒙、费交界之白马关及费县、武台等处窜回老巢。

又据兖州府禀报：捻、棍、教匪合股出窜，于十一日有贼马百余匹窜至邹县南关，经弁勇迎击，贼分两股，一扑曲阜，一扑东滩店，均由城东马疃一带蜂涌而来。我军分路追剿，由城北大薛一带与马队会合，向南压下，始将向东贼马一律击败。共杀贼数十名，生擒长发贼四名，救出难民数十口，夺获牛、马、驴数十头。贼匪大股均回东路，余党仍在峄山以东盘踞。我军出其不意，猝往击之，贼众纷纷逃遁，我军追杀二十余名。又追至界河以南，余匪仍回东去。

续据泗水县禀报：十三日夜间教匪大股出扑县东离城三十五里之故安寨，攻破占据。臣即飞饬署运司恩锡迅速调队攻剿；又飞饬各该府县会同各营，加意防备，相机攻剿，必须遏其奔窜之路，方足以挫贼势而靖闾阎。

臣现因淄川军务尤为紧要，臣定于十八日酌带兵勇赴淄，会同僧格林沁妥筹攻剿，到淄情形再行奏报。至臣出省后所有署中日行事件同解审命盗等案，札委藩司代行代勘，紧要事宜仍由臣行次办理。所有微臣赴淄日期并防剿各匪现在情形，恭折由驿具奏。

432. 请准僧格林沁暂留东省折
同治二年四月二十七日

奏为沥陈山东通省兵勇、民团积弊已深，后患滋大，恳恩俯准僧格林沁暂留驻扎，以安反侧而靖人心，恭折仰祈圣鉴事：

窃臣迭奉寄谕："命僧格林沁统帅南下等因。钦此。"臣于二十一日行抵淄川军营，周历巡视，见僧格林沁规画布置，实皆臣所未能。连日与僧格林沁料量贼情，谕饬兵勇，并体察东省情形，实觉大患已成，非特隐忧，有不敢不上陈者。

臣自奉命之初，即知山东军务，究属教匪、东昌降匪、淄川叛练。自维未习军旅，不克胜任，夙夜祗惧，不敢畏难，尚不意其至于此极。乃莅任以来，目睹情形，其患有不可胜言者。

臣查山东各营兵饷，因库款支绌，积欠至两年之多。各营兵无饷领，操练遂废，或有四散谋生，偶遇调发，无非随时凑集募替游手好闲形同乞丐者充数应调，将不习兵，兵不习将，驱之御贼，瑟缩溃散，贼骑长驱，此兵百不当一，非退即逃。此营制之坏，兵不可恃也如此。

兵不得力，势惟募勇。而无一能带勇之将，无一能练勇之人，招募乌合，队伍不齐，增减多少，参差纷紊，其中又招安降众如宋景诗等，皆令带领大队，跋扈横恣，莫敢谁何！饷糈偶缺，强者持械围闹，弱者弃营散走，甚至剽掠居民，比贼尤甚。又有与贼暗通消息，临阵对语，挟制官军，无所不至。仅谓不知纪律，实不足以蔽其辜。此招募之坏，勇不可恃也又如此。

兵勇均不能为民御贼，势惟借助民团，数年于兹。团之杀贼立功者，固亦不乏，其借团啸聚，率众抗官者，东省所在林立。谓为叛逆未著，未便名捕，其实兵力正单，恐复造乱，美其名曰"暂事羁縻"，考其实则自甘聋聩。强凌弱，众凌寡，抗纳钱漕，武断词讼，敛财聚众，有联合数县或数十村庄者，良民涂炭，强霸横行。此团练之恣肆，民不可恃也又如此。

是则山东情形，厝火积薪，势已岌岌，而尚不至一时蜂起者，全赖僧格林沁数年督兵出入东省，屡歼巨魁，亲历戎行，声威所至，良足以寒贼胆而作人心。而降众如宋景诗、宋景春、董道平、雷凤鸣，虽皆随同征剿，团练如临邑之人和团、济阳之一心团、堂邑之柳林团，间亦杀贼有功，其待时观衅之心，实未尝一日或熄。臣沿途访之官寮民庶，大率异口同词。即如淄川之兵，当僧格林沁未至之先，士卒散涣，人各一心，管带者严刑峻法，亦无如何，自僧格林沁至营，始知畏威，勉成营座。现已四面合围,环壕将次工竣,壕外共筑营垒十八座,论者方冀旦夕收功。臣窃谓僧格林沁部下各军,除苏克金、恒龄各军已分拨河间等处,在此者本属无多,其合围各营,大半原系山东本营及募勇,只以震慑僧格林沁威严,故一切骄悍通贼均皆敛迹。然皆不习纪律,不同心志,战守二字毫无可恃。僧格林沁屡与臣言及,时为悬心。一旦僧格林沁移师他往,城贼必乘间扑营,各兵勇能否实力堵御,臣实难自信。设想及此,悚惕万分。臣既仰蒙圣恩,授臣疆寄,臣非不知不特兵勇、民团所应力加整饬,苟有一事未善,臣即一日不敢偷安。只因到任甫及半月,一切均未周知,而骄勇疲兵、强团降众环布于数府州属,且苗逆既动,东省降众未必无与之通者。倘承新旧交替之间,窥僧格林沁既去之后,盗贼生心尝试,事变猝来,臣既无一军训练之兵,亦无一队可恃之勇,徒以军旅大计委于数万疲兵、悍勇、叛练之手,操之过急,则兵、勇、练立时为贼;虚与委蛇,则日甚一日更难措置。斯时也,臣即糜顶粉身,仍无补国家之急。臣与其辜负圣恩于日后,不得不吁求矜鉴于事前。伏祈皇上俯念东省势已岌岌,准僧格林沁暂时留东镇服,消弭一切于无形之中,不仅为淄川一城。臣亦即赶速治兵,讲求政事,渐使兵勇民庶知臣之心,形势操防经臣之目,庶不至隳僧格林沁数年转战之功。臣若强不知以为知,不自揣量,草率任事,是则臣贪恋爵秩,粉饰治安,亦为我皇上所不取。且臣无他才能,惟有实心办事,仰答高厚于万一。臣疏庸愚昧,伏读迭降谕旨,日夜焦劳,怔忡心悸,寝食难安,臣亦断不敢因病废事,自贻罪戾。伏祈皇上俯允微臣所请,一面可否密谕曾国藩、李续宜、唐训方、吴棠,如果兵力足制苗练,方为捣穴擒渠之计;倘有未逮,务宜各路派兵牵制该匪,勿令生心旁窜,便是顾全大局、互为维系之谋。李续宜一军,尤为苗逆所畏,力能制之。一俟直、东之事稍定,僧格林沁南下,再图大举。又时将盛暑,南中卑湿,北方士马恐亦水土不宜,难于得力。

臣因山东为畿南屏翰，刻下通省情形，兵勇、民团在在可虑，用敢渎冒尊严，沥情陈恳准饬僧格林沁暂留东省，出自圣恩，臣不胜悚惕待命之至。伏祈皇太后、皇上圣鉴。臣谨奏。

再，恒龄一军现驻直、东交界，苏克金一军现驻河间府，此皆僧格林沁部下最为得力之军。臣自维才力不及直隶督臣刘长佑万一，而刘长佑此次追剿北扰之贼，多借资恒龄、苏克金合力兜剿，方能歼贼殆尽。僧格林沁督师南下，若不令恒龄、苏克金两军并进，则兵力过单；若皆行前去，直、东一带他无劲旅，刘长佑虽久历戎行，娴于兵事，到任未久，似不能无借僧格林沁之威望。臣又窃谓直、东两省附近京畿，必得内患尽除，然后移师南下，始无北顾之忧，亦免内匪勾结之虞。且地方稍安，钱粮多征，则馈师有资，进取有据。刻下直、东兵事，间有斩除，实无定局。至于东省之兵勇，如遍地零星大小散器，难纳筐篚；东省之民团、降众，如以油沃面，无从分别调和。至东昌降众回籍能否相安，各军受抚降匪能否不至反复，臣均未敢逆料。臣仰恳天恩暂留僧格林沁之处，系为直、东两省北方大局起见，非敢稍存私意专为淄川一城图卸仔肩。区区之忱，伏乞圣鉴。臣谨奏。

433. 东昌泗水军情片
同治二年四月二十七日

再，河西股匪于本月初十、十一等日窜扰东阿、阳谷、茌平一带，经臣飞咨总兵保德拨兵迎头截击，切勿在后尾追。昨据保德函开：业经守备冯胜林等在苫山一带进剿，杀马贼二百余名，步贼殆尽。十五日，余匪仍向七级迤南鱼洼、夏家堂等处抢渡，冯胜林首先渡河，绕出贼前，至安乐镇地方痛加剿洗。逆首张广德亦被都司李元追剿穷蹙，率领马步余匪一百余人俯伏乞降等情具禀前来。臣诚虑此类凶狡性成，非可遽信，当即飞咨保德就近察看情形，如果实已畏罪输诚，方准收纳。二十四日，即据保德函开：张广德实系情愿立功赎罪，已分别留营充当马勇者六十名，马队改成步勇者八十一名，本无马匹者七名，共一百四十八名，并将缴出马八十一匹，一面解送臣营应用等语。臣思杨蓬岭、程顺书等已经刘长佑酌量准其投诚，张广德未便同罪异罚，即切实函复保德，勿令张广德管带原队，增减自由，恐羽翼复成，致蹈覆辙，姑准暂留保德军营，以观后效。

又据泗水县禀报：审据故安寨教匪已于十五日经僧格林沁派往之翼长舒通额、德楞额两军会合攻剿，立将故安寨克复，该匪纷纷窜回老巢。

又据总兵黄国瑞禀报：教匪囤聚孤山一带，意图割麦。十八日寅刻，督同参将张从龙、张祖云等进剿。正在与贼鏖战，密饬都司张保圣、守备王树楠由山南大路包抄，冒烟直入，冲断贼队，自卯至午，杀贼数百，生擒十一名立即正法，夺获旗帜十七面，骡马一百五十余匹，刀械无算。贼势不支，由双峰山地方越山散窜，因山涧丛杂，未便穷追。除由臣督率各路官军分别剿办外，理合将现在各路获胜情形，附片奏闻，伏乞圣鉴。臣谨奏。

434. 署臬司呼震赴东昌会办剿抚事宜折
同治二年五月初九日

奏为遵旨酌派文武大员办理东昌搜捕安抚事宜，恭折由驿具奏仰祈圣鉴事：

窃臣于四月十八日钦奉寄谕："莘、冠一带，防剿善后，均关紧要，必须遴委明干大员前往办理。总兵保德平日带兵尚无贻误，或即责成该员会同直隶官军认真搜捕，能否得力之处，并著刘长佑、阎敬铭会商妥办等因。钦此。"又于四月二十一日钦奉寄谕："直省毗连之东昌、临清等州县，匪巢林立，降卒叛将杂处其间，必须直、东两省会商筹办，方免彼此歧异。阎敬铭现赴

淄川，不克亲临边境，著即遴委文武明干大员会同王榕吉，并
〔将〕应剿应抚及一切善后事宜，实心整顿，无误事机等因。
钦此。"

　　臣查河西股匪，经东省官军击败后窜渡运河，又经各队追
剿，余匪张广德等穷蹙乞降，业经暂留保德军营，以观后效。其
杨蓬岭、程顺书等股，亦经直隶督臣刘长佑酌准投诚，妥为安
插。东昌一带已无匪踪。宋景诗一队，经前抚臣谭廷襄饬留东
昌，归总兵保德调遣，现尚驻扎堂邑一带。该队前有一千余人分
赴直隶助剿，兹经刘长佑派弁带回东省，自因直省军务蒇事，遣
令归农。臣即饬令东昌府转饬宋景诗，将直省遣回之队妥为遣
散，其原驻堂邑之队仍归保德节制。东昌各属，目前虽属粗安，
惟降众杂居，灾黎甫定，且毗连直省，犹恐余匪伏匿其间，一切
搜捕抚绥事宜，诚如圣谕，必须派委文武大员实心办理。保德带
兵尚无贻误，已遵旨令其会同直隶官军妥为筹办。该员究系武
职，必须添派文员，方足以资筹画。第东省候补各员，或未悉情
形，或经手要务，几无可派之员，旬余以来，颇费筹度。兹查署
臬司济东泰武临道呼震，在东日久，深悉情形，上年曾随前抚臣
谭廷襄办理东昌军务，且该处系济东道专辖之境，于地方文武呼
应尤灵，臣即饬令前往，会同保德妥实筹办，以期无误事机。所
有遵旨酌派文武大员办理东昌搜捕安抚事宜，理合恭折由驿
具奏。

435. 调臬司丁宝桢带勇助剿折
　　　　同治二年五月十七日

奏为新任臬司带勇到东，现拟调赴淄营助剿，恭折由驲具奏仰祈
圣鉴事：

　　窃臣于五月初九日钦奉寄谕："前因唐训方奏皖省情形紧
急，当经谕令唐训方、张之万于丁宝桢一军抵豫时截留，由汝、

颖一带径趋皖北。本日据丁宝桢奏，该臬司五月初一日已抵许州等语。丁宝桢所带勇队连日应已将次入山东境界，如业经在豫省截留，即著张之万等饬令赴皖；如已入山东地面，即当察度缓急，相机进剿，毋庸再行折回，转致纡途延误。该臬司到东后，阎敬铭酌量情形，妥为调遣，以资得力等因。钦此。"当即恭录转行去后。

伏查东省兵勇散漫，未谙纪律，僧格林沁与臣力求整顿，以大军合围吃紧，急切未便更张，昨已将尤不得力刻难姑容之勇队先行遣撤一千余名，派弁押令回籍，以致前敌营盘兵力单薄，不敷分布。正在筹画间，接据丁宝桢禀报：于本月十三日行抵济宁，数日之间即可到省，自系在豫尚未接奉截留谕旨。该臬司既入东境，自当遵旨察度缓急，相机进剿，无庸再行折回。臣体察现在情形，淄营需兵甚殷，不得不赶紧饬调。该臬司自楚募勇一千余名，本系亲身统带，又复戎行久历，晓畅军情，臣已饬令在省接印后迅即来淄，以期厚集兵力，早日蒇事。所有新任臬司带勇到东，现拟调赴淄营助剿缘由，理合恭折由驲具奏。

436. 暂留已革道员吴台朗仍办淄营事务片
同治二年五月十七日

再，东省营务废弛已久，兵无训练，将乏贤能，队伍散漫无稽，器械临时未备，而实皆统带之不得其人，兵将两不相知，以致诸事毫无把握。上年匪踞淄川，前抚臣谭廷襄初派已革署济南府知府吴载勋带兵剿办，复以道员陈显彝代之，嗣经前后撤回。本年正月始派署济东泰武临道吴台朗接办，续派总兵曾逢年会同办理。该道到营以来，力为调停整顿，而兵勇狃于积习，仍未能尽受范围。自僧格林沁到淄后，申明纪律，始将环壕挖就，各营一律筑成。该员规画亲承，又复劳瘁不辞，在在悉心筹办。正当吃紧之际，适因另案奉旨革职，自应饬令离营。惟臣与僧格林沁再四熟商,淄川自去秋迄今,业已三易统带,吴台朗筹办一切,稍有端倪,若又更易生手,不特东省大员无人可派,即勉为更易,亦不能熟悉情形。不揣冒昧,仰恳天恩可否将已革道员吴台朗暂行留营之处,出自逾格鸿慈。理合附片吁陈,伏祈圣鉴训示。谨奏。

437. 请仍留僧格林沁在淄折
同治二年五月二十二日

奏为沥陈淄、兖吃重情形,拟请仍留僧格林沁督剿,即派臬司带勇前赴东昌,恭折由驿具奏仰祈圣鉴事:

窃臣于五月二十一日钦奉五月十八日寄谕:"宋景诗狼子野心,负嵎自固,万无姑容之理。现在该逆凶狡情形,日甚一日,自应赶紧剿灭,以除巨憝。僧格林沁声威素著,若能移营东昌,进扼东南两路,不但可以遏贼东窜,且于恒龄、苏克金各马队发纵指示,呼应较灵。丁宝桢既到淄川,僧格林沁似可即赴东昌,与刘长佑会同剿办等因。钦此。"

伏查淄川踞匪于本月十一日夜乘雨扑陷勇目雷凤鸣营盘,复被官军夺回,当经僧格林沁将该勇队遣撤九百余名,并将雷凤鸣正法,复经臣将不得力之马勇饬令缴马遣散二百余人,前敌兵力甚单。适新任臬司丁宝桢带勇到东,当即遵奉前旨,饬令相机进剿,调赴淄营,业于前折奏报。兹奉寄谕,东昌剿务吃紧,僧格林沁自当遵旨前往。惟查淄匪自僧格林沁督剿以来,城外环筑炮台,日用炸炮四面轰击,该匪震慑异常,屡图逃窜;其不敢骤窜者,僧格林沁现带马队虽只三四百名,而纵横冲突,是其长技,且马上枪箭,每发不虚,是以不敢潜进,一味踞守。今如移向东昌,所有炸炮、马队均须撤往淄营,兵勇散漫无纪,马勇本属无多,且系零星乌合,惟仗僧格林沁声威慑伏,匪势不敢鸱张。刻下连营合围已有端绪,一旦移师他往,该匪乘隙奔窜,别无劲旅穷追，势必扰害地方，种种可虑。况僧格林沁只带马队数百名，如赴东昌亦不能成一队，必须将现驻曲、邹之翼长舒通额一军调往。该队专防白莲池北路。现在总兵黄国瑞进攻白莲池东南一面，正在得手，该匪被剿穷急，必由西北出窜。兖营原驻兵勇马队本单，惟恃舒通额之军可以奋力追剿，一经抽撤，北路必致空虚，贻患益甚。是僧格林沁东昌之行，虽于会剿有益，而于淄川、兖州两处大局牵掣实多。惟东昌进剿需兵，又不得不赶紧抽拨。臣再四筹计，惟有饬令丁宝桢一军驰赴东昌，会同恒龄、保德各军，随同直隶督臣刘长佑并力剿办，仍恳天恩准将僧格林沁留淄督剿，以期各路兼顾无误事机。至淄营前敌，仍少一千余人，究形单薄，臣即与僧格林沁妥商，尽力匀拨，俾免疏虞。所有沥陈淄、兖吃重情形，拟请仍留僧格林沁督剿，即派臬司丁宝桢带勇前赴东昌缘由，理合恭折由驿具奏。

438. 淄川余匪搜捕殆尽移军清博折
同治二年七月初四日

奏为搜捕淄川余匪，分路截杀殆尽，现拟移军清、博一带，以遏东昌叛逆北窜，恭折由驿具奏仰乞圣鉴事：

  窃照六月二十二日攻克淄川县城，生擒首逆，业经会同僧格林沁等驰奏在案。查二十日先由淄城窜出之贼，经侍卫托伦布等追杀四百余名，生擒一百余名，余匪越岭翻山，分股奔窜。前股迭经博山、临朐、沂水、蒙阴、新泰等县督团带勇，先后截杀无算，余匪三百余名窜至白莲池东门外，经总兵黄国瑞带领马步各队至分水岭下，立将此股窜匪剿灭净尽。其后股于二十七八等日窜至新泰境土门一带，经官兵截杀数十名，贼由费县一路窜逸，另经蒙阴县兵团在颜庄地方击败，追至狮子山、赵山等处，适托伦布等赶到会合并击，歼毙二百余名，零星余匪向山沟僻路窜逸。现仍饬各路搜剿，以期悉数歼除。其克城之时，间有先行逃匿附近之匪，连日在各乡搜捕多名，又经益都等县陆续搜杀数十名，现在已一律肃清。臣暂驻淄川办理善后各事，饬令清查户口，招集流亡，一面先饬该地方官加意抚恤。又派令守备马春峤一营暂行留淄，会同巡辑弹压。

至淄营兵勇，臣已分别马兵、马勇挑选，各归一队；步勇另编哨队，每五百人为一营；其疲弱无用及零星散涣漫无纪律者，或裁汰归伍，或遣散归农，庶队伍渐见整齐，饷数可裁糜费。惟东昌叛匪宋景诗经直、东两省会剿，现当高粱茂密，积潦在途，急切难于进兵，诚恐该匪等乘隙奔窜。刻下卫河西岸有直隶官军布置周密，运河北岸有直隶提臣恒龄、翼长苏克金马队扼要严防。东省之兵，只有总兵保德，兵勇不足二千人，臬司丁宝桢步勇亦仅千人，近均进扎堂邑之六官庄，逼近贼巢，兵力甚单，东南一面实虞窜越。臣已派令都司杨通廉，守备郭大胜、张大富等三营勇队，共一千五百名，由淄营前往助剿，即归该镇、司统带。惟运河东岸仍无一兵防守，清平、博平等境之梁家浅、卫家湾等处均系河口要隘，倘该匪乘虚偷渡，东可直达省垣，北可径趋恩、德，倘由此扰及直境，为害滋深。臣又飞派守备韩登泰督带勇队五百名，迅速前往魏家湾一带，严行防守。仍恐兵单，不敷扼制，致有疏误，臣即于初六日由淄回省，将地方要务稍理头绪，赶紧亲自督军至清、博一带，择要驻防，以遏该匪北窜之路。

再，迭奉谕旨，饬令保德、丁宝桢等均归直隶督臣刘长佑节制，此后攻剿一切事宜，仍饬保德等听候刘长佑调遣，以一事权。所有搜捕淄川余匪，分路截杀殆尽，及移军清、博一带，以遏东昌叛匪北窜缘由，理合恭折由驿具奏。

439. 未能即赴清博防剿折
同治二年七月十三日

奏为微臣由淄回省，督军驰赴清、博一带防剿，现因各路水涨，未能速进，并新募楚勇到东各情形，恭折由驿具奏仰祈圣鉴事：

窃臣于本月初五日业将搜剿淄川余匪，办理善后事宜，拟回省督军亲赴清、博一带防剿缘由，恭折驰奏在案。一面督饬地方文武，将搜缉安抚各事妥为办理弹压。臣即于初六日起程，初八日抵省。十一日钦奉寄谕："阎敬铭奏搜捕淄川余匪，截杀殆尽，现拟移军清、博一带，以遏北窜一折。该署抚所筹善后各事，均著照所议办理。现拟回省稍理地方要务，著即赶紧料理，前往驻扎，遏贼北窜之路，毋稍疏忽等因。钦此。"臣正拟督军于十二日前进，迭据齐河、茌平、高唐等州县禀报，大雨如倾，通宵达旦，黄河泛滥出槽，漫衍各路，平地皆一望汪洋，水深五、六、七尺不等。臣查由省前赴清、博之路，一由齐河、高唐而至清平，一由长清、茌平而赴博平。现在两路水势宽深，桥梁沉没，人马过涉不辨深浅，水势弥漫，行踪隔绝，即臣前此派赴堂邑三营先后驰禀，均在齐河一带阻水。现饬设法由大清河水路挽行，连日催趱，臣不胜焦灼之至。又赶饬各该州县逐段疏消，或于水浅处插标引路，或觅船扎筏，分起渡送。无如各处皆非水路辐凑之区，船筏本少，势难猝办。而近日阴霾苦雨，水势有长无消。臣寝馈难安，万分愁虑，惟有严催各营设法前进，水势稍落，臣亦即赶紧起程。

再，臣于去冬迭次恭奉谕旨，饬令两湖督抚臣筹饷募勇来东协剿，嗣经臣官文严树森复奏，未能筹办。其时臣在山西寄寓，深以为忧，因荆州将军多隆阿曾在湖北共事，当即诣陕与之熟商，多隆阿即择令部下副将陈锡周、游击王心安并参将、都司等六员随臣东来。臣到东之日，目击东省兵勇情形难期得力，即令该副将等分赴襄、樊一带募勇三千,刻已陆续到齐。现在总兵保德、臬司丁宝桢在堂邑境内攻剿宋逆,并运河东岸应设防军,虽由臣先后派队前往,兵力仍单,拟将新到楚勇即行酌量派往,以期厚集兵力,迅就荡平。所有微臣由淄回省,督军亲赴清、博防剿,现因阻水未能速进,并新募楚勇到东各缘由,理合恭折具奏。

440. 请将游击王心安留东片
同治二年七月十三日

再,六月初一日,准荆州将军臣多隆阿转准湖北抚臣严树森咨调前管建威营营官游击王心安在鄂挪借饷银六百两,饬赴鄂省归案讯办等因。其时臣已早派该游击赴湖北襄、樊一带募勇,并据该游击来禀,已到光化、谷城等处招募。臣以案关军饷,即时咨复湖北抚臣,就近扣留该游击在鄂传讯在案。现该游击已募齐楚勇管带到东,询称在鄂及沿途未接到檄调传讯文件,是以径赴东省。臣思该游击现在管带所募楚勇甫行至东,人地皆生,急须训练,若遽易人管带,难期得力;且东昌一带防剿吃紧,兵勇单薄,东省又乏带兵将弁。可否仰恳天恩准将王心安暂留东省带勇,随同剿办东昌叛匪,一俟军务稍松,即行派员押解赴鄂归案讯办之处,臣未敢擅便,理合附片陈明,伏祈圣鉴训示。谨奏。

441. 抵达博平日期并各军攻克贼圩情形折
同治二年七月二十九日

奏为恭报微臣由省驰抵博平日期,并派催各军已到堂邑剿办各匪,攻克贼圩获胜情形,恭折由驲奏仰祈圣鉴事:

窃臣于七月十三日业将正拟督军由省赴清、博,因阻水未能速进,恭折驰报在案。连日探路,水潦仍深,幸晴霁数日,急思前进。二十一日钦奉寄谕:"刘长佑奏督军剿匪,饬东抚驻扎东南,以资夹击。著阎敬铭探明道路,即行起程驰赴清、博一带等因。钦此。"臣跪读之下,悚惕交縈。查臣先派赴各营已经设法行至堂邑,又赶饬新募勇队副将陈锡周、游击王心安等六营,冒雨分日分起拨队前进,至二十四日始悉数起行。臣即于二十五日出省,取道齐河,又遇阴雨日夕不止,三日始抵茌平。途次钦奉二十六日寄谕:"僧格林沁奏,请饬迅速歼宋景诗股匪,冀可调集全军,督带南征一折。丁宝桢部勇无多,即著该抚添兵助剿,迅催前进等因。钦此。"

刻下东军各营已一律先后到齐,臣亦一路设法绕越,因节节泥淖阻水,至二十八日始抵博平。臣拟在此暂驻,以便居中调遣防兵,已饬副将范正坦、曹正榜、韩登泰各营分扎沿河上下李海务、梭堤、魏家湾等处。而运河南北延长二百余里,处处可以偷渡,臣甫经到此,尚须亲身周历,察度形势,将各军再行择要挪移,以期彼此策应。连日迭据总兵保德、臬司丁宝桢禀报:二十日酉刻,宋逆马贼百数十骑,从柳林东南抢粮,当经营官知州惠庆、游击黄兆绅料贼必由杨家庄经过,商同团长杨树猷伏兵庄侧,果见马贼百数十人裹粮而来,兵团待贼马过半腰击,将该逆分截两段,枪毙马贼三名,杀伤数十名,夺获旗帜、高粱等物,追击二里许,因天黑收队。同日堂邑定远寨、温仪集地方有贼首李江、朱登峰等领马步贼三百数十人前往打粮,即分拨兵勇驰赴截击,贼首李江挥众抗拒,我军奋勇直前,刀矛并举,将李江砍伤落马,共毙马步贼三十余人,追至三十里外收队。同日申刻,梁家浅地方又有贼一二百人在该处放火,团民纷纷逃避,即派都司李元等带马队驰剿,该匪即行宵遁。同日卯刻,又有马贼七八百人在堂邑马桥等处盘据,保德、丁宝桢亲督都司杨通廉等四营,各派五成队,至距桥八里之西北庄突遇贼至,杨通廉首先冲入贼队,矛毙二贼,各勇一齐轰击,贼即怯退。而后面之贼复绕出我军之前,被追各贼回马抗拒,虽经奋勇击杀贼十余人,贼见我军皆系步队,抵死冲突,实形凶悍。鏖战至申刻,将梁家浅马队调回助势,贼始退败。因自四更出队,至此已一日之久,人马皆疲,收队暂憩。二十一日,宋逆马步大股二三千人又自范家寨西北绕奔东南,欲扑柳林团营,经左营刘家兴带领勇丁并团众出围抵御,枪炮紧密,贼势不支,引队南窜。都司沈玉贵知贼必从西绕道回巢,密率所都右营勇丁在西面松林内蛇行,伏地而进。贼被刘家兴追逐,果折而西,两军夹击,贼复折北而逃。团首范景贤复带团趋西北截击,三面围攻,共毙贼二百数十名,负伤者不少,所得马、牛、器械、粮食无数。此二十、二十一等日各路剿办各股匪徒之情形也。

其大股贼匪又有麇聚堂境王家海子圩内者,共马步贼五六百人,宋逆复添悍贼头目许四领数百人赴圩助守,日夜逼胁附近团民代筑圩墙,为招致莘、冠匪党梗塞西南牵制官军之计。二十三日卯刻,保德、丁宝桢分督都司李元、知县刘时霖等,一由北路而进,一由南路而进,丁宝桢亲督杨通廉、守备郭大胜等为两路策应,突见该圩东门拥出马贼一千四五百人,我兵直扑圩壕,该逆在墙外壕内死拒,我兵马步并进,壕宽不能骤越,贼忽分股冲突,刘时霖及郭大胜等向前接仗,扎立方营,施放连环枪炮,轰死马步贼七八十人,将逆首王得平刺死,贼由北退败。圩贼复出马队二三百人,意图包抄后路,又经保德将步队东西分伏夹击,毙贼一百六七十人,贼目许四中枪坠马。圩贼见势不敌,开西门逃窜,我军一面追杀,一面越壕由东门而进,砍杀无算,立将王家海子贼圩内庐室一律平毁。我军仅伤九人,惟候补游击李芝芸因冲入敌阵,被圩内暗枪所中,立即阵亡;勇目周鸿仪因跟追贼目许四,马忽失蹄,被该匪回矛刺中顶心,亦即阵亡。查周鸿仪之父周汝楠,其叔周汝干,上年十一月均在邹县剿办教匪阵亡,今该勇目又复临阵捐躯,一门死事,尤堪悯恻。应请饬部将候补游击李芝芸照例议恤,并勇目文童周鸿仪照从九品阵亡例从优议恤，以慰忠魂。所有微臣由省抵博日期，并堂邑各军剿办情形，理合恭折由驲具奏。

442. 移军东昌分饬镇道搜剿折
同治二年八月二十五日

奏为微臣移军东昌，分饬镇道各员带兵搜剿余匪，谨将办理情形恭折由驿驰奏仰祈圣鉴事：

窃臣于七月二十五日驰抵博平，当将分布运河东岸各营及堂邑剿匪情形，恭折奏报在案。其时臣即拟进扎堂邑，与僧格林沁熟商，深虑攻破贼巢之后，该匪穷极乱窜，东南各处实属吃紧，令臣仍扎博平，督饬运河东南诸军昼夜严防，遏贼窜逸。其堂邑一带仍责成总兵保德、臬司丁宝桢督率副将陈锡周等各营，进扎逼近贼巢之祁家务一带，与贼接仗，日有斩获。正拟具折奏报，适僧格林沁攻破宋逆甘官屯、刘贯庄老巢，移军进剿。臣恐其由东南窜逸，即于本月十九日移驻东昌城外之小东关，二十日驰赴堂邑刘贯庄，与僧格林沁商办一切。

查莘、堂、冠、馆各匪，前此旋平旋起，皆由受降太众，姑息养奸，匪徒玩法效尤，啸聚更易。此次急宜除恶务尽，永绝根株，不特曾从宋逆为乱者在所必诛，即习为教匪者均应乘此军威，分别首从，一律惩治。惟各该处圩寨林立，良莠难分，该匪等均系土著人民，彼此徇隐。臣已广发条教，令各地方官谕知各团，将为匪各犯按名捆献。一面临以兵威，派令保德带队赴朝城、观城，济东道呼震带队赴莘、冠、馆陶，丁宝桢仍在堂邑，分路捕剿。计自本月十六日起至二十三日止，各营陆续搜杀，实数已有一千余名。其朝城之付驿集尤为匪匪渊薮，经保德带队前往，该匪胆敢闭圩抗拒，开放枪炮。官军一面由南门进攻，一面派队埋伏圩外，暗由东北两面扒入寨内，官军一拥直进，毙匪多名，余匪二三百名舍命逃窜。官兵跟踪追杀，伏军并起夹击，立将窜匪歼除殆尽，并将该圩平毁，并搜获余贼辛魁元等五十一名及宋逆之家属二口，一并正法。其余似此民圩尚有数处，已饬分行办理。

此北各路情形，名为巡缉余匪，实须力为攻剿。臣仍饬各队尽力搜捕，不得草率从事，致贻日后反复之患，亦不得任听兵弁妄为，以致玉石不分。又念莘、堂、冠、馆民心好乱，非可即日竣事，搜剿时日稍须宽长，方能净尽，其各营兵勇应如何分别撤留，仍应酌度情形，难以预定。且宋逆股匪尚在直境东北一带游弋，仍恐回窜。年来贼匪皆系此辙，凡临清、馆陶等处，均应严加防范。臣已先期札饬丁宝桢派令都司黄兆绅带队前往临清，并派队赴馆陶一带扼要驻扎，并严札德州各处一体严防，以便与直隶各军会合兜剿，歼灭无遗。所有移军东昌，派兵搜剿余匪缘由，恭折由驿具奏，伏乞皇太后、皇上圣鉴。谨奏。

443. 饬令陈贯甲散团归标片
同治二年八月二十五日

再，东省自军兴以来，强团林立，其尤著者，莫如临邑之陈贯甲，即陈四、陈贯城等兄弟。从前办团之始，原为保卫地方，陈贯甲曾帮同地方官拿办骑马贼匪，实属出力，且防堵捻匪亦属有功，经前抚臣保至守备。近年所为，虽无变乱实迹，惟私养护身壮勇至数百余名之多，日常制造枪炮军械，又以团练为名，勒捐临邑居民盈千累万，旁及济阳、陵县、德平、商河等处绅富，均各派捐，愚民亦多附和。今春派费修筑圩寨周围一二十里，并闻私设公局，收理呈词，以致各处团练闻风效尤。年来把持钱漕，需索富户，不一而足。本由州县不肖，民间不能深服。而似此礼法隳坏，人情嚣动，乱萌所在，臣实日夜忧之。如陈贯甲者若遽行剿捕，则强团比比皆然，办不胜办，必至决裂。倘竟置之不问，任其所为，即使陈贯甲其心无他，第恐党众日多，久亦不能自由。乱之方生，从来如此。臣与僧格林沁商定，先由臣札调陈贯甲来营，如翻然来归，自知敛迹，如念前此为地方出力，尚有微劳，即令归标候补，俾离乡井以保全之，并设法散其团众，或可使各属悍团闻风变化。若抗不遵调，似难再事姑容，当斟酌借资兵力，免致日久难于措手。臣非好生事端，亦非曲意慰抚，实为渐次变化民风起见。臣未敢擅便，理合附片密陈，伏乞圣鉴训示。谨奏。

444. 陈贯甲收标及拿获宋景诗余党片
同治三年正月二十三日

再，临邑县之人和团守备陈贯甲，经臣饬其解散团众，调令归标，曾经奏明在案。该守备于臣回省时，即行遵札投到。自到标后，尚能安静谨畏，小心当差。臣深惩招抚之害，断不敢羁縻用术，以贻后患。盖办团与办贼不同，团练本以御贼，因声势过大，遂成尾大不掉。既已解散，即系安分良民，故有用惩创以儆其余，亦有须解散以安其众。臣查该守备实系遵谕散团，改过当差，保无他虑。因前奉谕旨交臣察看，谨当据实以陈，仰纾宸廑。

至宋逆余党，除无名贼去腊以来各县及各勇营陆续拿获数十名外，冠县缉役会同郓城县于去腊在郓城拿获贼目张广得一名，直隶委员游击刘玉堂与东阿县吴树声于正月十六日在东阿拿获宋逆之弟宋景书、贼目郭均辉及余匪四名，均分别凌迟正法，以警凶顽。理合附片陈明，伏祈圣鉴。谨奏。

同治三年正月二十七日奉到回折："议政王军机大臣奉旨：'知道了。仍当随时留心查察，毋稍大意。钦此。'"

445. 拿获董全儒等正法折
同治二年八月三十日

奏为邹县举人父子从逆就擒，并缉获犯属，分别凌迟正法，恭折奏祈圣鉴事：

窃臣据盐运使恩锡禀称：本年三月间，访知邹县举人董全儒在峄山拥众盘踞，曾经悬赏购拿。兹于六月十八日攻克白莲池、枣园等处，据带队知县孙家笃擒获该犯董全儒并其长子董士红，解送到营。讯据董全儒供称，籍隶邹县，道光己酉科举人。先未为匪，本年正月二十六日夜在桃园地方被教匪掳去，匪首郭㵆冈逼令入伙，该犯允从。遂与郭㵆冈率伙党攻破峄山各寨，到处焚掠杀人。嗣与老总李锦亭等盘踞峄山。其时董士红闻知往投，随同抢劫。三月十七日，官兵故克峄山，该犯与董士红由杨家峪逃至枣园，现被擒获等语。质之董士红，供亦无异。

臣查董全儒被掳后，辄敢随同夺寨，焚掠杀人，实属逆迹昭著，应照大逆律凌迟处死；董士红明知伊父从逆为匪，辄敢投入贼中，甘心济恶，应照大逆缘坐律斩决，均未便稍稽显戮。当经批饬将董全儒、董士红二犯即于军前分别正法，以彰国法而快人心。一面饬据邹县查明该犯次子董士铨早经远扬，现拿获其妻吴氏，三子董士旋，四子董士翰，子媳司氏并孙女，禀经亲王僧格林沁传令一并正法，由该司具报前来。除批饬将入官逆产造册详报，一面饬缉逸犯董士铨等务获照例究办，并咨部查照外，理合恭折具奏。

同治二年九月十三日奉到回折："议政王军机大臣奉旨：'所办甚是。逸犯董士铨仍著严拿惩办。该部知道。钦此。'"

446. 宋景诗余党折回东省并派队迎剿折
同治二年八月三十日

奏为宋逆余匪由直隶回窜东境，现已派队迎剿，恭折由驿驰奏仰祈圣鉴事：

窃臣于本月二十五日将移营东昌搜捕余匪情形，业已驰奏在案。查宋逆前由直隶开州窜逸，经僧格林沁派队跟踪追剿，势极穷蹙，路距东省境稍远，数日未据前途探报。兹于二十八日迭据临邑、夏津、高唐、清平等各州县禀称：宋逆马步贼千余人，于二十六日由直隶东光窜入陵县关厢，即于是日窜入平原县境，又于二十七日由平原窜至高唐州境，二十八日窜至清平县境之新集，又分零股由戴家湾偷过河西各等情。当派令都司杨通廉、守备郭大胜统带两营勇队迅往清平迎剿，其原扎魏家湾之千总曹正榜、扎土桥闸之署副将范正坦两营，亦饬令就近防剿；又派守备张大富一营在于东昌防守。旋据臬司丁宝桢禀称：贼过河后，又窜向西丙贾镇一路，僧格林沁已派马队紧为追剿，丁宝桢亦亲带各营跟踪剿办。臣并飞饬总兵保德由朝、观一路回击，以期灭此残魂。

查该匪经僧格林沁痛剿之余，败残零股拼死奔逃，由东入直，经马队跟追，直军兜剿，正可一鼓就擒，即使乘间窜回，亦不料其如此之速。乃该匪豕突狼奔，行走迅疾，数日之间已驰骤一千余里，竟回窜清平肆扰，又分零股偷过河西，实属剽悍。臣惟有督饬各军，相机攻剿，或迎头夹击，或从后包抄，迅速歼除，方不致蔓延扰害。所有宋逆余匪由直隶东光回窜东境，现已派队迎击缘由，理合恭折由驿具奏。

447. 参处堵截不力员弁并自请交部议处折
同治二年九月十二日

奏为宋逆余匪分股败窜，将堵截不力员弁分别参处，并自请交部议处，恭折由驿驰奏仰祈圣鉴事：

窃臣于九月初五日奉上谕："阎敬铭奏宋逆余匪由直隶回窜东境清平县境戴家湾，偷过河西，著即督饬在事各员并地方官严密堵剿，勿任再行窜越等因。钦此。"

臣查该匪自八月二十八日偷渡河西以后，仍余一股约马步贼八九百人，在河东一带游弋。探得河西一股，即逆首宋景诗；河东一股，系贼目杨溦一，意在暗为援应，牵制官军。连据各路探称：河西股匪自柳林奔窜莘、冠、朝城、观城各境，经僧格林沁先派翼长舒通额、苏克金、恒龄等督带马队，奋力追剿，斩杀无数，臬司丁宝桢亦派所部湘勇并东台三营楚勇副将陈锡周等，昼夜穷追，总兵保德亦在朝城截击。臣虑河西之贼与河东之贼会合一气，先分派副将范正坦、守备马春峤分防河东七级各要渡口，以防偷渡，都司杨通廉等带勇专为追击之军。并虑东股北窜，即至德州，飞咨直隶督臣刘长佑扼要严防，杜其窜越直境。迭据各路禀称：河东一股由清平窜至高唐，三十日窜至腰站、徐家寨，经杨通廉等由南路追至，及直隶所派知府余承恩于西面堵截，该匪即奔向东北平原一带，初一、初二、初三等日，由恩县北窜陵县，又折而西南，回窜禹城，初四、初五等日，自禹城窜平原、茌平县境，又北至高唐李官庄。官军日夜赶追，一见贼踪，贼即策马狂奔，步队不能绕越。初六日，贼在高唐小井庄，经佐领塔喀苏堪、千总曹正榜追及，进庄搜剿，杀毙多名，兵勇亦有伤亡，贼复奔窜等情。臣以贼众驰突于恩县、高唐、平原、禹城之间，利在四窜，而官军兵少，未能四面包剿，殊难得手。适经河西股匪败窜，贼势稍松，臣即札调先驻河西各营游击王心安、雷显扬等，移营过河。初八日，臬司丁宝桢亦带队驰赴高唐。讵意贼匪闻风于初八日子刻由恩县奔至武城县夹马营地方过河。臣一面飞咨直隶督臣拨军堵截，一面派队追剿，并于恩县以南、茌平以北及河西馆陶一路，分兵布置，防其回窜，不敢稍涉疏懈。此连日追剿河东败匪之情形也。

至河西窜匪，前经僧格林沁遣派马队击败马贼千余，追杀百数十里，直至开州地面。初七日，探闻败匪零股有在黄河上流抢船之信，又据保德咨会相同，随即飞饬沿河各营县防范，并派千总张祖荣带领炮船在张秋河口堵截，以防下窜。旋据张祖荣禀报，初七日申刻，有窜匪乘船数只，顺流北窜，该千总截其去路，三面围攻，枪炮齐施，贼众纷纷落水。追至玉子山以下，生擒贼匪张明高五名，夺获器械多件，余匪数十人弃舟翻山奔窜。又据东河县知县吴树声禀报，大略相同。该员吴树声已逾山追捕，总兵保德及守备冯胜林等亦即带队跟追。此股逃匪是否有宋逆在内，尚未确实查明。除由僧格林沁飞咨侍郎国瑞自邹县酌派马队驰往肥城、东平一带搜剿，并臣先后飞咨国瑞及总兵札隆武，现又飞札东阿、山南各州县，严密搜拿，并派守备张大富、马春峤拨队探明山路追剿外，查窜匪船只本属无多，千总张祖荣堵御不力，以致匪船驶过张秋河口，贼得翻山逃窜，虽追击获胜，究属贻误事机，非从严惩办，不足以肃军律。相应请旨将千总张祖荣革职，发往军台效力赎罪，以为堵截不力者戒。张秋通判锡龄，经札饬严防河路，亦未能力阻贼窜，应请旨将张秋通判锡龄摘去顶戴。此次河东窜匪，因贼马飘忽纷窜，步队拦截不及，未能克日歼灭，并河防未能严密，致贼窜逸，臣督率无方，亦难解咎，应请旨将臣交部议处。所有近日股匪败窜情形，将堵截不力之文武员弁分别参处，并自请议处缘由，谨缮折由驿驰奏。

448. 总兵保德等攻毁延家营片
同治二年九月十一日

再，莘县所属之延家营地方，为积年教匪巢穴，匪首延书善与赵小山、王青兰、沈四狗、张广任等占踞其间，久为莘、朝两邑之害。八月间官军击败宋逆，该匪等仍敢招集余党，暗通消息，以致宋逆复行回窜。幸经总兵保德先期约会游击王心安，于八月二十八日进攻。保德督带守备冯胜林等先进，距延家营三里许，闻圩内鸣钟聚人，顷刻突出五六百人，出圩迎敌，皆系赤身散发，各持器械，直扑而来。我军马队无多，在前略与交锋，即分开两旁，令步队拥出，枪炮齐施，阵毙八九十名。该匪亦分东西两路，我军复合拢环击。该匪折回圩内，我军横截夹击，又毙匪百数十名。该匪仍由圩内北门窜出，我军绕出跟追。该匪仍然整队不散，且拒且走。适王心安督队迎头拦截，挤至马场地方，沿途又毙匪百数十名。余匪无路可走，纷纷跳入水坑，意欲凫逸。王心安、冯胜林亲身督勇下水，全行斩杀，并将匪首延书善生擒，当时讯明招聚宋逆余党供认不讳，即行正法。延家营贼巢亦即平毁。其余零星逃匿匪党赵小山等四名，亦已一律搜拿，正法枭示。所有平毁延家营教巢，擒斩匪首缘由，理合附片陈明，伏乞圣鉴。谨奏。

449. 特参防剿失印之知县折
同治三年九月　日

奏为特参剿贼失印之知县，请旨先行交部议处，恭折具奏仰祈圣鉴事：

窃臣于九月初九日在东昌营次接据布政使贡璜、按察使丁宝桢详称：据署陵县知县谢际亨禀报，八月二十六日辰刻，叛匪宋景诗另股贼众，由直隶吴桥、山东德州交界地方扑犯陵县境内，当经该县派令典史胡耀、把总朱起麟在城防守,令该县之弟、监生谢遇亨看守印信,该县亲督兵勇,探踪迎击,遇贼接仗,当经毙贼二百余名,并斩红衣贼目二名。该逆由西南败退,我军追杀二十余里,因马力疲乏,正拟收队间,忽有另股贼匪从正北直扑县城,该知县即带勇团折回救获。谢遇亨见贼势凶猛,出队由南面抄截,适该县一军由后夹攻,该匪始由西南窜逃。谢遇亨匹马当前,迎头拦杀,手刃数贼,该逆拼死冲突,众寡不敌,力竭阵亡。幸该县从后赶至,贼始会合前股,均向平原、恩县一带窜逸,因天黑未便穷追。查知谢遇亨将携带印信亦已遗失等情到司,并据该管道府禀揭,详请撤参前来。

臣查该县谢际亨,不将印信自行携带,交与伊弟看守,致令携带出队阵亡失落,实难辞咎,且难保无事后捏饰规避情事。除饬司委员前往确查实在情形,并查明城池仓库、监狱有无疏失,再行核办。一面将该员先行撤任,委员接署,刊给木质戳记暂行印用外,相应请旨饬部将署陵县事准补莱芜县知县谢际亨先行照例议处,余俟查明后再行从严参办。理合专折具奏。

450. 审明陵县被匪阑入情形折
同治三年九月二十七日

奏为审明陵县被匪阑入情形,将文武员弁分别拟结,恭折奏祈圣鉴事:

窃照同治二年八月间,署陵县知县谢际亨剿贼失印,经臣参奏。钦奉上谕:"谢际亨即带队剿贼,何以不将印信自行携带。所称交与伊弟看守,致令携带出队阵亡失落之处,显有捏饰规避情事。且该县城内尚有把总、典史各员,何以当贼匪扑城之时,独须该知县之弟带队接仗,谢遇亨又何以不将印信派人看守,竟自携带出城,种种情节,殊属支离。近来失守城池各员,往往捏造各情,希图免罪,而该上司复瞻徇情面,饰词开脱,积习相沿，深堪痛恨。阎敬铭仅请将谢际亨交部议处，未免轻纵。谢际亨著即行革职，仍著该署抚亲提严讯确情，并查明仓库、监狱有无疏失，再行按律定拟具奏等因。钦此。"仰蒙圣明指示周详，下怀曷胜感悚。

伏查此案，谢际亨原禀情节支离，诚如圣谕，是以臣一面奏参，一面饬司委员确查。后因谢际亨续禀衙署、仓库并未疏失，民房亦皆无恙，惟监犯已因变逸出。臣恐所禀尚有不实，即批司饬提该员与把总朱起麟、典史胡耀并刑禁人等至省，发委济南府研审，并将朱起麟、胡耀一并咨革，严饬委员一再确查情形禀复，饬发核审。兹据济南府知府萧培元等审明拟议，由藩司贡璜、臬司丁宝桢解勘前来。臣亲提研鞫。

缘谢际亨籍隶江西都昌县，由大挑知县分发山东，同治元年八月委署陵县知县。该县城垣坍塌年久，仅存基址。二年八月二十六日丑刻，谢际亨探闻东昌叛匪宋景诗渡河北窜，即雇募乡勇五百名，并飞调各乡民团筹备防剿。辰刻又据探报，该匪分股扑犯县境。维时乡团尚未到齐，谢际亨因同城教职赴省送考未回，分留兵役城团交把总朱起麟与典史胡耀在城防守，并令胞弟、监生谢遇亨在署照看，自带役勇乡团出城迎剿，在县属张席篓子庄地方遇贼接仗，杀贼二百余名，并斩红衣贼目二名，贼由西南败走，追杀二十余里。忽有另股贼匪数百名直扑县城，朱起麟、胡耀督率兵团在东北一面城基防守，赶令谢遇亨分守西南一面。谢遇亨因无人看守印信，携带出署。维时贼由东北分股绕至南面攻扑，谢遇亨带团拦击，杀贼数名，讵后股麇至，众寡不敌，力竭被戕，怀藏之印并被抢失。匪遂阑入城基，立时人声鼎沸，禁卒孙士明等把守监门，绞犯张得沅、荣秃仔、郑二仔因变扭断镣铐，越墙逸出。适乡团继至，谢际亨亦闻报带队驰回，会同朱起麟、胡耀督率夹击，贼即由西南奔窜，即日追剿出境，役勇民团伤亡四十余名，衙署、仓库均未疏失，民房亦皆无恙。此该县被匪阑入，当时剿逐出境，并遗失县印，逸出监犯之实在情形也。核与委员等所查亦属吻合。诘以监犯逸出，何为原禀所无？据称委因收队回县匆促，驰报未及详叙，是以据实补禀。究诘至再，坚供委无闻警先逃及事后捏饰情弊，立即拟结。

此案已革署陵县知县谢际亨，因贼匪扑犯县境，带勇迎剿，追另股贼匪窜逼城基，该革员之弟谢遇亨因无人看守印信，怀藏出署，分守西南，奈城墙久已坍塌，无险可扼，遂致力竭被戕，遗失县印。该匪乘势阑入，该革员闻报带队折回，会同汛弁、典史将贼击退，是以衙署、仓库均未疏失，民房亦皆无恙，尚无闻警先逃及事后捏饰情弊。惟县印已被抢失，监犯因变逸出，实属咎无可辞。已革陵县汛把总朱起麟、已革陵县典史胡耀，虽经带勇防剿，将阑入之匪立时击退，胡耀且无守土之责，惟事前疏于防范，监犯因变逸出，均属咎有应得。该三员俱经革职，应请免其置议。禁卒孙士明、杨玉汶虽讯无乘乱贿纵情弊，亦有不合，应照"不应"重律，各拟杖八十折责革役。抢失之印，业经东阿县查获，送部查销。逸犯张得沅等饬缉获日另结。除供册咨部外，所有审拟缘由是否允协，理合恭折具奏。

451. 署费县知县王成谦暂缓交卸片
同治二年九月十六日

再，调署费县事蒙阴县知县王成谦，现丁父忧，自愿回籍守制。惟查该员自咸丰十一年调署斯缺以来，正值捻、幅各匪出没滋扰，地方情形危迫，该员分别剿抚至数十圩寨之多，该县辖境赖以无事。本年六月间，总兵陈国瑞攻克白莲池教巢，该员亦即于二十二日乘机督勇攻破宝泉崮另股贼匪巢穴，诱擒匪首程四虎及著名教匪刘希闲、谢玉庭等多名正法，并随时安插白莲池及宝泉崮投出降众数千名，均极妥速，实为东省文职中出色之员。正在饬查在事出力人等一并汇案奏恳恩施，而该员遽报丁忧，例应离任。臣伏查现在陈国瑞已移军南下，费县毗连兰、蒙、滕、峄，教匪虽经扑灭，棍匪半系就降，民间以防范南匪为名，圩寨未尽平毁，诚虑余孽尚易生心，一切抚绥搜缉事宜，该员宽猛兼施，民情怀畏，兹遽易生手，实有未宜。据藩、臬两司详请将该员暂缓交卸费县印务，一俟地方一律安靖，再令回籍守制等情。臣复查确系实在情形。理合仰恳天恩俯准将调署费县事蒙阴县知县王成谦暂留费县署任，以资抚驭，实于地方有裨。其蒙阴员缺照例具题开缺，东省现有应补人员，再行另请叙补。合并陈明，伏乞圣鉴。谨奏。

同治二年九月二十九日奉到回折："议政王军机大臣奉旨：'王成谦著即暂行留任。钦此。'"

452. 拿获宋景诗家属折
同治二年九月二十四日

奏为先后拿获贼目宋逆家属，讯明宋逆窜路情形，恭折由驿驰奏仰祈圣鉴事：

窃臣于九月十一日将宋逆余匪弃船凫水，翻山逃窜，并声明此中有无宋逆尚未查明各由，恭折奏报在案。十八日钦奉寄谕："败贼穷蹙，分合靡常，宋景诗究系逃往何处，有无另作诡图，著严切确查，随时具奏等因。钦此。"臣跪聆之下，愧悚交萦。当经臣先已通饬通省各州县出示悬赏，并派弁改装易服，入山暗访，尚未确有实在踪迹。

选据东平、平阴等州县禀报：拿获贼党汪喜等十四名，又获著名贼目于得成即余四元帅等七名，又孔三即孔广雨等二十四名。讯据汪喜供，宋逆死党三十余人，至东平鹏鹅岭地方，即商量四散，往山深处东北逃走。据于得成供，宋逆在开州黄河岸边，同著名头目郭景会、刘厚德、张梦海抢船下驶，原欲上岸投入河东杨溜一股内，因被官兵炮船拦截轰击，始凫水上岸逃遁。

其贼目郭景会、刘厚德、张梦海等均已先后轰毙，落水身死，宋逆仅有夏七一人跟随逃走。据孔广雨供称，跟随宋逆在开州刘家屯抢船，顺流至姜家沟，因有官军堵截，在子山脚下凫水上岸各散，宋逆与其弟宋景书、叔侄三人赴东南山中逃走等语。又经臣据供行文各州县营汛分路踩缉，并飞咨漕督、豫抚，并径札附近东省之河南、江南各州县一体查拿。又于本月十七日据聊城县知县郑纪略禀报：在县境之黄现屯将宋逆之母宋张氏、妾宋马氏、弟妇宋高氏缉获到案，反复严讯，俱供伊等先已四路逃匿，实不知宋逆下落等语。此则连日各州县擒获贼目及逆属等讯明宋逆踪迹之大概情形也。

臣查该逆宋景诗，诡谲异常，穷蹙之余，暗与其党四散分逃，使踪迹无可捕捉。兹据各处讯明匪供，是该逆实由开州地面抢船，由濮、范水套直达东河境内子山下，凫水翻山，向平阴、东平一带窜去。该处与兖、沂等郡山路相连，固当防其南窜，而该逆只身于藏匿，难保不混迹潜回。臣严饬搜缉，不敢稍有疏懈，仍已通饬各营县会合捕拿，务在必获。其该逆属妇女三口，暂行监禁，以系该逆之心，或可由此推究踩缉。至其余败残零匪，尚有未尽，准僧格林沁咨开，派拨都统定安在直、东一带追剿。臣亦分拨各营在馆陶、临清、高唐、恩县等处分路驻扎，以期余孽悉除，肃清疆境。

再，平阴县又拿获著名贼首薛法起，是否知宋逆下落，现尚严鞫，合并陈明。所有先后拿获贼目逆属，讯明宋逆窜路及现在严督捕缉缘由，理合恭折由驿驰奏。

453. 续获宋景诗余党并筹办善后折
同治二年十月十二日

奏为续获贼目，余匪现已歼除殆尽，并筹办善后大概情形，恭折由驿具奏仰祈圣鉴事：

窃臣于九月二十五日将拿获贼目于得成等并宋逆家属业已驰奏在案。嗣于二十七日钦奉二十五日寄谕："刘厚德著名凶悍，是否在船沉溺，再行详查具奏等因。钦此。"臣查前据获犯于得成供称：刘厚德等均被炮船轰毙，落水身死。臣并未敢信为确据，除将犯供情形先行奏报，一面仍严饬各营县水陆分搜，未敢稍懈。

兹据臬司丁宝桢禀称：访闻贼目刘厚德并张逢海在于阳谷县境之刘家楼庄地方潜藏，即密派蓝翎千总刘家兴带领勇目张玉林等前往严密围拿。距庄十余里，黄水围绕，无路可通，泥淤难进，该千总等均伏行泥中，始抵该庄。该逆等持矛抗拒，经张玉林夺矛，刘家兴即督勇一齐向前，立将刘厚德、张逢海一并擒获。又据馆陶县知县汤履忠派役踩缉，至该县田平村，将贼目程敬书设法拿获。查刘厚德前据获犯于得成等供称，已被轰击落水身死，兹又被获，必须严究确情，严辨真伪，即经派员复讯。据该逆供称：前在黄河船上被轰落水，左臂受有铅丸重伤，素识水性，潜伏良久，官军去后，凫水上岸，逃至刘家楼，遂被擒获等语。再三严讯，并质之同时被获之张逢海，供具相符。是该逆为刘厚德正身无疑，当即凌迟处死。其程敬书一犯，已由臣饬令馆陶县就近解赴副都统定安行营讯办。该都统研讯，实系程敬书正身，就地枭示。

查此次续获之刘厚德、程敬书、张逢海并已经正法之薛法起、于得成、孔广雨等及在直就戮之朱登峰等，同为宋逆伙中著名悍贼，均经先后歼除。惟宋逆尚未就获，前经严讯贼目薛法起等，据供均不知逃往何处。臣早经密派弁兵，各处踩缉，并飞咨皖、豫两省一体查拿，又迭经严饬各属认真设法搜擒，不得以匪党就获缉捕稍松，致令元恶日久稽诛，有干参办。至善后事宜，现已渐次筹办。

查宋逆匪党多系莘、堂、冠、馆土著之人，并非外来寇盗，总由平时聚处乡里，良莠不分，以致互相勾结，并非实行保甲，不能清伏莽而杜萌芽。现在各县余匪先后搜捕渐尽，臣已钦遵谕旨张贴誊黄，宣示朝庭法外施仁、咸与维新之至意，一面严饬各州县实力奉行保甲之法，挨户清查，务使各乡不能容留一匪，庶几可清盗源。其被贼各属殉难男妇，已饬该州县查明请恤，以广皇仁。至清查逆产、招抚难民各事宜，臣已饬令该地方官听候前直隶督臣文煜、前直隶臬司孙治督同办理，总期实惠及民，以仰慰皇上缪念灾黎有加无已之意。所有续获贼目匪党，现已歼除殆尽，并筹办善后大概情形，理合恭折由驿驰奏。

454. 严拿宋景诗并布置防御折
同治二年十月十二日

奏为现饬各属严拿宋逆，并将酌留各营分别择要布置，以资防御情形，恭折由驿驰奏仰祈圣鉴事：

同治二年十月初九日奉到寄谕："据山东所获贼目供称：宋景诗改装易姓，乘马逃逸。著阎敬铭督饬属员实力查拿，倘乘间脱逃，惟阎敬铭是问。并前据阎敬铭奏，拟调团首陈贯甲归标察看情形，如遵调前来，即设法抚驭，如敢任意抗违，即会合直省官军协力进剿，毋令养痈贻患。直、东、豫一带土匪，恐因僧格林沁移兵南下，复图勾结，著阎敬铭怀遵前旨，随时防拿，务绝根株等因。钦此。"仰见圣虑周密，绥靖地方无微不至，跪读之下，愧悚交萦。

伏查宋逆逃窜踪迹，经臣随时确查奏报在案。复经严督续行搜获余匪一千余名，亦经讯取确供，按名正法。其著名凶悍贼目，如刘厚德、于得成、程敬书、张逢海、薛法起、孙幅田等，均已先后设法拿获，凌迟枭示，是该逆匪党歼除殆尽。惟首逆久未弋获，臣已迭次严谕各州县，悬赏购线，并分派弁兵逐处挨查，务获首恶，断不敢稍涉怠玩，以致余孽复萌，上烦圣虑。

惟是东省军务渐就肃清，现在情形似可无须兵力，然民情之浮动，不可不加镇抚；南捻之窥伺，不可不早筹防。臣履任以来，本拟整饬营伍以为强本抑末之计，因查阅绿营兵额，皆以东南各省征调太多，存营之兵已属无几，兼以连年饷项不继，疲弱相仍，欲求整顿之方，实非旦夕可效。而时值多事，布置宜周，兵势既单，不能不辅之以勇。臣体察情形，勇丁尚难一时尽撤。查东省现在防兵，除僧格林沁奏派副都统定安督领京旗马队八百名，在直、东交界驻扎，力筹全局，其总兵保德一军，亦驻刘贯庄，协同镇抚。而地方辽阔，兵力不敷分布。臣拟再酌留臬司丁宝桢所募济安湘勇一营，并千总曹正榜一营，共一千五百名，分扎东昌、莘、堂等处，扼要布置，以资弹压。其德州、平原、禹城、夏津、武城各州县，与直省河间、景、仓各府州连壤，向多骑马贼出没肆扰，时值冬令，尤宜加意防范，免致啸聚。臣拟饬守备郭大胜一营五百名适中驻扎，来往梭巡。武定府属为产盐之所，近年私枭充斥，商贩不行，盐务因之日敝，臣现饬运司恩锡前往力求整顿。而积匪未除，非借重兵力不足杜私贩而靖地方，拟留都司马春峤一营驻扎武定，以资巡缉，使盐务日有起色。

抑臣尤有虑者，苗逆意图北窜，今年夏秋，捻军踪屡近曹、单边境。查捻匪北犯之路，一由曹、单，一由邹、滕。南路防兵只有总兵札隆武带兵八百名驻扎白莲池，仅可搜查教匪。惟邹县一路，现有侍郎国瑞一军驻扎，足资捍卫。至曹、单一路，并无防兵。现在僧格林沁移兵南下筹剿苗逆，若由西南进兵，该匪被击，难保不扑犯东北。况捻匪势众，动称数十万，恐僧格林沁南下之后，兵力单薄，尚须调取国瑞一军合剿，则东省门户更属空虚，不得不预为布置。臣拟酌留东治六营楚勇，饬赴曹、单，扼要堵御，以遏捻氛而固疆圉。至东省地势平衍，追贼利在骑兵。近年匪徒啸聚，往往抢夺各村马匹，往来剽疾，步队但能冲阵，而究不能迅疾直追。臣初到淄川时，本营皆有马勇数百名，率皆乌合之众，万不可恃，当经悉数裁撤。现拟于绿营所存马兵中择其壮健者，陆续挑选一二千名，汇为一营，勤加训练，并使马步合一，以步队为攻坚夺险之资，以骑兵为冲突跟追之用，庶声势联络，足资防剿。其余各营勇丁，臣已全行遣散，以节糜费。此臣拟酌留勇数，训练马队，渐次布置之情形也。

再。团首守备陈贯甲，前因团势太强，附从者众，物议沸腾，臣密派人员侦察，并札调来营查看行止。该陈贯甲当即遵调前来，经臣反复晓谕，示以利害，饬令散团，不准敛费，并传知附近各乡，各安本分，不得妄为。察其情形，似有悔罪敛迹之意。本拟即行留营，因其恳求暂归安顿团事，未便强留，致生疑畏。以言再为察看，如果其人可用，再令酌补标缺。至其所练之众，均系该处农民，平日未能以法相绳，人数虽多，但能保卫乡间，不更征调以资战阵。所有现在严缉首逆，酌留各营择要布置，并周团首陈贯甲察看情形，理合恭折由驿驰奏。

455. 宋景诗家属正法片
同治二年十月二十八日

再。前拿获宋逆之母宋张氏、妻宋霍氏、妾宋马氏，宋景礼之妻宋高氏，及张广德之母张郭氏、妻张范氏，均经臣派员讯明，交聊城县暂行收禁，原因宋逆甫经逃窜，或犹系恋家属伏匿近地，尚可由此推究踩缉，得有端倪。现逃亡日久，恐已远飏，诸逆属生系囹圄，当地方甫靖、人情浮动之时，居民颇觉疑讶，自应即行骈诛，以快人心。臣亦不敢因诸逆等或已出境，诸逆属业经全获就诛，即谓可以卸肩，惟有时派员弁四路搜拿，及饬各州县严密缉捕，并派弁赴河南商丘县宋逆原籍，设法查拿，以除后患。除由臣饬东昌府会督营县将弁将诸逆属等妇女六口正法外，为比附片陈明，伏乞圣鉴。谨奏。

456. 复陈并无散勇滋事片
同治二年十月二十八日

再，臣钦奉谕旨："闻山东有遣散之勇并未派员管带回籍，致有骚扰。著阎敬铭查明，如有此项勇丁，迅即派员管带，饬赴蒙城，以助兵力等因。钦此。"臣跪读之下，悚惕莫名。

臣窃维自淄川、白莲池、东昌三处迭次裁遣兵勇已一万数千人之多，勇丁口分既多缺乏，裁遣之际，仰赖天威震叠，临时皆帖然释兵而去。亦经臣饬营务处粮台按名给与护照，令各营官押送，并札知地方官弹压出境。勇丁籍贯非一，远近不同，即派弁管押，亦难禁其不分散行走。只以饷糈支绌，未能每名加给川资，或沿途住店买食偶有滋事之处，臣再当严查办理。现早已一律四散回籍，未能招聚，且原以不甚得力方始遣撤，若令赴蒙城助剿，亦恐难期振作。理合附片陈明，伏乞圣鉴。

457. 回省办理地方事宜折
同治二年十一月十四日

奏为东昌布置粗定，曹、单已拨兵防剿，臣拟回省办理地方各事，恭报起程日期，专折由驿具奏仰祈圣鉴事：

窃臣于本月初三日业将遵旨试办北路缉匪事宜，恭折奏明在案。

查东昌府属一路，经此次大兵剿办，计自臣于八月十九日督军到郡之日起，迄今将及三月，督率各州县搜拿正法，并各营临阵斩杀匪党，实数确有三千数百人。迩日派员周历各县，明查暗访，民情渐知儆惧，四野均各乂安。僧格林沁所派副都统定安现驻冠县，臣派总兵保德现驻朝城，游击王正启一营现驻馆陶、邱县一带，均令会同地方官巡缉。并严饬各处力行保甲，遇有匪党潜逆，陆续责令乡保人等捆献，其著名为匪而在逃者，亦令地方官登记姓名，访有潜回，即行拿办，若实系胁从，亦钦遵眷黄谕旨，不准滥杀。

伏惟他省之乱，如疮疣溃决，但得刀圭上药，即可见功。东省之乱，如外内皆伤，今外疮稍愈，而内伤过甚，伏邪入骨，攻补两妨，旦夕难效。东省民风不静，近年多有抗粮之事，东昌一属尤甚。虽由民气之日强，亦由官方之不肃。此次兵威足以震慑其顽残不化之心，急宜拣择地方官，令其有心悦诚服之意，庶几大兵旋撤，不至再有变更。故于东昌属县，如莘县、博平，附近东昌之朝城、阳谷等处知县，人地未宜者，分别撤任，遴员委署。至知府一员，臣慎之又慎。前经臣奏令候补知府曹丙辉接署东昌一缺，今已两月有余。臣驻军城外，亲见其办事勤恳，采访舆论亦均浃洽。臣已将嗣后督饬各属搜捕，并如何整饬属吏，转移民气，与该员反复讨论。并因曹属之朝城、兖属之阳谷附近东昌，最为难治，亦专札饬令该员勿分畛域，不时亲历查察，或可力挽颓风。

本月初六日钦奉寄谕："蒙城解围，歼毙苗逆，怀远县城、苏州省城均已收复，天时人事大有转机，各该督抚其振刷精神，力图扫荡，廓清华夏等因。钦此。"臣跪聆之下，欣惕交萦。深维东省现虽全境稍安，而邻境捻首李大个子、项盘等尚未尽除，苗逆余党随在可以并入，诚如圣训，边境不可不加意防范。臣已于前月分拨东治营副将陈锡周等一千五百人扼守单县之马良集一带，游击王心安等统一千人扼守与江南接壤之韩庄闸一带，守备郭大胜领五百人扼守峄县之台儿庄。现据南路各营县禀报：捻踪稍远。臣因边境绵长，兵力过单，诚恐捻逆绕越阑入，故未令各队出境远剿。并已严饬驻守各营不得丝毫扰累百姓，迭经派员前往密访，民勇尚属相安，足以上慰宸廑。

臣维自到东以来，即出省剿匪，于地方公事尚未逐一清厘，一切案卷册档未暇遍阅，不能洞悉源流。即奉旨查办各案，虽随时派员查访，亦未能亲为查究。刻下抽调营兵，改练马队，臣亦宜亲自简阅，以为有备无患之资。兹臣定于本月十五日回驻省城，督同藩、臬两司，将察吏、练兵事宜逐一讲求，切实办理。臣才识知浅，只此不敢欺饰君父之心，上答圣恩于万一。

俟至省将诸事清厘，臣拟明春赴兖、沂、曹州一带，访察吏治民情，巡视山川形势，再当随时奏明。其随臣办理营务文案各员，一时尚未便尽撤。合并陈明。

458．苏落坤滋事已经击散折
同治三年八月初五日

奏为逃匪苏落坤与直隶清丰县逆团马三黑勾结聚众滋事，经官军先期击散，现派臬司丁宝桢驰赴该处，带兵弹压，以查余匪而靖地方，恭折驰奏仰祈圣鉴事：

窃查东昌一带，莘、堂、冠、馆素为匪薮，自去年剿办以来，迭饬各带兵官及各州县严拿余匪，陆续擒获正法多名，匪徒已行敛迹。臣知各该处民情浮动，深虞伏莽未靖，务绝根株，派令总兵冯翊翔带湘勇二百名、守备曹正榜带楚勇五百名，驻扎直、东边界；饬东昌府知府曹丙辉协同各营，与直隶大名镇道约期会哨，密访匪踪。七月初十日，据直隶大名道祝垲及总兵冯翊翔会哨途次禀称：风闻有在逃匪犯苏落坤，在馆陶所辖之鸭窝地方传帖聚众，又有六月二十八日及七月初三日另会匪徒起事之信。当经该道、该镇等先期督带兵勇赴彼查拿，匪徒闻风已散等情禀报前来。经臣饬令不分畛域，实力搜捕，以绝萌芽，并严查苏落坤藏匿踪迹。

嗣于七月二十、二十一等日，据东昌府及所属各县禀报：直隶大名府属清丰县，有团首马三黑与孙姓寻仇滋事，杀毙孙姓二人，并伤差役，随即据寨聚众。大名道祝垲业已进兵，该逆团马三黑乘夜逃窜，余众均已解散等情。臣以东境伏匪尚多，虑其乘机勾结，当添派游击郭大胜、游击沈玉贵各带所部勇丁驰赴东昌，会同冯翊翔、曹正榜两营分扎要隘，以备协剿。

七月二十九日，又据总兵冯翊翔、东昌府知府曹丙辉禀称：馆陶县知县耿光祜于二十四日巡防西界，在车町村地方拿获形迹可疑之薛满囤，讯系在逃余匪，即于该匪家中搜出逆帖一纸，系苏昆冈之名，内有七月二十六日在该邑之柴家堡庙内聚齐字样。据该县查得苏昆冈即谣传滋事之苏落坤，当将该匪薛满囤严加刑讯，供出苏落坤因清丰县马三黑杀死孙姓，恐官兵围剿，遣往各处纠助，给伊逆帖，订期聚集等语。该县立即通知总兵冯翊翔飞派游击冯义德带领勇队先于二十五日驰抵柴家堡地方树林内埋伏，果于是夜子刻见有匪徒成群，各执刀械，纷纷来往。该游击带勇于树林内突出掩杀，该匪见有官兵，纷然四散，经官兵拿获二十余名，杀死十余名，夺马四匹，余匪均已逃散无踪各等情。

臣查苏落坤原系漏网匪犯，迭次查拿未获，此次复敢暗连直隶逆团马三黑纠人往助，若非先行查访，迅速掩击，几又滋蔓难图。现虽经勇击散，而该逆尚未成擒。直、东接壤冠、馆一带地方，民心极为不靖，去岁搜拿匪党及临阵擒斩者，实有三四千名，臣已觉过用刑威，乃痛惩之余仍难畏慑，实因该处民风素称犷悍，兼多习教，散则为民，聚则为贼；又因团练各分党舆，劫杀报复，人众易齐，器械亦备，惟有及早诛锄，以消后患。臣于接报之时，当派臬司丁宝桢即日驰赴东昌府督饬各军，严为搜捕，务将在逃各犯按名弋获，并饬该司巡历沿边各地，会商直隶大名道祝垲，将交界应办事宜妥筹办理，以期绥靖边圉，仰副慈厪。除将办理搜捕情形再行具奏外，所有馆陶逆犯苏落坤与直隶清丰逆团暗相勾煽，经官军击散，及饬臬司驰赴东昌各缘由，理合由驿驰奏。

459. 馆陶平静臬司回省片
同治三年九月十七日

再,臣前因馆陶余匪苏落坤潜聚多人,虽被官军击散,更恐余党未净,且闻直、东交界,人心惶惑,当派臬司丁宝桢带兵前往弹压,督饬搜捕,并将交界应办理事宜妥筹办理,曾经具折奏祈圣鉴。

该臬司于八月初八日驰抵馆陶,查知地方均已安静,余匪业俱潜逃,当饬各地方官及各营兵勇四路严缉,擒获余党张汶西、张听鹿等二十三名,均系与苏落坤勾结之犯。当经该臬司饬令就地正法。嗣后缉获苏落坤之妻苏钱氏及其女苏氏;并窝藏该逆眷属之刘洸奇等,均经该司隔别研审,分别严办。嗣又拿获孙希曾等数名,均令就地骈诛,以昭炯戒。

据该臬司查得东省边界,自临清迤南至濮、范,横亘数百里,地势辽阔,民情强忍,加以教匪积习,煽即成群,亟应拨兵分驻各防,以时巡缉,庶可严拿匪党,弥乱未形。该臬司当于十二日驰抵房儿寨,会同直隶大名道祝垲妥同会商,约期合哨,并将带去各部勇营分布要隘,往来游历,以期联络军威。漏网余匪,均将各犯姓名开单踩缉,期于按名弋获,以绝根株各等情,据该臬司禀报前来。臣查该臬司所布均尚周妥,惟苏落坤一犯,不容任其逃窜,日久稽诛。当责令各地方官悬赏购缉,逐地搜寻,务令就获,并移咨河南、直隶两省一体会拿,以免远飏。至刻下东省馆陶一带地方,均已一律平静,该臬司亦于八月二十九日回省。理合将馆陶搜捕及布置情形附片具陈,伏乞圣鉴。谨奏。

郭嵩焘书札

史 资 整理

说明：郭嵩焘（1818—1891），字伯琛，号筠仙，湖南湘阴人。道光进士。1862年任苏松粮储道，擢两淮盐运使，翌年升广东巡抚。1875年3月授福建按察使，12月署兵部侍郎，并在总理各国事务衙门行走。1876年首任驻英公使，后兼驻法公使，1879年以病辞归。本书札共14通，其中有4通缺首页，各札均未署年代，仅有少数署有月日，也无标点，有些函中有校改或旁注，想系底稿，1979年6月台北故宫博物院据原件影印。书札主要反映郭嵩焘任广东巡抚期间整顿吏治、清理厘务和进剿捻军情况，以及他任驻英公使时与副使刘锡鸿在近代中国应该怎样对待西方问题上的矛盾与斗争，和他对国家富强之本的探讨认识等。今将书札标点，并根据书札内容，参考台北故宫博物院蒋复璁先生的考证酌加时间，按照其先后重新排列刊出，供研究参考。

致郭松林杨鼎勋函
（1865年闰5月26日）

子美、少铭仁兄大人阁下：

两具公牍，敬迓前驺，想已上邀台鉴。此间军事距大营为近，缓急机宜当能澄几审势，规划大局，盘视而迅击之，如疾风之扫秋箨，威焯旁达，遐迩瞻依。计大军由云霄进发，三日可达潮州，韩江一水，上溯嘉应，计程亦不过六七日，眷望霓旌，当已荣临粤界。贼势屯踞镇平,江闽边境渐已合围,惟西路由平远以达长宁尚无重兵,鄙意当俟大军到后通筹部署。康军已驻松源,自东逶北,兵力尚厚,大军当专任平远一路,南路委之方、邓各军,庶于少荃宫保奏防江楚边界之议适相符合,而机局更紧。冀幸凭仗声威,立收荡平之效。闽粤之人歌咏成功与世无极。粤军精悍善战,将弁亦多能者,独苦无纪纲法度,每深惜之。大军会合进攻,仍望辅其所不及,而赞益其所不能,使之有所观感奋兴,尤深企祷。近闻季高①宫保奏请大军北剿捻逆,此自初闻曹州之警,京师戒严,而未悉以后事势,故有是议,其于地势之宜、军情之因利乘便,皆有所未详。此时淮勇北渡者已万余人,大军当留为东南之保障,季公之议且姑置之。军食所需,前已委员航海转运,以期不至阙乏,兼属惠潮张道妥为照料。吴春帆观察现在嘉应,一切当与小湖兄商办,期使各军联络相与,以蒇成功也。敬请勋安。小湖兄均此未另。

愚弟嵩焘顿首　闰月二十六日

再,润泉世兄来粤,询谂道躬康裕倍胜从前,钦慰无量。且述其道镇江,尚与仁山同年相见焦山,眷怀欢福,益用神驰。俞君署潮阳,才气尚足有为,足纾廑注。谨因书奉呈百金,略备薪炭之需,祈赐莞收。再叩钧安。嵩焘谨再启。

致寿泉函

(1865年6月8日)

寿泉仁兄大人阁下:

日昨遣巡捕崔成贵由海道走迎郭、杨②两军门,甫行而闻此军已由厦门回苏。季老此等处置,几于老悖,不复可以人理论。

---

① 左宗棠,字季高,湖南湘阴人,时任闽浙总督。
② 指援闽淮军郭松林和杨鼎勋。

湖南尚有委员往接，并已筹饷待寄。季老一举而遗数省无穷之累，竟莫测其意境之所在。所有崔成贵带去信件，即饬面交尊处，觅山头船便寄上海道转交。计公文二角、信二件，均须留寄。其言封内一件下"外緅村四件"五字请代涂去，并饬该巡捕迅速回省销差，带去各件一并带回，惟信件须一寄达，以明此间相望之殷耳。恳即以此意详告该巡捕，早饬回省，粤边军务恐尚未有了期也。手此，敬请台安。

嵩焘顿首　六月初八日

复某某函①

常君自都来，带到各件，诸费清神，敬谢，敬谢。所汇协成乾库银三十金，当即如数兑讫报捐盐大使。鄙心不甚谓然，以近日候补班动辄数百千人，饥饿不能出门者十常八九，以为赡家之资恐非所期。又近见截取举人已及庚子科，相距二十余年，捐班无花样，而求补缺恐更难于截取也。生平不乐以资入官，故其论如此，然亦不敢强止。公如必须代挪二三百金，即向委员姚君言之，往协成乾拨兑，吾义所不容辞，稍可以止，则且保此一举人，以图上进，无遽抛弃之也。广东钞票捐尚不及滇捐之廉，且亦不乐径为公办此，故遂不复考求。浙运杨石泉、淮运丁雨生，皆大贤之资。石泉浙人，雨生于鄙人至交，淮浙两处情形当不甚远。置身捐班之中，旅进旅退，承旧意旨，窃颇以为苦，士亦各行其志已耳。手此，敬问旅安。

侄嵩焘便呈　九月初五日灯下

---

① 原函无首页，据内容应为同治初年。

致某某函①

再，顷得龙芝生信，以修理会馆属为资助。会馆兴修未逾十年，旧时工程改而更张之，则亦非力所及，未卜所云修理者何也。芝生谋继湘乡之盛业，急欲有为，其意尚可嘉，为奉寄百金。往时在京议定阁下管理公项，至今当援为例，故以奉交。又同乡团拜会百金则例款也。郡人宦粤者，仅一张寿荃，公函容转寄达。此外间有一二候补者，多穷困，不能自存，无可设措。年来京官日有增加，弟处多不相闻问。旧交中如谭文卿、黄晓岱、黄翰仙、龙芝生、李篁仙、皮小舲、李云舫、毕莼斋、黄子襄、张平叔、黄艺圃、刘琴舫十二人各致菲敬二十金，祈饬转交。此外或有相知为弟所不记忆者，并乞以时报问，旧交中独有遗忘则甚不可也。外奉致五十金，略备薪炭之需，祈赐莞收。再请台安。

年愚弟嵩焘再顿首。

致紫云函②

紫云四兄大人阁下：

前函想已达览。邓参将赴韶，已函催回省，二三日内尚恐未必能赶到，开募经费先饬局发银一万两，委员领解。新定营制成军后，先起小口粮（每月一百），按程赴省点验，而后起大口粮。此须发银稍多者，以路途较远，各将弁或须预支薪粮，宽为筹备，余存者仍留支大口粮也。旗帜、号衣照章制备，各勇及将弁自备军械，听从携带。其帐棚、抬枪等事，应俟赴省给领，以省解运之烦。各营勇目均须赴廉招集。冯军门旧部所派营官，能

---

① 原函无首页，据内容应为同治初年。
② 原函无日期，据内容应为同治初年。

亲往遣派哨弁开招，尤为妥善，万不可就近招募。各标员弁从征者亦请少带。凡事所谆谆致属者，实欲求得劲旅一二营，以利攻剿，亦略开粤东之风气。兵事方长，又重以桑梓之谊，诸君子立功显名，正须一筹根本之至计耳。即颂勋祺不尽。

弟嵩焘顿　十一月廿九日

致郭柏荫①函
（1871年4月25日）

远堂老前辈大人阁下：

　　沪城一别，九载于兹。自粤东乞归，闭门却埽，谢绝人事，不复奉书上讯起居。伏承厚德含宏，道昌业广，朝廷加之倚畀，人士闻而归依，属在骈蠊，倍殷鼓舞。嵩焘心忧湖南之乱久矣，综其本末约有三端：

　　军兴以来，荷戈从军者无虑数十万人，骄横毒很，习与性成，其势不复能终安田亩，强者思逞，贫者乐祸，相与耽耽虎视，有变生肘掖不测之忧。此致乱之端一也。

　　东南数省，更苾兵戈，受祸为深，惟独吾楚承乱日浅，而乘时侥幸，窃取功名富贵，井邑相望，视若固然。易曰：天地盈虚，与时消息。岂有戕贼东南生命，而加厚吾楚以使久享之理。此致乱之端二也。

　　湖南功名之盛，人皆知之矣。而数十万人中起材官，蹶张浒跻，高官大爵，极之数千人而止；数千人之中拥厚资广蓄田宅，极之数十百人而止；其余有被提镇虚名而为饿莩者矣。至于殷实之家，告困于诛求；商贩之业，逃死于科敛，脧膏及髓，坐致倾覆。重以水旱频仍，民气凋枯，盖十室之邑，绝粒者而九。古人有言：民穷则易与为非。吾楚之穷，岁益增剧。此致乱之端

---

① 郭柏荫，字远堂，福建侯官（今福州市）人。

三也。

　　顷年以来，根本之地尤可忧者，又有三焉，则吏治之敝坏，人心之偷薄，风教之陵夷，有莫知所终竟者矣。嵩焘尝论：吾楚民气之强，自昔已然，不自今日始也，视上所以整齐变化之而已。道光之季，朱石翘都转令湘乡，所诛戮近千人，而后湘乡强悍之气一变而为忠义。魁荫亭廉使守宝庆，所诛戮数千人，而后宝庆强悍之气一变而为忠义。二君当承平日久、吏道否塞、上下蒙蔽之时，独能力引绅士，求通官民之气，遂使奸民无所容，安坐骚除，指挥有余。骆文忠①所用以转移吏治，振兴士气，以赞成中兴之业，而自致其声名比高于衡霍，历久而士民思之不能忘，岂有他术哉，亦惟回通上下之情而已。故夫圣贤之论治，与史册所著为循吏，必以求通民情为要义。而在吾楚，且时恃以防壅蔽之渐而杜奸乱之萌，常使民气疏通，以不至积成疮痏。而当骆文忠时，一二贪污之吏大惧官民之气通，不利其所为，创为绅士跋扈之说，以逞其私憾。仓少坪廉使至，倡言之京师，遂乃达之朝廷，传之天下，湖南士绅侧足而立，人怀自危之心。然承骆文忠之旧，规模具在，但见其裨益，循良为功，地方无能有以相屈也。近年州县恣为睢盱，绅士一切退听，而盗贼始横行矣。去岁湘潭之变，啸聚称乱，为日已久，而县官不知。今兹益阳之变，屯驻三官桥三日，居民逃徙一空，距县才及二十里，而县官不知。绅士有所举发，则以为铺张乱民，经团绅捆送，又力与徇庇，其势殆不尽驱使乱而不止。今大军萃于黔南，饷糈困于供亿，省城无大枝劲旅足以防乱。益阳称兵十余日，仅恃李廷章观察数百人相为枝拒，使贼势愈横，号召日众，各州县伏莽蠢然思动，尚不可穷纪。地方官能有以待变者，吾闻其语，未见其人。湖南大势之可忧，盖亦不始于今日。再四思维，惟有仰恳台端移

---

① 即骆秉章。

咨郭子美军门，就所部各营拣派良将二人，一由荆州出常德，以〔一〕由湘阴出益阳，及今为之，分派二营已足讫功，稍迟则需增多数营。若竟听其勾结四出，岂惟湖南之忧哉，正恐荆汉之交构患无已，用力增多，为费增剧。曾以此意言之韫帅，韫帅意颇难之。盖出之韫帅，义近乞援，咨奏两难置议；出之台端，则本属辖疆，惟所措置，而兵力无须添募，征调只在近邻，联唇齿之忧，既可以剿为堵援，恤邻之义，无嫌借主为宾。是湖南有所恃以无忧，即韫帅亦乐相与有成而无忤矣。嵩焘尝论：方今救敝之道，在严以治乱民，而宽以安良善，其于吾楚尤为要言。使在官者能移其姑息土匪之仁，以勤求民隐，能移其猜忌士绅之义，以防闲乱民，则伏莽虽多，终不及善良之众，乱民潜逞，岂能逃官法之严。而使数年之间渐积至此，此天也，非人也。

南事惟筱荃制帅能悉其详，闻归期尚早，他日尚求以此函呈览。至祷，敬请勋安。

晚嵩焘顿启　四月二十五日

致李鸿章函①

宫太保伯中堂阁下：

正月十三日寄呈第十八书想蒙钧鉴。春冰方泮，计羲御已回析津。闻去冬雪泽甚溥，幸及麦收苏困，嘘枯稍纾，振救之仁，无任盼祷。得南中书，去秋仅及中稔，采办米石，飞檄四至，民食为之腾涌，恐今春以后将至荒歉。默计去年大势，水旱交作，殆亦历来所未闻也。造端遣使，便遘奇荒，俄土交兵，大局震动，诸事尤多瞻顾，诚不意嵩焘蹇运所值，竟尔去岁七月以后不复言事，十月以后亦不复与人诘难。然有一事不能不仰望之中堂。

---

① 原函无日期，疑为1877—1878年间所写。

此次挈刘云生①同行，作恶太剧，受害尤深。政府诸公一力护持，诚不屑与计校得失，然其势万无并立之理。诸公蓄意相难，京师千磨百折，必使其气遏抑不得伸。又假手刘云生之无赖以摧辱之，纵使贻笑远人，方为之顾惜保全，嵩焘必不可与处矣。俟奉十月再请销差批折，当竭力投效以行，义无还顾，务乞中堂先为达知此意。李丹崖②、张听帆前后自德国回，具述刘云生之颠沛拍琅，亦厌苦之（自谓办理换约，必邀督抚之命，汲汲营谋钻刺，以求诡合。此人行径真奇，非独豺虺，直鬼蜮耳。知人真不易也）。而一意矜张自大，外示横暴，彼人一相处以礼，曲与顺从，刘云生固自以为得计。前在中国充当参赞、名浩斯者语李丹崖，德国最隆重中国人物，自见中国派来官学生（明指官学生，其意固尚有在）多员，谓中国人才如此群怀轻薄之心，卞长胜声名尤下。丹崖考问其实，则一意矜张自大而已，与刘云生可谓同心同德。前函述叙朱耀彩行径，顷询之丹崖，言启尔船主专务以德化人，为丹崖言：卞长胜等三人前在威列斯哈芬，至为所不齿。寓书启尔船主，谓不当以兵官视之，而颇以为凡教人当先养其廉耻，渠虽不善，我自以善视之，使自知爱惜，庶几日有进益。以后情事丹崖不能知也。近日考知斯邦达陆营情事，尤多异闻。杨得名眷一女人，与之约婚，为营官所禁。刘芳圃又与邻女奸生一女。闻丹崖言，益伤中国人心风俗之敝，殆不复可挽救，盖自三代以来失教化数千年矣。福建船厂官学生最为沈潜向学，可望有成，由沈幼丹③收召世家子弟，纳之官厂，又于其间择其才品佳者出洋就学，资以厚糈。其年皆始及冠而已，屡保至五品以上官，其根柢厚矣，其奖厉勤矣。然欲其有裨益国家，则恐不能。

---

① 刘锡鸿，字云生，广东番禺人，1876年10月任驻英副使。
② 李凤苞，字丹崖，江苏崇明（今上海市）人，1878年任驻德公使。
③ 沈葆桢，字幼丹，福建侯官（今闽侯）人。

何也？中国学馆营制规模制度，余未之讲，彼数十人者，学幸有成，不能遽授以官、任以事也，又无学馆足以处之使传授所学，极其量不过挟所艺自矜独得之奇，以罔利而已。其所得精微处尚欲秘之，不轻易示人。生世六十年，阅历中国人心风俗，而决知其必然矣，果有何裨益耶？又况营弁起微贱，未闻有礼义教化，宜其不足恃也。已告丹崖细加访求（以所闻并系传言，未必有信据）。似此行径，自应呈请撤回，万不宜有虚饰，先以所闻于丹崖者，据实陈之。窃以为中国之要务，莫急于整理学校不能遽仿西洋之崇尚实学，而人心风俗之源必基于此，其课程之等差与其董戒之大义，必应讲求，亦非甚高远难行，必待贤且能者而后能为之也。学校既修，始可甄别人才，分门立课，相助讲习，而导使世家子弟出洋受学，学成而还，则以所艺互相讲授，其仕进之阶与文武小吏试用之法，亦须于此添立一途，以求济实用。日本在伦敦百余人，国家所遣不逮五分之一，余皆自求学艺者也，彼诚有以诱进而奖劝之也。窃度中国情形距此尚远。老病余生尚思于乡里间立一小学，用课家人子弟。中堂亦当为天地爱惜此一人才，无令抑郁挫折而死，以快见忌者之心。

武昌殴击教士，适得外部文，言之愤愤，尚引滇案为据，为之闷损，尚待细译。敬叩钧安。

嵩焘谨启

致李鸿章函[①]

则授以通商条约，告之曰，条约所不载，据事析之可也。条约所载均奉朝命，不可有违。彼能以炮船攻击省城，岂不能攻击郡城，必不听令入城。请以一语奉约，即炮船至，城守诸君任之，官不与闻；既战赔缴兵费，诸君任之，官不与闻。比李星衢

---

① 原函无首页，据内容应为1877—1878年间所写。

至（其时嵩焘已去官矣），遂无一人抗拒者，此之谓事要。

一、奉饬按年呈缴报销册，由支应委员造具。嵩焘责以按照日用流水簿按款开列，款目有归并，银数丝毫略无出入。支应委员姚岳望廉明整饬，亦精课算；文案委员李荆门精细练达，均系得力之员，令其会同核办。嵩焘生平在官未尝滥使公家一钱，在广东三年，除整顿厘税、捐输正款、随事经营筹画，支应军饷四五百万，节省浮费亦一二百万，历任提用藩库杂款，相沿稿件涂销无数，始终未开销分文，皆有案卷可稽，是以委员等亦皆懔懔无敢不核实者。因造报一申言之，名微量小，过求自明，譬之婆人得一絮衣，遂自以为奇服之好也，伏求涵鉴。

一、福建筹借洋款议单，去年四月达知该行主嘉定，自诣陈谢，并允即速追问，八月内告言已有回信，应即缴还议单。旋见新报言，渣甸洋行司事因福建借款收系香港监牢，嗣足无信。十月十三日接奉录示丁禹生中丞咨稿谓：已从福建理处矣。顷嘉定携同香港总办克希克来见，缴回议单，且谢迟延之咎。具言福建管事巴得尔森以交香港总办，去夏威妥玛至上海又转以交之，因调取总办及福建经手议单之回多尔回伦敦质问，始由威使检交，回多尔因病不敢来见。因及去岁初闻此语，为之大愕，迨经究问，始知其中尚有情节。嵩焘亦不乐穷诘之，但称此当与委员文丞分任其咎。始悟去秋丁禹生中丞与巴德尔森会议，正当嘉定追问之时，故一无抗阻，否则终须赎取，使四五千金可以赎取，葆芝岑早为之矣。嘉定于此大费周折，盖其事本无所闻，又以嵩焘告言，一经照会外部，则颜面俱失，用特以私相告，亦颇怀感激之意。谨另具咨呈达。

一、嵩焘出洋日为副使所窘苦，刘云生之意，尤深忮嵩焘之加其上。其时德、法公使相见，均以遣派公使至其国为望，使刘云生稍可倚任，当具函陈之，是此三者交受其益，抑亦情顺而理安矣。反复筹思，不敢为此言，仍请补颁国书，盖西洋尤重诚信。刘云生生平语言虚浮无实,京师已饫闻之,徒以契好,不加深究。又其纵横附会之辞亦多有可听者,久与处而后深窥其底蕴。凡善作伪而居之不疑最易惑人,而必不足与持久(如谓鲍花潭出重金延聘李子和,屡次邀请并许为张罗,皆无事实,如此类甚多)。初意始终保全之,凡诸陵践,悉置不校,至七月以后而必不可恕矣。居伦敦逾年,见美国两换公使,瑞典、葡萄牙均一换公使,弥利坚诸小国去来尤频,久者二三十年,速者数月,不以为异。署理公使不递国书、不加升阶,朝会与接见外部,其礼从同,为所办事固同也。但以暂署为言,则诸事皆可从简。当时以所持者公义,一听朝廷处理,又自度愚忱,固不能上达,此等委屈不敢列之函报,以重取咎。顷闻朝廷以简派已定,不乐更易审尔,则嵩焘之不宜留决矣,且勿论其他也。其初传递文报,皆加一咨,并咨公事,一无还报。黎莼斋①每一通信,必加意避之京师,转眼相视如仇敌,七月以后,亦直与之绝。是中国遣派两公使以两树之仇也,又况其劣迹太多。嵩焘近来至呕血块,受其害尤深,若与并立,势将声其罪以告之天下,为笑且无穷。古人有言曰:容恶保奸谓之不祥。嵩焘愚鄙不肖固矣,必强使为不祥,则固有所不能忍。其诸情事叙述已多,亦不乐更发其复也,谨当引身避之而已。琐屑上陈,不敢逃罪。敬叩钧安。

嵩焘谨启

致周家楣函②

筱棠③仁兄大人阁下:

---

① 黎庶昌,字莼斋,贵州遵义人,1876 年任郭嵩焘的参赞。
② 疑为 1877—1878 年间所写。
③ 周家楣,字小棠、筱堂,江苏宜兴人,1878 年任顺天府尹兼总理各国事务衙门章京。原函无日期,疑为 1877—1878 年间所写。

正月十三日奉上一书，想尘台览。接奉十二月初四日缄件于节次，销差情事无一语示及，固知刘云生一意邀取名誉，广通声气，盘踞方深，其语言又足以惑人，万非嵩焘自陈之言所能取信，亦直不屑与计校进退，惟能引身避之。窃度今日出充各国公使，跛躄侏儒，皆能胜任有余，即有富韩明哲之才无所用之。盖充使驻扎三十余国，其礼接有时，其行动有数，无庆贺拜揖之虚文，无馈遗之私交，所办事件又各有其国例，要在考求援引，知其节要而已，亦并无所欺蒙。刘云生在德国颇多贬刺之言，然其接待公使自有通礼，必不至以无礼相加，朝廷不与撤还，德人亦决不相驱逐，是以尽人皆可充当者此也。有浩斯者，曾充驻京参赞，李丹崖与相识。丹崖至德国，浩斯告言，德人最推重中国，此次多人至德国，乃反生其轻简之心。其言谓官学生，而其大指固亦有在，其间卞长胜声名最下。丹崖考其故，则一意矜张自大而已（自称官品与李相同，高出监督两等），与刘云生可谓同心同德（刘云生语丹崖，今日始知朝廷派我充当二等公使，真是下不去）。西洋贵周旋，所重术也，以刚行谄，以直济阴，而以老练之气傲然自命，为有见居之不疑。求之古人，惟王巨君之作伪近之。盖小人凶狡之尤者也。

数月以来，积郁成疾，夜苦不寐。日来偶检书箧，得去夏销假折稿，愤怒之气一唾而为血块，知其受害深矣。去岁威妥玛出京，嵩焘闻即上书总署，谓应派员与议，总署不敢应。会嵩焘假期将满，毅然自请一行，刘云生亦极怂恿之。乃具一疏，略陈洋务梗概，召所与往还至交八九人与议去就大端，且告以本意求退而已，今事且迫，求退又不能，固当以身任之，而洋务交涉日深，即被谤日甚，先以一疏开陈大义而后可任也。此又别是一去就，当与一相质证。刘云生力争宜出不宜具疏，问何说，曰：政府诸公所厌闻。嵩焘谓：政府自厌闻，吾自宜一陈。刘云生公争之，次日又至争之，语以不具疏即不销差。刘云生言情可不销差，不宜具疏，已而又以书论之。当时亦莫测其所见，曲意从之，于是再展假，而奉旨开缺矣。由今思之，徒以约当随员，恐嵩焘得罪政府，连累及渠耳，其阴谋如此。是时人心汹汹，嵩焘义当出任，至伦敦始知其时威妥玛请战，英廷痛斥之，威计窘，求幼帅赴沪，为幼帅所拒，于是邀请赫德展转属之伯相。使当出京之初销假与议，所益必多，此亦嵩焘所能测量者也。不解前生积何冤孽，得一刘云生，冤矣苦矣。今其势必不与并立，俟奉二次销差批折仍不放行，当榜刘【云】生之罪正告之天下，而自请撤参矣。手此，敬请台安。

愚弟嵩焘顿首

阁下于刘亦相知好，请代一诘之。附呈疏稿及致总署□□□其行径也。

致召民函①

召民台兄大人阁下：

津门一奉教言②，忽忽西行，至今书问阔绝。盖自前岁奉召回京，日在诟辱忧闵之中，所见事理，洞澈于心，多一陈诉，即加一屈辱。后身数万里，比诸窜流，更有何词说晓渎贤者之听，是以生平至好都无一字往还。兼以刘云生相为贼伤，怀郁尤深，而苦不足以语人。非独生平往返不应互相矛戟，而由嵩焘力保，挈以同行，乃独遭其反噬，则亦有不能自明者矣。隐忍数月，至闻何金寿参案，益肆鸱张，公行指诟。其自京师奉旨之日一谒政府，仰承李兰生鼻息，立时畔异，挟劲弓毒矢以相随，竟莫测其心境之所至。此其独嵩焘区区之不幸哉！鬼嗥于城，狐啸于市，天地之否塞已极矣。

---

① 原函无日期，疑为1877—1878年间所写。
② 此处旁注有"关于开平矿物章程"事40余字，因字迹不清舍之。

贵乡多君子于刘云生深相贬刺，嵩焘独以刚直目之，其高亢似狂，其深鸷似勇，其论说纵横似有学识，久与处而后知其险贼过人，乃至编造日记，探刺总署诸公之意，游移避就，以求诡合，一意排击嵩焘，而济之以侃直之辞，而后恍然知向日所施之嵩焘者，皆此和平、诚实如刘云生之欺诬夸诈，大言自饰，西洋所最以为耻者也。嵩焘挈刘云生同行，作恶大剧，受害太深，其忍于相戕，可云心很矣。而以区区晚进，公行悖逆，呵斥垢诬，相视如属吏，漫无顾忌，虽其胆大无耻，自信奥援可恃，然亦何遽至此。隐忍数月，自闻何金寿参案，益肆鸱张，无一事不令人发指，无一语不令人痛切心骨。于是审知其人之凶悖，于充当公使尤为非宜，略举其一二实事正告之朝廷，而至今安然无恙。柏林一城相奖，以中国人才哆口张目、夸张变诈以相矜尚，相距仅及咫尺，彼果非耶，嵩焘固不宜与同列；彼果是耶，嵩焘之不宜一日居此，尤灼灼明矣。穷极四海之内，通求之古今，万无此人情绝。不意中国初次遣使，即遭遇此种乖戾之气。假使嵩焘在当时不至贱简已甚，刘云生虽狂毒，亦何至此哉。此其规恃诡合，尤为小人凶悖之尤者也。用敢缕具下情，私告之左右，与刘云生万无并立之理。刘云生志在偷窃富贵，嵩焘志在销差，各如所愿，处理何等直捷爽快，当再一陈请之。敬请台安。

愚弟嵩焘顿首

致曾劼刚及丁韪良二□〔函〕，祈饬转交为祷。

致日京先生

（1879年7月16日）

日京先生阁下：

月前由省递到赐书，所以奖藉之甚，至非所敢承，而自少承先生之风范，则知敬慕之。其后奔走在外三十年，益闻先生学业进而不已，而时获读所为古文辞，卓然有以高出乎流俗，不懈而进于古。徒以懒废无能，不敢自通于有道之前就正其所业。荷蒙挚爱勤勤，忘其丑劣，取平日一得之能张而大之，一言而逾九鼎之重，力弗克胜也，宜矣。嵩焘□羸多病，读书仅及中人，又无师友之助，为时文喜求□古人，每举圣经，折衷明以来经义得失，容有不惬于心者，窃独自负，为之无成辄弃去。益泛滥于诗，古文粗知其义，随亦弃之。凡先生所述，鄙人生平遭遇见谓宜然者，亦未尝不自信谓能然，而终画焉，无能一窥古人之堂奥，先生之言信其始而未究其终者也。窃尝以为文者，君子之道所资以行远者也，而非道之所存。传曰：无本不立，无文不行。唐宋以来为文者多矣，而知立其本盖鲜焉。然其文之至，而信于天下传于后世，其于道也，必有以见其大原，而曲折以尽事理之变。求之道而文，或有至有不至，未有文之至而无与于道者也。道者本之身措之事，静焉而心有以存，动焉而行有以□，行而成也资乎才，动而宜也存乎识。更事以来，所见天下贤人豪杰，皆才足以济事者也，识则容有未逮焉。君子之道，莫切于穷经，而学莫先于广识。嵩焘盖尝有志于是焉，尤苦精神才力不足以相副，要以是尽吾事，以行吾之志，终身由之可矣，其他亦非所敢望也。有读《论语》、《孟子》文二篇，辄敢录尘清览，幸有以纠其失，而增益其所未至焉。敬颂道安。

弟嵩焘顿首　七月十六日

复问樵函

（1879年）

问樵仁兄大人阁下：

奉诵惠书，勤勤焉以振捐余款为念。弟前为鹤皋言之，余款多应归善局存积，少则输之善化学宫，以去岁万寿圣节朝贺典礼由善化学宫承办，阁下与鹤皋先后出力，又皆善化人也。已而闻归并育婴堂，领出之簿未收回者颇多，然亦陆续有缴捐者，恐一时未能遽了清也。军事贤劳，似此细微，犹廑盛虑，足征精神内运，在远不遗，敬佩无量。复审德威所播，绥来动和，道泰身荣，惟深祝祷。

陈诒生驾部云与阁下知交二十余年，其世兄名守枢，谋事江南，函恳阁下提挈，而属嵩焘托之沅甫宫保。弟以宫保倦于干求，未宜更扰之，阁下留效奔走，良所甚愿；或另荐与一善地，俾有以自效，必能殚思程功，以图报称，是以承诒生之意，仍求之阁下而为补其书中未尽之义。

赞周意在就试京兆，此时当已成行，原不应羁留一馆以损其志，宫保亦以此为言。

中法和议略成，而条约参差，恐未易就绪，其中应蕴知者亦少，宜其多生事端也。敬请台安。

愚弟嵩焘顿首　初八

致刘坤一
（1890年12月18日）

岘庄尚书大人阁下：

数月未上笺牍，企念德晖，钦驰何已。顷回湘阴，经营支祠，闻裴樾岑观察奉檄彻委，举国为之惊愕。迨至省探问，知公于此持论甚正。然窃以为，天下有治人，无治法。国朝以来，关税比校之例，法之至敝者也。地大物博，无可稽核，而后以术牢笼之，亦必其先本有赢余，徐徐扬其波，以导之灌注，而继之以赏罚，其法乃可行也。孙琴西用此术以整顿厘务，鄙心不敢谓然。厘务者一时权宜之政，弛张轻重在人，苟为私利抉而去之可也，何待比校其非私利，而以比校绳之，其贤者亦不过挪后移前，补苴粉饰，否则，操切以病民而已。故曰法之至敝也。自古治天下国家，端本用人。如裴观察之人才，以今观之，诚未见其比，其尤超绝一世处，在诚实无粉饰。其初莅事，更换一二局员，而人心皆振（其中郭春元为李仲云至亲，人所不敢动者）。莅事数月，销数稍滞，一皆据实呈报，总局存票三张，意欲借以收回衡宝引地，所见之偏而所筹之过，当诚有可议。要之，其心则无他也。自八月一莅辰常，亲督巡船缉私，各局积弊为向来所甚秘者，一皆穷发其覆，销路因之大畅。顷至县城，往岁所销五票内外，今亦已逾五票，使其莅事二三年，裨益必巨。销路甫畅，而遽彻差，此所谓天也，非人也。抑嵩焘尤有感者，自曾文正开设督销一局，更历多人，至今谈者，以叶介堂耿直认真实为之冠，而裴樾岑之实事求是、精微恳挚，则又过之。而奉明文撤差者，前有叶君，后有裴君，末流之世，贤人君子必不得一行其志，或亦天道宜然。而裴君之彻，出自神断，乃使鄙人旁皇叹息，虑天下事之遂终无可为也。以公之精纯耿介，又交涉故乡利病，而有此举，生民安所托命，天下之是非得失又将谁与平之。嵩焘愚直不宜于世，又生长寒微，一二亲故颠沛穷困（于督销局则绝无位置庇护），间有陈达，未能痛自刮除。至于熟观天下之理，考览人才，辨其高下，以深求事物之当否，则尝以自信而无敢有多让。用敢一贡其愚于左右，如能专留裴君办理，实楚以南盐法之幸，即不能，亦当仍留主持，于事局必大有裨益。以现时西商之气过张，一二楚商无敢比抗，恐此后楚人之气将益衰微，全局且至壅隔，非所仰望于明公者也。会与李次青兄论及，觊缕上陈。敬请台安。

姻愚弟嵩焘顿启　冬月十八日

致刘坤一①

岘庄尚书大人阁下：

　　昨呈一缄，由京师递达，想蒙赐鉴。计京师酬应可二十日，

---

① 原函无日期，疑为1890—1891年间所写。

当能启节南行，父老欣欣瞻望，风采旧是，龙盘虎踞之地，别来湖上十年，恰逢草长莺飞之时，又值江南三月，德辉在仰，钦跂何涯。嵩焘自别京师十有六年，与台端先后三四年耳，未知气象规模今复何如，正恐见闻所及，重有今昔之感。西使久处京师，相与淡然忘之，一时风气所趋，又竟为仿行西法之说，不至更虞抵牾。而闻傅相处置高廉情形，未免过失机宜。虑其年老气衰，精神管摄不及，又自恃才智，笼驾一切，稍有乖忤，不自省度以求变通，一意遂非自怙，乃以一时之意气，滋属国之怨望，启强邻之雄心，不能不谓之措置乖方，贻患无穷，甚为傅相危之。往时遇有洋务得失，常相与辨论，近亦不复有言矣，所言亦常后时，正苦补救无术耳。

欧阳同知蓴为同年欧阳晓岑之从孙，年少而才气沛然有余。杨彦规督销湖北，倚任甚至，乃以武穴大局畀之，亦颇著有成效，而以资望稍浅，省城相与忌之，径至撤换。彦规改派德安长江埠一局，其心惴惴，欲一叩谒台端，以求自固，乞一书为先容。嵩焘亦素喜其才气，甚望其有以自达其志，用敢一为上陈。敬请台安。

            姻愚弟嵩焘顿首

1876年李鸿章与森有礼保定会谈记录

王元崇 整理翻译

说明：1875年11月日本驻华公使森有礼，赴华与清政府辩论朝鲜的国际地位问题，目的是否定朝鲜与清朝的宗藩关系，为其侵朝扫除障碍。森有礼先与总理衙门大臣进行了会谈和书面辩论，未取得预期结果，遂赴保定面见直隶总督兼北洋大臣李鸿章。1876年1月24日晚间（光绪元年十二月二十八日），森有礼在直隶总督府与李鸿章举行了第一次会谈。次日上午，李鸿章回访，双方进行了第二次会谈。两次会谈均是通过英语进行的，担任李鸿章翻译的是黄惠廉。1月26日（光绪二年正月初一日），李鸿章致函总理衙门，汇报了1月24日晚间的第一次会谈并附上了相关纪要，但对第二次会谈一笔带过，没有汇报具体情形。森有礼2月3日将两次会谈的英文纪要发给了外务卿寺岛宗则。

《李文忠公全集》收录有李鸿章1月26日致总理衙门信函《述森使议朝鲜事》，并附会谈纪要《日本使臣森有礼、署使郑永宁来署晤谈节略》（删除了信函首尾的套话，以及有关日本人北条时宗杀害元朝使臣事件的附件）。台北中央研究院近代史研究所1972年出版的《清季中日韩关系史料》，收录了李鸿章致总署的信函及两个附件全部。安徽教育出版社2008年新版《李鸿章全集》，收录了信函全文以及24日的会谈纪要（仍未收北条时宗杀害元使的附件），但将信函正文与会谈纪要附件割裂。

《日本外交文书》第9卷，收录了两次会谈日方英文记录的日文译稿；大久保利谦编《森有礼全集》，则收录了第二次会谈英文记录的排印稿（有的地方亦不甚准确）。据查，第一次会谈英文记录的日文译稿（会谈记录英文稿已丢失）、第二次会谈的英文记录及其日文译稿三份文件（可见日本亚洲历史资料中心［JACAR］，参考号：Ref. B03030144000），现存于日本外务省外交史料馆。

值得注意的是，李鸿章和森有礼双方各自留下的保定会谈记录，在文本上存在着很大的差异，颇有耐人寻味之处。现基于中日双方的外交档案文献，对该会谈的相关记录做一整理与翻译，提供学界同仁参考。

本文共分三部分：一、李鸿章致总署信函及24日会谈纪要（以《清季中日韩关系史料》所收档案为基准，并略去北条时宗事件附件）；二、日方所作第一次会谈记录的中文译稿（据日本外务省日文译稿翻译）；三、森有礼呈报外务省的第二次会谈英文纪要及中文翻译（笔者之中译文参照当时日本外务省的日文译稿）。

一　李鸿章致总理衙门函及保定会谈纪要

（1876年1月26日）

敬肃者：去岁十二月二十三、二十七日迭肃芜缄，计已达到。日本森使与郑署使于二十八日午刻到省，下午三点钟同来督署拜晤。鸿章因次日已届岁除，恐公事纷冗不能深谈，遂豫备蔬酌留坐，并邀黄编修彭年、候补同知略通英语之黄丞惠廉同坐陪叙。该使留连至是夜十点钟始散。所有彼此问答紧要节目，撮记另纸附呈钧览。森使久在西洋，颇有欧洲雄桀之气，为朝鲜事絮聒不休。鸿章先折以条约，而其气甚骄，旋就台湾前事取譬，方自认从前之差错。直至酒酣面热时，彼又自谓"取了高丽有何益处"，因乘其中馁之机，复将大局利害关系剀切言之。语毕，又援笔书"徒伤和气，毫无利益"八字交该使携去。察其词色，似颇心动，再三央求转商钧处，为之设法解劝，势不得不帆随湘转，允为上达。究竟能否设法，亦是游词宕笔，或冀有事缓则圆之时。该使濒去复曰："此次算是森某与李某好朋友说话，不作日本钦差议事可也。"将来该使回京进谒时，如论及如何劝说之处，或仍照前函及节略、照会语意，明示以无法可设，彼固不得藉口。或将奏请礼部转行朝鲜一节作为收场，以示格外和好，藉答来意，而略缓其逞强黩武之心，更于大局有益。想卓裁必有权衡，非下走所敢妄拟矣。二十九日巳刻，鸿章同黄编修等前往答拜，仅泛论西国时事，未及正文，匆匆话别。该使等因元日行旅不便，定于初二日起程回京。专肃奉报。敬叩中堂、王爷、大人新禧，顺颂钧祺。李鸿章谨上。直字一百十八号。

附　日本使臣森有礼、署使郑永宁来署会谈纪要

（1876年1月24日）

郑署使传森使语，致仰慕之意。

答云①：岂敢。

森使致谢道途款洽。

答云：因得总理衙门信，知森大人要来，故遣弁相迓。因问森大人在京总理衙门见过各位中堂大人？

森使云：见过。

问②：见过王爷？

森使云：见过。

问：森大人多少年纪？

森使云：整三十岁。

问：森大人到过西洋？

森使云：自幼出外国周流，在英国学堂三年，地球走过两周，又在华盛顿当钦差三年，现在外务省官大辅。

问：中西学问何如？

森使云：西国所学，十分有用。中国学问，只有三分可取，其余七分仍系旧样，已无用了。

问：日本西学有七分否？

森使云：五分尚没有。

问：日本衣冠都变了，怎说没有五分。

郑署使云：这是外貌，其实在本领尚未尽学会。

森使云：敝国上下俱好学，只学得现成器艺，没有像西国从自己心中想出法儿的一个人。

答云：久久自有。

森使云：在美国时识得贵国容闳、曾兰生二人，极有学问。

答云：容闳现派驻美国钦差大臣。

森使云：极好。

---

① 此为李鸿章所答，以下"答云"均为李鸿章所答。
② 此为李鸿章所问，以下提问均为李鸿章所问。

又答云：曾兰生现调回天津当委员，明年森大人过天津可以访他。

森使云：在美国见许多中国幼童，均极聪明。

答云：是遣去外国习学的，闻他们尚肯读书。

森使云：这起人长大学成，将来办外国事是极好的。又云：当初游历各国，看地球并不大，未在局中，看各国事极清楚。如贵国与日本同在亚细亚洲，可惜被西国压住了。

答云：我们东方诸国，中国最大，日本次之，其余各小国均须同心和气挽回局面，方敌得住欧罗巴。

森使云：据我看来，和约没甚用处。

答云：两国和好全凭条约，如何说没用。

森使云：和约不过为通商事可以照办，至国家举事，只看谁强，不必尽依着条约。

答云：此是谬论，恃强违约，万国公法所不许。

森使云：万国公法亦不可用。

答云：叛约背公法，将为万国所不容。因指桌上酒杯告郑署使云：和是和气，约是约束人的心，如这个酒杯围住了这酒，不教泛滥。

森使云：这个和气，无孔不入，有缝即去，杯子如何拦得住。

答云：森大人年少气盛，发此谬论。郑署使是我们立约时的人，须要详细告他。

森使云：敝国与中国的和约是中堂定的么？

答云：是我与贵国伊达大人商定。伊达大人现在何处？

森使云：伊达现在退居林下，朝廷给他俸禄。自来和约立约之人去了便靠不住。

答云：约书奉有谕旨，盖用国宝，两国臣民子子孙孙当世守之。

森使云：也有在约内的，也有在约外的，不变通如何办得去。

答云：未及十年换约之期，不能议及变通。

森使云：高丽与印度同在亚细亚，不算中国属国。

答云：高丽奉正朔，如何不是属国？

森使云：各国都说高丽不过朝贡、受册封，中国不收其钱粮，不管他政事，所以不算属国。

答云：高丽属国几千年，何人不知？和约上所说所属邦土，〔土〕字指中国各直省，此是内地，为内属，征钱粮，管政事；邦字指高丽诸国，此是外藩，为外属，钱粮、政事向归本国经理，历来如此，不始自本朝，如何说不算属国？

森使云：日本极要与高丽和好，高丽不肯与日本和好。

答云：不是不肯与贵国和好，是他自知国小，所以谨守不敢应酬，其于各国皆然，不独日本。

森使云：日本与高丽是邻国，所以必要通好，高丽如何不肯？

答云：平秀吉扰高丽之后恐不能无疑虑。

郑署使云：平秀吉之后日本与高丽也曾往来，中间忽然断了。前数年与高丽约定接待使臣，后因日本改变衣冠，国书字体也变了，他就不受。

答云：这个自然。高丽不敢与西国相通，日本既改西制，他自应生疑，恐与日本往来，他国即随进来了。

郑署使云：从前不过拒使，近来日本兵船至高丽海边取淡水，他便开炮伤坏我船只。

答云：你兵船是去高丽海口量水，查万国公法，近岸十里之地即属本国境地，日本既未与通商，本不应前往测量，高丽开炮有因。

森使云：中国、日本与西国可引用万国公法，高丽未立约，不能引用公法。

答云：虽是如此，但日本总不应前往测量，是日本错在先，高丽遽然开炮，也不能无小错。日本又上岸毁他的炮台，杀伤他的人，又是日本的错。高丽不出来滋扰，日本只管去扰他做什么。

郑署使云：日本臣民俱怀愤恨，要与高丽打仗。森大人说从前看高丽能谨守，不与外国相通，尚是可爱之国，今可恨了。

答云：既知是可爱，便不要去扰他。日本是大国，要包容小国。

郑署使云：森大人也是此意，所以压住本国不要用兵，自请到中国，以为高丽是中国属国，必有上策，令高丽与日本和好。

答云：高丽非不欲与日本和好，但恐各国相因而至，中国若代日本说项，将来各国都要中国去说，所以料得高丽未必答应。

森使云：西洋各国均无必通高丽之意。

答云：这谁保得？

森使云：我可保。

答云：须日本国家保得。

森使云：日本国家亦可保。

郑署使云：森大人来到中国有三宗失望的事：一是不能保全要与高丽和好的意思，二是总理衙门不明白他要和好的心思，三是恐本国臣民知道中国不管，定要与高丽打仗。

答云：总署不是不明白实是要和好的意思。凡事不可一味逞强，若要逞强，人能让过，天不让过。若天不怕地不怕，终不为天地所容。从前我两国甫经换约未及半年，日本即用兵台湾，我曾责备柳原，他亦无辞。如今不可又错了。

森使云：台湾之事，日本原不能无错，但因误听人言生番系中国化外之地，尚属有因，后来接着总理衙门的信，国家即派大久保前来说明。

郑署使云：森大人来意，本望中国设法，俾日本与高丽无事。

答云：高丽断不出来寻事，日本不可多事。

郑署使云：日本现又遣使往高丽，仅使臣一人前去与之商量，看他如何。如果可商，并不要与他通商，不为多事，只要议定三件：一、高丽以后接待我使臣；一、日本或有被风船只，代为照料；一、商船测量海礁，不要计较。如果使臣到彼再不接纳，该使回到本国，必不能无事，一定要动兵了。

答云：遣使不纳，古亦有之。元时两次遣使至日本，日本不纳，北条时宗并将元使杀了。

森使不答，但云：以后恐不免要打仗。

答云：高丽与日本同在亚细亚洲，若开起仗来，高丽系中国属国，你既显违条约，中国怎样处置？我们一洲自生疑衅，岂不被欧罗巴笑话？

森使云：欧罗巴正要看我们的笑话。

答云：为什么要给他笑？

森使云：这也没法，日本百姓要去打仗，恐国家止不住。

答云：日本是民政之国，抑君主之国？

郑署使云：是君主之国。

答云：既系君主之国，则君与大臣为政，如何任听百姓违了条约行事？尚得为君主之国乎？

郑署使云：森大人因总署说中国不管高丽内政，所以疑不是属国。

答云：条约明言"所属邦土"，若不指高丽，尚指哪国？总署说的不错。

森使云：条约虽有"所属邦土"字样，但语涉含混，未曾载明高丽是属邦，日本臣民皆谓指中国十八省而言，不谓高丽亦在所属之内。

答云：将来修约时，"所属邦土"句下可添写十八省及高丽、琉球字样。

郑署使云：总要求总理衙门与李中堂设法令高丽接待日本使臣。

答云：日本炮船被击，固有不平之气，高丽炮台被毁，兵士被杀，谅亦有不平之气。高丽国虽小，其臣民之气一也。正在气头上，即旁人解说亦无益。我劝日本此事且可缓议，俟一二年彼此气平后再通好也不迟。

森使云：西国人言日本办事性过急，中国办事性过缓，急性遇着缓性，难以商量。

答云：事有宜急宜缓，如学机器技艺等事，此宜急者也；如两国相争，急则不相下，缓则气自平，所全者大。

森使云：承教，承教。试思日本就得了高丽有何益处，原是呕气不过。

答云：高丽地瘠，取之诚无益，且闻俄罗斯听见日本要打高丽，即拟派兵进扎黑龙江口，不但俄国要进兵，中国也难保不进兵，那时乱闹起来真无益处。因书"徒伤和气，毫无利益"八字授郑署使，郑署使与森使阅毕，即将原纸携去。

森使云：此指与高丽伤和气而言？

答云：若真要打仗，非但伤高丽和气，连中国也怕要伤和气。因于纸尾加书"忠告"二字授之，曰："我为两国相好，开心见诚奉劝，非有别意。"

森使、郑署使首肯云：日本打仗亦可暂时压住，务求中堂转商总署，设一妥法劝说高丽。

答云：总署回复你的节略，明是无法可设，但你既托我转说，我必将这话达到，看从缓商量可有法否。

遂辞去。

二 森有礼所记与李鸿章第一次会谈纪要

当日会谈除李鸿章、森有礼两大臣外,列席者尚有日本国公使馆一等书记官郑永宁,清国翰林院学士黄彭年氏,闻此人系硕儒,以及英语译官黄惠廉氏。首先互致数语寒暄。此后李鸿章问欧美经历体验之事。

森:鄙人周游世界前后有两回,初回向西发航而自东归,次回恰与初回相反,向东发航而自西归,而其中最称心者,莫过于横渡渺茫大洋之际,不得见陆地,数昼夜间,唯仰目而见天之穹庐,俯身而视水面团圆,耳不闻尘世喧哗之声,目不见船内杂还之状,精神全静,旅客彼此亲睦,实恍然如在梦中也。

李:其快乐实可知也。

森:诚然如此。而上得陆地之后,所见所闻世上之事物,更如入梦。人互分心,而国各有别,或被压抑者有之,或被蹂躏者亦有之,即如土耳其、印度以及清国等为最甚也。

李:阁下遍游全世界,研究事物广博,学富五车,想今亦有扶植是等数国,使其免遭压抑而能兴国力与复国荣之明智妙谋,请赐高见。

森:鄙人正如阁下所见,乃年少之人,才疏学浅,岂有阁下所望之才识。唯望努力亲见如阁下一样之大家,聆受教诲,以弘知识,此常所期之事是也。今番有幸得此机会亲见阁下,竟遂素志。

李:乞勿过谦。试看亚细亚洲开化之度与欧洲相比,尊意以为如何?

森:敢陈鄙见。今以公正之论判定亚细亚现状颇达开化之度,例如,倘定开化度最高为十度,则亚细亚在三度之上,而欧洲不在七度之下也。

李:此论系极为公平之比较。振兴我清国之良图为何,愿闻高论。

森：问题重大，实不敢当，况近来刚抵此一大国，于国内情形并未熟知，但若要振兴如此大国，非先得与此大事业相匹敌之一大势力不可，此或系稳当之论。然如今贵国若不更出三十名李鸿章，此事难行。

李（微笑）：其故如何？敝邦现有一百个李鸿章。

森：或系如此，然是等之人未获如十八省之长官乃至总理衙门大臣这般适当之地位，不在官厅，又能如何？以愚之见，现正在美国受教育之少年，待成长之后，定当有青云直上而握如阁下现今所掌权力之人。

李：实如贵说，彼少年等之派出，实系鄙人所为，故对彼辈之将来期望甚深。阁下受教欧洲，愿闻所习之学术科目。

森：游学之期非长，故未修得何种学术。正如阁下现今所亲见一样，公务缠身，所以者然。

李：敢问贵庚？

森：稍近三十。

李：如此妙龄，成此奇才。贱庚几乎倍于贵庚，已然秋霜上鬓矣。

森：就贵我两国所订条约之实效，不知尊意到底如何，此中可多少生出两国裨益否？

李：诚然，在贵国一方，当信守条约中两国为预防任何一方侵掠他方封土属地所特设之条款，长此如斯则可。

森：凡书册上所记之事无有明解之时，往往易酿纷议。假令就黑白不同之事而言，依读者之见解，当有几样释义。例如现在虽有亲睦条款，但双方仍有截然相反之见解。

李：其故如何？类此之事，恐将招难也。在我大清国，则一旦固结条约，决不可行背戾之事，两国当永久遵守该条约才是。

森：所谓"永久"是何之言欤？乃不可极望而可极喜之事。

李：所谓不可望而可喜之事，不知是如何之意？系云条约可犯，为自家便利而破坏之亦无妨之言欤？

森：此恐系稀有之问欤，而无一个日本人能解得此类奇问。夫条约于议立之际，虽完全适合双方之意，然随事务变迁，早晚非改之不可。

李：然则贵我两国间现存之条约，系良正完全者也，况自缔结之日起，至少十年之间双方当共同固守之，然否？

森：诚然，双方于条约定期之间当固守之，然如阁下所言良正完全者，想系阁下一时所见也。

李：何故做如此说？有何由来？

森：总理衙门大臣等告鄙人云，朝鲜系清之属国，乃条约中所揭载之属地之一是也。

李：固是如此。衙门与贵公使馆之间就朝鲜事件往复书翰之旨趣，鄙人已详知矣。衙门大臣等所说，与鄙见完全相同，即朝鲜隶属中国，基于贵我两国条约，则贵国视之为我属国之一即可。

森：条约中并未见有明示朝鲜系贵邦属国之条款。与之相反，我政府始终视朝鲜为独立不羁之国，现以独立国待彼，更毋论其余列国焉。至贵政府待彼之道亦出于此，贵政府曾明言，朝鲜有自家之政府随意整理内外事务，而清国毫不干预。

李：实如贵说，朝鲜虽系独立之国，然其国王现系依皇帝之命立的，是以隶属于我国。

森：如此则单系贵邦及朝鲜交谊之礼式而已。此类礼敬之事，岂关朝鲜独立耶？

李：朝鲜实系清之属国，此是旧来世人皆知之事。

森：此一事即便讨论多回，亦终无结论，围绕此事之辩论亦已成无益之事。但鄙人在此尚有一事乞阁下注意，今日所述之贵我条约中虽有禁止一方侵略他方封土一款，然其封土界限未加确定,前台湾事件之发生,今朝鲜事件之将起,归根结底均由此款内未明记封土界限所致。若仍存此类无用之条款,恐日后重蹈前辙,是为不欲永存现在条约之缘由,不待理辨而知也。由友好通谊一款,而酿成如此纷纭,此不独为敝邦,更为贵邦之忧也。

李:若贵邦安然守之,有何纷纭可生耶?贵邦遣炮船前往测量朝鲜海面,彼何能无向炮船发炮之理哉?由此可见,贵邦实无诉苦之情由,亦无伐朝鲜之口实,毕竟朝鲜发炮之举,实系贵邦自所招致。况该炮船进入公法上所禁止之近海三英里之内,加之陷城、杀人、掠财等事,今又要遣使责朝鲜理非,此系何为?

森:阁下不仅不怪罪朝鲜人向我炮船发炮之举,且认为我国派遣之使节心怀恶意,由此看来,似多少误闻朝鲜事件,故请为阁下缕述其实况。

第一,我炮船并非专为测量海水而赴朝鲜,不过偶欲求船中用水而将船靠近岸边,遂先测量海水深浅,以保船只进退无碍。且船桅悬有我国之旗,朝鲜人固当认识,居然不顾国旗之所在,突然向该船发炮。阁下亦一定知道,我国同朝鲜通谊二百余年,近来两政府间因无有契约,遂约互通公信以渐次增进两国之友谊,其后无践。彼既背约而妄污我国名誉,又向我炮船发炮,遂遣使往问此等暴行之故。遣使之理所在,不待多辨而可知矣。虽立刻兴师问罪加以惩罚,在我国系容易之事,然我国不欲行此举,犹以恳信和好之意,冀彼改良其顽心,以全我荣誉。以如此考虑之故,遂派遣修好之使也。

第二,阁下所云我国炮船进入公法所禁止之近海,还请思之。夫公法,遵守之国可用之,而如朝鲜不知公法为何却厌恶之之国,则不可用之。彼不守仁爱之道,其余国之民不得入,偶有外来船只到来,则妄自对之发炮,且不许测量沿海,是以诸国船舶中,尤其往来朝鲜海面之邻国船舶,罹灾沉没者往往所在多有,故得以对邻国之一之我国之船人行如此不仁之事。

李：朝鲜非无与贵国通交之意，然彼深虑其影响也。若他国亦沿贵国之例纷纷而至，经营其狡猾之商业，则朝鲜行将衰亡，此系朝鲜所恐。

森：此事不足为忧，苟若朝鲜好心接待漂到其海岸之外国人，则不要求其开国与外国通商，只要外国人为航海无碍而得测量朝鲜海面之自由即可。

李：然则外国商人之欲望，恐非止于阁下所言之事。

森：兴许如此，然即使系鄙说之外之外国人亦不能强迫朝鲜通商，而我国亦不欲如此强迫朝鲜。

李：阁下能保之否？

森：固然，苟若朝鲜有拒绝外交之正理，行之无妨。或只容如日本和清国这唇齿之国，而拒绝其余远邦，亦可。

李：其事可成乎？

森：固然，请就我国之例明察之。我国曾容欧洲若干国与之行交易之事，系距今约三百年前，然以彼等干预我国内事务，遂除荷兰国之外，其余悉数逐斥，禁止再来日本。迩来荷兰人示我以良好友爱之情，犹如旧来贵国之对我国，故贵国与荷兰国与我国通交数百年，而拒绝其余西洋诸国再来我国。浸浸乎二十年前，我国开外交，遂与各国结交。

李：果如此，则朝鲜亦非变其计画不可。

森：鄙人以切望得贵政府之协力同心而来，今察贵政府之意，与我所期望者甚有不同。

李：何以如此？

森：贵国大臣等云，朝鲜系清国之隶属，故尊崇清国，然贵国大臣等又不欲为朝鲜处理事务。本来我国遣往朝鲜之使节，贵大臣等既已了解其真实目的，然并无翼成之意，且云条约中和谊亲睦之条款，反成招难之条款，就此无用之条款付书鄙人数回。遭遇至于如此地步，实堪失望之至。

李：阁下之失望，实可察之。然我政府为何如此措置朝鲜之事，请为阁下明辨之。据我政府之所见，贵政府行事有甚过急遽之处，况朝鲜亦并未至未满足贵国所希望之景况，而贵国仍欲以台湾事件之例行事，搅乱邻邦，乘机夺领之。

森：我国比贵国或实有躁急快捷之风，欧人亦认为此两国人在性情上有大差异，而多以怪之。依欧人所见，我日本人具极敏捷之质，清国人有极忍耐之性，以是观之，阁下系清国人，认为我国处理朝鲜事件之法颇为短虑，亦无不可。但贵说中所云朝鲜并未至未满足我国所希望之景况，盖因阁下似并未确知我国之期望如何也。我国对朝鲜政府所要求者，不过极容易之一二件，不许之则当加以准备也。其一，要朝鲜行与我国威相当之礼。其二，要行必须之方法救护朝鲜海面之我国船人。我国对彼所需者，不外乎此二件，拒绝如此至简至当之请求，实属遭天谴之所为。又，贵说中所谓日本国行事搅乱邻邦云云，此语似不是英明如阁下所当言者，请察我国之位置如何。我国系四方环海之国，即一个岛国而已，故依水为生与依陆为生之物，其数几乎相同，是以我国人民于专与海利有关之诸般事业大为热心，乃有所缘由，而政府亦为设保护之道。今阁下所云征台一件，亦止出于为实现前条所述之事也。现将派出之遣幹〔韩〕使亦悉出自如此目的。我政府不惜莫大费用与辛苦，仅望彼政府行政府当行之义务。如知晓此事若此，则可知我国之志向并非如阁下之所臆测。苟若我国意在以征伐为事，则如何能有将先前所占台湾之一部加以放弃之理耶？且当前如朝鲜事件，又何必前后苦心至此地步耶？如前所述，我政府之目的，良善正直，贵政府未能速为领悟，深为遗憾。

李：就朝鲜之事，鄙人将从速致总理衙门一信，此前我政府答复贵翰之信中援引双方互不侵占领地之和谊一款，是有所轻率之事。

森：其一语拜听，实怡悦之至。所切望者，贵政府能充分知晓我政府之真意是也。

李：请暂忍之，以便鄙人熟思致总理衙门信之要旨，幸勿迫之。

森：诚乃幸甚。自到贵国以来，未觉如此之愉快，今宵必可高枕快眠也。

三　森有礼所记与李鸿章第二次会谈之纪要

There were, as in the First Interview, the Japanese Minister Mori, Governor General Li Hongchang, Mr. Tei the First Secretary of the Japanese Legation, Mr. Hoang Pongnian a member of the Hang Linyoan and Mr. Hoang Weilien who served as an interpreter through the English language.

After some fifteen minutes' conversation about a few unimportant matters,

此日列席人员有日本森公使，总督李鸿章，日本公使馆一等书记官郑永宁，翰林院学士黄彭年氏，并英语通官黄惠廉氏。先叙二三细事杂话，凡十五分钟，之后，

Li said: I think very highly of almost every thing that has recently been done in your country, but there is one thing I cannot so well appreciate: that is the change of your old national costume into the European fashion.

李云：贵国近来所举行之事殆皆可赏赞，然独有一事不明，即贵国变易旧来之服制而模仿欧风之事是也。

Mori: The reason is quite simple and needs only a little explanation. You may have ever seen our old fashioned costume. It is a very loose and comfortable one, and excellent for those who pursue a life of ease and idleness, but wholly unsuitable to one of activity. It answered all the requirements of the older times, but has proved to be a very inconvenient one for the new state of the modern age. By discarding the old fashioned costume for the new, we have gained many fold advantages.

森：其缘由甚为简单，不消多为辩解也。抑我国旧来之服制，阁下亦见过，宽阔爽快，虽极适与世无争安逸度日之人，然于多务勤勉之人则全然不适。其能顺应旧时事态，至于今日之时势则觉其甚为不便，是故改旧制，用新式，我国从中获裨益者良多。

Li: The costume is one of those that recall the sacred memory of the ancestors and ought to be kept on with reverence by the posterity forever.

李：衣服制度，乃是人们追忆祖先遗意之所在，在子孙者，宜当引为贵重，万世保存。

Mori: If our ancestors were still living they would without doubt do exactly what we have done in regard to this very simple business of changing costume. Our ancestors about a thousand years ago, adopted the Chinese costume as they then found it better than one they had. It is one of our national characteristics to readily take in any thing that is both good and beneficial.

森：若我国祖先存至今日，于此事上之所为，定与我等无异。去今一千年前，我祖先视贵国之服优于我国之服，遂采用之。无论何事，但仿其善，此系我国一大美风也。

Li: You might with wisdom have adopted the Chinese costume as were done so by your ancestors. It is very convenient costume for wearing, and can be made entirely out of the materials produced in your own country. You would need then not incur so great and unnecessary expenditure as you are now doing by adopting the European costume instead.

李：贵国祖先采用我国之服，堪称最贤之事。盖我国之服乃系织品，甚为便利，且悉以贵国国内产物足以制之。现今模仿欧服，诚邀莫大冗费。

Mori: Yes if we had be so disposed; but the Chinese costume appear to our eye not half so good nor convenient as the European. The long tail that hangs down from the head, the shoes so big and awkward and almost impossible for our people to get used to and many other peculiarities about your costume do not strike us well. The European costume may be taken to be a very expensive one by those who are not well informed of the first principle of economy. Activity, you know, is the principal element of wealth and prosperity; and indolence that of poverty and ruin. The loose comfortable but very inconvenient costume of our old fashion suits a life of indolence as I said before, whilst our new or European costume suits that of activity. We therefore discarded the former by adopting the latter, preferring activity and wealth to indolence and poverty. The expense, we now incur, is a good and secure investment, in a particular form that can not fail to bless us with an infinite return for ages to come.

森：虽是如此，然在我等视之，贵国衣服，论精良与便利，尚不及欧服一半。如头发长垂，鞋大且粗，殆不能为我国人民所适应。此外贵国诸般之事，思之皆不能行之于我。而欧服则不然。假令不熟知经济要理之人，以此眼光察之，确属徒费。阁下亦知勤劳系富荣之基，怠慢乃贫枯之原。如前所述，我国旧服宽快轻便，适于怠慢而不适于勤劳，我国欲于怠慢致贫之先首以勤劳致富，故舍旧就新。现今所费系一良好安全之投入，可期将来有无限回报。

Li: But don't you feel in the same time a little ashamed of the fact that you have subjected your national independent spirit to the European sway by changing into the European costume?

李：然则贵国一舍旧来服制以效欧俗，贵国独立精神多少委诸欧人支配，阁下不以为耻乎？

Mori: Not the least. On the contrary, we are quite proud of the change. It was never forced upon us, but was made entirely at our own free voluntary will. I am happy to say that my nation is, and has always been, so well disposed as to readily take in all things that are deemed good, from any quarter wheresoever, Asia, Europe or America.

森：毫无可耻。相反，我等以此变革为荣。此一变革，绝非他者所强迫，系全然出于我国之自由意愿。自古以来，不论亚洲、欧洲抑或美洲之何国，凡其长处，我国常常取之以为己用。

Li: My nation would never have such a change like yours. We may adopt from abroad all those useful things such as the instrument of war, railroad, telegraph and various machines in all of which the Europeans are very much advanced.

李：我国绝不能如贵国一般行如此变革，我国可学外国有用器物，诸如军器、铁道、电信以及其他器械，而欧人最精于此道。

Mori: No one can be positive in extending his will to the management of affairs that belong to future. None of your ancestors four hundred years ago could have willed the change of their costume that took place afterwards at the commencement of the present dynasty.

森：凡将来之事，谁能得以预料其之必好。贵国四百年前之先人，亦不能料当朝鼎立之时变革服制之事。

Li: The change was made within ourselves. We never adopted

any European fashion.

李：此变革系我人自己举行，我国绝未用过欧俗。

Mori: Still change is change and moreover this change of yours was forced upon you despite your disliking it.

森：然则变则变矣，且此变革系出强迫，贵国人民虽不愿意，亦不得不为之。

Li: It was done as on account of our profound sense of loyalty towards the throne. By the by what do you think upon the probable effect which is to be seen the sooner or later of the intercourse now held between Asia and Europe?

李：此变革之成，皆仰赖我等勤王笃志。借问亚洲与欧洲之交际，依阁下所见，将来会到如何状况？

Mori: That is a very great question. It is, I should say, a question concerning the competition for supremacy between the races and the religions as well as for intelligence, power and wealth between two of the great divisions of the world. Though as Asiatic man, I must confess that there will, in my humble opinion, be a very long time or some centuries before Asia to become capable of competing with Europe. The Asiatics as a people, live so low and degraded a life only little better than that of beasts.

森：此问题绝好。敝人愚见，此问题关乎各种人民及各种宗教互争权威，以及世界两大洲互相竞争其人智与富强。敝人虽亦是亚洲人，然依愚见，亚洲得同欧洲竞争尚需几百年。试看今日亚洲人民，其俗下贱卑野，与禽兽相距不远。

Li: How so?

李：何故如此说？

Mori: The position ordained for woman to occupy, is one of the highest and most sacred ever created by the will of the supreme Being.

It is that of the mother of mankind in general, and of a country and family in particular. Now look at the actual condition of the woman everywhere in Asia, and the position they occupy. They are both regarded and treated little better than some other animals. You will see, without my telling any further, the truth of what I said before repeating the low life of the Asiatic people.

森：抑妇人之地位，定乎于天，本极贵重，其为人间之母，更系一国一家之母。然亚洲之中无论何等地方，皆卑视其妇人，殆以与野兽之道待之。敝人前所言及之亚洲人民其俗下贱之论，道理无需多言，阁下自明其实也。

Li: I am greatly struck with your remarks. Do you belong to the Christian religion?

李：阁下之论，奇异殊甚。敢问阁下信基督教否？

Mori: I profess none of those so called religions: the Christian, the Budchist, the Mahomedan or anything else. I am a plain man, just as appearing as now before you. The aim of my life is simply to live an honest and harmless life. I nevertheless find it extremely difficult to as conduct myself, in consequence of the constant interference of this same self of mine against it.

森：敝人并未信奉基督教、佛教、回教或其他某教，如阁下所见，乃一平常世间人而已，惟平素守正道，不害人，以为修身。然知易行难，我心自迷我心，行之极为不易。

Li: What great wisdom in you! Even the great Confucius would like to attentively listen to such interesting a conversation like this. Such wisdom like yours ought to restrain your nation from engaging in so unwise and unpeaceful an enterprise as the foreign expedition, — meaning the Corean—particularly when your financial condition is so bad as to borrow money from Europe.

李：阁下真乃大智之人！虽孔夫子在世，亦乐闻此谈话可知也。以阁下如此大智，理当阻止贵国草率轻举之外征等事（指征韩而言——森有礼原注），况贵国如今甚是财乏，以至举债欧洲。

Mori: No sane man would willingly engage himself in any work or enterprise, not knowing beforehand what he was about.

森：思虑周全之人，必三思而后行，绝无不预为筹备规划而草率出手者。

Li: Sure enough. But you would ruin your country if you were to spend so extravagantly and then to borrow more money from abroad.

李：此系自然，然顾如今这般莫大之经费，外债丛积，恐将招致贵国灭亡。

Mori: Debt itself is not a bad thing if it were wisely managed. For instance, the debt my country now owe to Europe has so far proved to be a very beneficial one.

森：举债一事，只要操作得法，并非坏事。如我国举债欧洲，所获实益者甚多。

Li: How so? Debt can never be a good thing.

李：何能如此？负债绝非好事。

Mori: Our people had been very little informed about our national wealth, and its actual condition, until the time we commenced to have our foreign debt, though a very small amount. The people then began to apprehend and to discuss about its policy. In the same time they became seriously anxious in their thought, and very loud in denouncing any thing, especially new financial measure, that seemed to them unwise and impolitic. They started all sorts of industry in calculation of enriching themselves so as to enable the nation to pay the foreign debt. They are now fast realizing it. You see this particular debt of ours actually turned to be the means of raising and bettering our financial condition.

森：在我国早先举外债之时，人民不知理财方法，亦不察国家形势。至今稍举外债，人民遂解得理财方法，论其可否，深加注意，尤其于理财之事认为其失宜者，更至喋喋辩论。又创百般工业，为以其利润支付外债之计，目今已可见其实功之伟。我国既如此行之，则举债竟成改善我国财政之良途益法。

Li: Very fortunate. This particular debt of yours like your new costume, turns to be the course of blessing upon your nation. But I can not refrain myself from hoping that you will borrow money no more from Europe. The more you borrow the more fettered shall be your national independence.

李：诚可称幸者也。贵国之于举债以及变换服制，终成为贵国谋得福祉之途，实属可喜之事。然仍望贵国政府自今之后勿再向欧洲举债，盖举债越多，贵国之独立越受束缚。

Mori: Pray accept my sincere thanks on behalf of my country for your kind sentiments. And let me entertain a hope of seeing you in Japan some day. All the friends of yours there as well as the whole nation shall be delighted in welcoming you.

森：阁下悃情切切，敝人谨代表我国表示感谢。伏望阁下能有机会前往日本，届时阁下在日好友暨我国全体定将欣然欢迎。

Li: I thank you. I shall not fail to do so as soon as my circumstances would permit me.

李：诚谢，若逢时机，必定往游。

锡良戊戌己亥日记

茹 静 整理

说明：锡良（1853—1917年），蒙古镶蓝旗人。巴岳特氏，字清弼，号梦如。同治进士。1898年和1899年先后任山西冀宁道、署山西布政使、山西按察使、湖南布政使和护理湖南巡抚等职。关于锡良这两年的所为，在已公布的史料中极为有限，中国社会科学院近代史研究所图书馆存有他所撰《晋垣随笔》和《晋湘竹元》两册，可略补其阙。原文按日排列，虽较简略，仍能看出他在山西、湖南两省筹款赈灾、治河筑堰、兴办保甲、整顿武备，以及对戊戌新政的看法和新政后这两省的某些变化等，对研究锡良本人和晋湘政治、经济、文化等有一定的参考价值。今将其整理总以《锡良戊戌己亥日记》刊出，供研究参考。

晋垣随笔
（1898年）

三月

十三日 到晋。即日谒蕲帅①。谕署藩篆，推让杨艺芳（宗濂）② 廉访，帅意不允，复求俟景月汀（星）廉访到晋即卸藩篆到本任，甚以为然。拜俞方伯、杨廉访。

十四日 奉委署藩篆。电致京宅。发晋字元号。
是日谒蕲帅，谈款项事。晚见孔库官，询其所受之件。

十五日 俞方伯来拜，询款项事。张小轩、马逸琴晚来。

十六日 拜刘蔚堂。谒蕲帅。拜俞方伯，谈前件。见田羲甫（名劭易），议田军门易地事。晚刘蔚堂、张小轩、豫敬之、马逸琴来议前件。第一号。

十七日 俞方伯、孔库官来。发田军门（言与羲甫商易地事）、杨愚溪、张固斋、王尊亭、吴方池信。许四弟到省。是日申刻接藩篆。丁介蕃赴陕粮道任，南关送行。

十八日 约吴涕生、李葆生、赵养云、孚子安、金丽泉、金云溪、许四弟吃饭。

十九日 俞方伯北上，南关送行。李瑶林（继琨）到馆，专教六弟。

廿日 上院。四弟来谈。

廿一日 拜折谢恩。寄安字元号（银廿四两，还益和祥廿两，余买物）、良帅、薛寿轩、嵩书翁、佩如、伯徵、廉仁山、增吉甫、舒畅如。

廿三日 子纯回忻。考晋阳书院生童诗赋。

---

① 胡聘之，字蕲生，号景伊，湖北天门人。时任山西巡抚。
② 原稿为小字及双行字，今均改为五号字，置括号内。

廿四日　陈长兴、沈玉贵回兖，带去谢山陕同乡公饯各信、杨愚溪。

廿五日　接郭介人信，已回到曲沃。袁小山信，在历城县发审。沈书言信云，欲在曲沃择隐居之所。接田军门信（二月廿四日发第一号），附来顺字五十七号。

胡中丞调江西候补道。贺芝澜（文彬，道州人）到晋，来拜。

奉院文，总署三月初三、五日奏准开福建福宁府三都澳（福安、宁德两县之间）、湖南岳州府、直隶抚宁县秦王岛通商口岸。接袁小山信，历城县问案。

廿六日　蔡辅臣来禀云，恶匪四个半病废成丐，四方嘴外出，近有全双喜，有二四之恶，加以偷窃。复信告以认真访查严办。

复书言信，商议隐居一切。复郭介人。

廿七日　上院。李荇仙升补绛州。是夜雨。

廿八日　牌期，会客。是日雨。

廿九日　拜客、办公之余阅《东华录》十页（天命卷一）。

卅日　寄田军门（二号）、苑伯郇、许子久。阅《东华录》天命二卷。

太祖高皇帝乙巳（明万历卅三年），蒙古喀尔喀把岳忒（一作巴约特）部贝勒达尔汉巴图鲁之子台吉恩格德尔来朝，献马廿匹，上曰彼敌国而来，盖望恩泽于我也，优赉遣之。丙午（明万历三十四年）冬十二月，台吉恩格德尔又率蒙古五部喀尔喀诸贝勒之使进驼马来朝，尊上为神武皇帝。自此，蒙古各部朝贡岁至。天命二年丁巳（明万历四十五年）二月，上以弟舒尔哈齐女妻喀尔喀把岳忒台吉恩格德尔。

闰三月

初一日　文庙行香毕，上院禀谒。看《东华录》三卷十页。

接书言信。

初二日　阎成叔（廼竹，由出洋保候补道，来晋）拜会。接看三卷完。子纯来信（附子久信，转发）。

初三日　牌期，见客。回拜阎成叔，未遇。拜贺芝澜，谈许久。调阅香帅裁摊卷，以息款抵补，计河东新旧息二万两（此款停利还本），临汾八处旧摊六千两，平、祁、太三处新息二万五千两，归绥道新息六千两，凤台盐息六百两。

接平字元号（三月廿三日发），三哥留底，胡有莼鲈之意；四□会典保侍读，遇缺即补；五□捐知县。

初四日　公务匆忙，未能看书。接子纯。

初五日　上院。接平字二号（五□信，欲捐知县，三月廿五日到京），折差带（油纸折件）。

鉴帅回信（折差三月廿五日到满城之日正值寿辰）。复沈书言。

初六日　复子纯（王玉带）。阅四卷完。

天命九年甲子（明天启四年）春正月初，喀尔喀把岳忒（一作巴约特）部台吉恩格德尔先诸部来朝，上以弟贝勒舒尔哈齐女妻之，至是偕郡主来朝，请率部众留居我国。上嘉其诚，与之盟，赐以制诰，惟叛逆不赦，其他过犯俱免罪。辛酉，命贝勒等统兵移其部下人户来归。既至，上出城，设宴章义站（在东京城北，即今之章义县），赐恩格德尔及其弟莽果尔代（一作莽果勒岱）雕鞍、良马、貂裘各一，恩格德尔子囊努克门都答哈、莽果尔代子满朱习礼（一作满珠什哩）猞猁狲裘各一。既入城，赐田宅、金银、貂皮、猞猁狲皮、缎匹、器用及耕作之具，又以平定堡人民给之。

初七日　拜陈理卿、廷绪、樵峰（大少君），即日关请授弟子读，吴向之荐。阅天聪元年第一卷。

初八日　理卿到馆。拜杨艺芳，谈武备学堂事。寄李亦青方伯，询股票当税、土牙铺捐等件；景月汀同，安字二号（三哥处禀同寿）。

初九日　寄子纯。晚接纯信。看第一卷完。

初十日　上院。接子仪信，即日复。阅第二卷完。

十一日　上李鉴帅禀（言姚观察现在三原，托人于晋之太原典宅）。阅第三卷。

十二日　刘士林交到马三少爷（吉梅，号廉樵；老四吉枢，号机如）。阅第四卷。

十三日　排期，见客。阅五卷五篇《临阵管见》第一、二卷。与恩观察公致、田军门言易地事。

十四日　调阅子纯会查丰镇地事，七苏木奇（刘景林、韩琦、巴图德勒格尔、额勒浑）伦温果察应换十里长宽之地，指交之地不止于止，后又将苏木界外之地三块圈给教堂，更不止十里长宽，孟士仁控厅委云云，无实据。同治十二年黄榆宓之案与此不同。阅第五卷。奉院札转行部文，议武科事。

十五日　上院禀谒。阅第六卷。

接吉剑华、张笏臣信。吉云得鬼，又言曹属大刀会，电旨饬令毓佐臣①前往弹压稽查；张松岩信云现在胶州电报局。

十六日　鉴帅函荐家人毛立到署。致子纯函，为言贾书农品学，顺荐办公、家人。

十七日　阅第七卷，兼阅《盛世危言》一本。接田军门信，张笏臣询昭信局费事，由局函复。

十八日　随抚帅至杏花岭书院、太原营署，为设武备学堂及机器局地方。阅第八卷。

十九日　阅第九卷。

---

① 毓贤，字佐臣，清末汉军正黄旗人。时任山东按察使。

晋阳书院掌教田炽庭（国俊）来拜，谈许久。接俞廙轩①信，初四日到京，月底出都。

廿日　　上院。寄张寿山（火腿等小样）。子纯来信（即日复）。

廿一日　　阅十卷。

廿二日　　阅十一卷崇德一卷。阎成叔拜会。

廿三日　　拟告示，蒲、解、绛完粮，元丝足纹听民自便。阅二、三卷。

廿四日　　拜杨艺芳廉访，谈武学堂、蒲解完粮事。

廿五日　　随中丞北关外劝农，顺看金钢堰。接田军门第三号（又三月初一日发）、第四号（初四日发），张汉帅、郭介人、文观察。

廿六日　　上院禀见，与杨艺芳同禀商武备学堂事。寄安字三号（银五百两，谦记拨）。

廿七日　　接沈书言信。

廿八日　　抚宪大教场看操。

廿九日　　抚宪精营看打靶。接子纯信，复纯函，拨东省亨记司平足银一千两。致亨记张养田、王兰轩信，言前事，交郝明转。

四月

初一日　　奉院札转户部电称：铺税药牙，上院一律缓办。即日转移行知司、局、道、府、厅、州、县。（初一日电报，廿七日奉上谕：昭信股票借否，听民自便，不准抑勒等因。）

初二日　　接子纯信，即夕复。

初三日　　祭神祇坛。是日午后雨（一寸余）。

初四日　　上院。接子纯信（亨款信收到），即日复。阅四、

---

① 俞廉三，字廙轩，浙江山阴（今绍兴）人。时任湖南布政使，旋任巡抚。

五卷。

初五日　田军【门】专弁来晋,带来蟒袍料一件、宜兴壶一对、茶叶四瓶、银鱼二匣、笺纸十匣、洋皮衣包一个、信一件、绶臣信一件。阅六卷。

初六日　接李达泉信,云到任礼一百两、赆仪一百两,俱交吴方池。复函全璧,并致方池,告其璧还;元伯徵、李蠡莼（项事）、朱嵩生（柳事）、孙辅臣。

【接】平字三号（四侄要银三百两,限午节汇到,为办功课;五侄捐遇缺先选知县,四月中旬赴浙）。

寄晋字二号。阅七、八卷。

初七日　寄安字四号（谦寄,银三百两,四侄办功课之用）。接田军门信。刘福自兖回晋,带来田军门信、吴方池信、杨愚溪信（李达泉补到任礼一百两）。愚信云李达泉送到任礼百金、赆仪百金。将到任礼代收,赆仪代璧。

复田军门三、四、五、六等号信,驿递,吴方池信。接姚仁山信,叙收税情形,恳求另委妥员接办。当即代禀院宪,蒙谕仍令接办,所举华直牧俟届服满速行来省,有面谕事件。口外买谷,容札归绥道办理。

初八日　赴岗上祭田军门之夫人（初九日安葬）,恩新甫观察同往。

初九日　秋审。杨艺芳廉访邀饭。

复姚仁山信,言前件。致叶小洲信,谢伊与杨子明函中托转告"晚节弥坚,仁誉弥广"云云。

初十日　上院。

十一日　早同恩新甫同年出东门,到三颗荫祭田渥斋。午出南门,接学使刘幼云。

十二日　阅顺治第一卷、第二卷。（电报恭忠亲王初十日作古,哀哉,不禁坠泪。）

十三日　　复沈书言（午）。阅第三卷。

十四日　　阅第五卷。奉院札（山西北路已调商务局绅曹中裕与俄商、意商在总署立合同）。

十五日　　上院，论武科事。鄙见以骑射系祖制，且学射前手要稳，取准命中，其意可通于枪，硬弓亦可验力量，若谓所学非所用，洋操有打秋千、盘杠子，无非活动身体，岂能以之临阵，盖亦所学非所用也。院宪甚不谓然。阅第四卷。致俞方伯信，贺任贺节。

子纯来信（云子久信到，闰三月底到任）。

十六日　　到新药局看碾药，硝质软，以平遥产为佳；磺质杂，盖发价层层剥削，磺户赔累不支，磺之成色因以日坏。复纯信。阅第五卷。

十七日　　阅六、七、八卷。

十八日　　排期，见客。午前后微雨。接袁小山信。

钞佐翁上翰帅禀稿，言曹属教横情形。

十九日　　上院。寄田军门（貂耳茸大褂、筒雨□、江绸马褂料、活计皮护书、朝珠盒、冰莲台蘑），杨愚溪，田军门专差带。

廿日　　寄安字五号（略言北路事，良帅、嵩书翁、李蠡纯、朱嵩生、奎瀚泉）。阅九、十卷。

廿一日　　巳初雨，至巳正二刻止，约二寸余。阅十一、十二卷。接田军门（初四日发，杨愚溪馆未就）、宋玉堂、文介如（股票认借一竿）、沈蓉卿（口外买谷须俟秋后）。

廿二日　　抚宪拜会。景月汀函云，股票须妥办，铺捐等三项部知其难，可缓办。阅十三卷。

廿三日　　杨艺芳拜会，谈武备学堂工程。（罗丰禄稷臣，前在北洋水师营务处所用差官余邦起泄漏军情，致将救援平壤兵勇轮船被击，后经侍御奏参，王夔据实复奏折留中。黄公度遵宪使德，不纳，或谓为丰所暗挤。）接纯信（云留李亦香地师）。

廿四日　上院禀，求雨。同杨艺芳到军装局查看王令（曾彦）所买毛瑟枪。阅十四五卷。

廿五日　寅刻，同杨艺芳赴龙王庙步祷求雨。阅十六七卷。寄子纯信，商武备学堂买木料事。

廿六日　求雨。午后廉纤至日落，为时甚久，惜乎太小。阅十八卷。接许子久信（十一日发，闰三月廿日到即墨任，云以礼相待，以理相争，合则留，不合则去）。附子纯家信，专马送忻。书言信云，元纹并纳告示到河东一带，欢声雷动。

廿七日　求雨。杨艺芳云，候补道承静雨（霖），化学最精；荫五楼（昌），曾在德国当兵五年，武备学堂五年，在津武备学堂充过监督，操练通熟；联芳，通法文而昧于华文，与洋人联络，遂曰武备总办；华若汀，无锡人，算学李善兰之外首屈一指。

午后雨至，申刻止，约三寸余。阅十八卷。许友棠自忻来。

廿八日　刘幼云学使拜会，谈及召见康长素、张元济等人，恐从此开门户之见，甚不以《时务报》为然。谓梁启超诸人才气诚有，如真抱忠爱之忱，何忍目无君长，肆无忌惮，洵笃论也。子纯回信来，附寄子久家信，当加函排递。阅十九卷。

廿九日　白生寿铭来见。王振基自介休来见，谈时务，以停捐厚俸为首。虽系商人，却有见地。阅电报，廿七日上谕：召王文韶迅即来见，直督荣禄暂署。嗣后廷臣蒙皇太后赏顶及补授文武一品及满汉侍郎，均于具折后恭诣皇太后前谢恩。各省将军、都统、督抚等官亦著一体具折奏谢。协办大学士户部尚书翁同龢近来办事多未允协，以致众论不服，屡经有人参奏，且每于召对时，谕询事件，任意可否，喜怒见诸词色，揽权狂悖，断难胜枢机之任，本应查明查办，予以重惩，姑念其在毓庆宫行走有年，不忍遽加严谴，翁同龢著即开缺回籍，以示保全。特谕。

钦此。

接平字四号信（四哥欲捐遇缺先知府，需款一万二千两，意拟三哥处凑五千金，已寄纯信向借三五竿，余令晋凑。姐姐住房卖三百余金，加我帮项二百。另买房子中见已□。又三月十一日受室）。

卅日 王振基来。致亨记范子生信，将前存三数取回交振基。姜仲良自京来。

五月

初一日 上院谢降。午前雷雨数点，仍殷盼泽。致许子纯，告买木事作罢论，报友棠为之选丽之喜。阅廿卷。

初二日 子纯信云，四哥欲捐遇缺先知府，向其通融（共一万二千九百两，金华五千余，七千余子纯与我凑办），义不容辞，力有未逮，须在外张罗，并将前兑山东天成亨一竿之信退回，以为移缓就急之用云云。当复此事心迫款巨，适值弟胸怀不畅，公私棘手，兄知之最真，话不能说，兄之景况不敢说，亦不能说。弟如允凑，谦记存五千，提三千，应命而已。亨记一千仍送还，各清各项。弟愈体恤，兄愈惭愧，慎勿再赐为祷等语。

阅廿一卷。

初三日 夏至。闻景廉访初五日进城。接周志焌（号经垣，现任河南清化通判，伊弟志煌，号星垣，丁酉举人）信，即日发；蔡辅臣信，云地方情形。

接平字五号、安字四号（银三百两收到），十□四月廿三日丑时得一子。

五□四月廿日出京赴浙，二姑太太给施作霖求照应，但盼速作甘霖即是佳兆。光甫来信，移居本司胡同偏西路南。

初四日 李葆生解董宫保[①]军饷由直回晋来见，云鉴帅病

[①] 即董福祥。

愈，安阳典田二百四十亩、房一所，拟秋间移居安阳，绅士马积生等具关请主讲新德书院，以为经师易遇，人师难遭，鉴帅再三却聘。董宫保现在患胃痛，住扎正定。

杨愚溪来信，沈观察关聘已辞，拟回省另图馆地。秦秀实作古，全胜接办。田军门贺节信，附叙一纸。杜宾谷（秉寅，现署高唐州）信云，冠县之案仍未了结，直、东交界立义民会云云。阅廿二卷。

初五日　辰刻上院贺节。巳刻南关接景廉访，午后来拜，谈许久。申初雷雨一阵。阅廿三四卷。

初六日　早回拜景月汀。阅《京报》，四月廿八日召见康有为、张元济、廖中丞片奏：讲求时务，需才孔亟，其切要尤在本原之地，必志趣坚卓，体用明备，有忠义奋发之气，明敏精密，遇事不苟，始能转移风气干济时艰。查前福建安溪县知县戚扬，抱负宏深，学有根柢，请交部带领引见。朱批：照准。果如所云，的未易才，姑记之，以观后效。接郭介人信，并还前借银二百两。

初七日　阅廿五六七卷。

初八日　早同杨艺芳到太原参将署看武备学堂地势。接子纯信，议请教读事，兼阅卷，年脩三百六十三，节之敬共四十。阅廿八九卷。

初九日　上院。复子纯信。阅卅、卅一卷

安字六号（枕顶四片、荷包二片、折弁带）。

初十日　午后雨势甚好，仅湿地，为西北风吹散。阅卅二至六卷。

十一日　奉院檄，景臬司接署藩篆，自到冀宁道本任。阅康熙一至四卷。

开缺太原府孙幼轩作古。

十二三日　阅报。五月初五日奉上谕：自下科为始，乡、会试及生童岁科各试向用四书文者，一律改试策论，如何分场、命题详细章程，该部妥议（查康熙二年癸卯七月，礼部遵旨议复乡、会考试停止八股文，改用策论、表、判。乡、会两试头场策五篇，二场用四书本经题作论各一篇，表一篇，判五道，以甲辰科为始。甲辰科赐严我斯等一百九十九人进士及第出身有差。七年戊申七月，命乡、会试复以八股文取士）。

五月十二日奉上谕：御史宋伯鲁奏请将经济岁举归并正科，乡、会试既改策论，经济岁举自应并为一科考试。至生童岁科试，各省奉到此次谕旨，即行一律改为策论，毋庸候至下届更改等因。

十三日午后雨，俗传磨刀雨，诚不虚也，惜太小耳。是日同吊孙幼轩。

十四日　子时得雨一阵，太、汾、霍、忻等属雨泽未能沾足，农田盼望殷切。

荣录堂刘姓带来平字不列号，言某公有皮〔脾〕气，好讲究，精明之极，一切要小心谨慎。接子纯函，说复请教读云云，着语太重。天成亨拨兑千金，仍带回安字七号（月汀折弁带）、晋字三号（京转）。

是日卸藩篆，到冀宁道任。

十五日　上院。复子纯函。阅五、六、七、八卷。

十六日　寅时月食救护。复郭介人函。阅九、十卷。

十七日　西宁办事大臣奎少甫（顺）进省晤谈，人颇实在，即日出省（前文水令庆特庵之胞侄庆公作古，奎赴任迂道入省来吊）。

致山东天成亨张养田信，将前存库平千金合京二两、平一千零六十两，兑交京都义成谦查收。另致谦记京号（郑信、韩信），知照俱交晋谦记转。另交谦记司库平一千两正，拨收子纯帐。阅一一卷。

十八日　上鉴帅禀（葆生转）。接吴方池信（伊弟吴震春点词林）。阅十二三四卷。

十九日　抚宪转行兵部、户部会议练习洋操咨开：现在除裁外，实存绿营兵四十余万人，年饷七百余万两（练兵在内）；实存勇营卅余万人，年饷二千余万两（练勇在内）；江南自强军二千八百六十人，年饷四十四万两（夫役、杂费不在内）；天津新建陆军七千人，年饷九十余万两（帐棚、衣履不在内）；湖北洋操一千人，年饷七万两（华、洋教习薪资不在内），通年需三千余万两。

是日北风清凄，日色红，晚月色亦红。阅十五六卷。

华诏衔、吴晴溪夹单禀托城筑坝一件，拟将教堂筑坝赔钱七百余千由官筹发，以后坝之筑否与教堂无干云云。景月汀来，将华、吴函并前同杨艺翁公致华公信稿检交月翁带回备查。

廿日　致纯函，询得雨。阅十五至廿卷。

廿一日　纯函云，十八日得雨二三寸，尚未普透。田甫臣信，王萼亭云宁阳有三村麦秀双歧。阅廿一卷。

是日晚六点钟得雨起，至十一点钟止，约四寸余。纯函言其子女姻事。景月汀委首府盘库。

廿二日　仁山函称，托城坝工彼族无甚狡赖，十八子柔媚迁就过甚，事尚易了。吴涕生来言，许小姐姻事须公致铁箫信，问其夫人病之所以然，果无他病，再送庚柬。阅廿二三卷。致纯函询雨。

廿三日　考晋阳书院。首府县云，南沙河水溢，须挑挖，责练营办理。复仁山信。

廿四日　午后雨一阵即止。阅廿四卷。苑仲郧来。

廿五日　上院。午同杨艺芳看武备学堂建房局势。晚接纯函，云廿日夜得雨二寸，四乡多寡不等。又言大小姐姻事，只求铁箫夫人不是疯病，余皆命定也。

廿六日　阅廿五六卷

廿七日　接平字六号（仍拟再向纯多借一千云云，纯信）。阅廿七八卷。

廿八日　初伏，天气甚热。阅清源局详稿，云晋通省现在练军步队三营九旗，马队八旗，共廿营旗，挑兵五千零五十八名。阅廿九、卅卷。晚九点钟大雨一阵。

廿九日　寄安字八号（纯信缴还，言其近来心烦，忻郡未雨，加借一层难以开口）。

卅日　阅卅一二卷。夜间小雨一阵。

六月

初一日　上院。书言来函，即复，交仲郇带。

初二日　苑仲郇回河东，给王三带去一竿。连三日酷热异常，戌正二刻雨，至初三日丑初止，得雨约三四寸。阅卅三四五卷。

初三日　拜景月汀，议减当税事。昼夜雨数次，不及寸。阅卅六七八九卷。致纯函询雨。

初四日　早阴。阅四十、四十一卷。

初五日　上院，商减征当税准会详。阅四十二卷。接甘藩曾来电，言拨饷事。

初六日　阴。阅四十三卷。电复曾方伯。

初七日　早出新南门，循沙河堰西行，过顺成门、牛站门、木桥门看工，直至退水渠。今夏汾河尚未大涨，由八字堰（"长堤永固，汾泽安澜"八字）北行至水西门进城。阅四十四卷。

初八日　早出北门至界河，循童儿河东行，过享堂村，见田军门祖茔，气势光昌。由敦化坊（俗称车马坊）有车路两道，饬村人培垫，以免山水旁溢。南至城东北角，西行至北门东，看练军筑堰工程，入北门。

午后得雨，滴滴入地，至戌未止。接纯信，即复。寄张老铁函，归化野参一斤。阅四十五六七卷。

初九日 早阴，连日异常清冷，午后晴。胡砚荪（延）来，教准如学说文之法，每日写部首四字，兼写讲义。阅四十八九卷、五十卷。

初十日 寄安字九号（折弁带）。阅五十一二三四卷。

十一日 阅五十五六七卷。

十二日 阅五【十】八九、六十卷。

十三日 辰正雨，至夜子初止，约二三寸。阅六十一二卷。

十四日 晴。刘幼云学使来谈张香帅①所著《劝学篇》议论正大，足以正人心、息邪说云云。阅六十三四五卷。

十五日 上院，请将京发《劝学篇》迅速刊刻，广为散放，蕲帅亦以为然。阅六十六卷。

十六日 奉发《劝学篇》，饬令刊刻其书内篇九，以正人心；外篇十五，以开风气，与《时务》诸报专意变洋忘本迥别。遂交李葆生觅匠刊刻。

十七日 接平字七号（催捐款，并令致纯函）。阅六十七八卷。晚雷电交作，仅雨数点。

十八日 接王益吾夫子书（云向服阿胶，旧藏将罄，适惠到十斤，现修《汉书补注》云云）。

俞方伯来信。阅六十九、七十卷。

十九日 复俞方伯信。晋省望泽又殷，连日浓云，忽聚忽散，未得沛然，令人焦盼。阅七十一二卷。

廿日 上院，论减当税事。致甘藩曾方伯电：部章新加当税，闻贵省奏减征收，每铺连旧征五两，共收若干；通省当铺若干座，务祈迅赐电复，以便仿办。至祷。

星臣叩贺。仲郇来信，云带去之银交付泰和，收该号平共一

---

① 即湖广总督张之洞。

千零十七两七钱一分。阅七十三四五卷。

廿一日　阴，午后洒雨数次，花木沾润，亦觉清气逼人。阅七十六七八卷。夜子时得雨起，至廿二日寅时止，约三寸余，午后晴。阅七十九、八十卷。寄吉、丁两观察信，询学堂、书院事。

廿三日　天气溽热。阅八十一二三卷。

廿四日　寄安字十号（银三千两，四哥捐款，谦带）。接许子纯函（云已给四哥兑去三竿）。又接纯一函，即日复。阅八十四卷。

院代致甘肃藩台。怀翁鉴：甘省防军、练军、绿营，每项现在实存兵数若干，每年实支饷数各若干，如改练洋操作何归并，并希电示为祷。锡。敬。

接文趾亭（麟）信，云七月为其五弟娶妻，住西单牌楼甘石桥细米胡同东口外八宝院南口内路西。

廿五日　寄文趾亭（喜敬十金，谦带）。

廿六日　夜亥正得雨，约一时久。阅八十五六七八卷。

廿七日　早赴武备学堂大盈仓查工。禾苗先甚旱，自得雨后有浡兴之状。午后得雨二次。阅八十九、九十、九十一二卷。接平字八号（催款，附十口之子，名玉璞）、金字贞号。

甘藩回电：当税减半，奏明奉准，藩牌示。

刘子仪三哥奏参革职，吴涕生署，奇！奇！奇！

廿八日　寄晋字四号（京转翰准论二篇）、安字十二号（拟更名"钟景隆鸿"四字，请定）。

藩牌示李葆生署河曲。阅九十三四卷。

廿九日　白永熙函询书院课试章程，即日复。是晚雨，通宵达旦。阅九十五卷。

七月

初一日　早雨，上院，晚始晴。阅九十六七卷。接田军门信（五月廿五日发）。

初二日　早晴，午后大雷雨以风。阅九十八九卷。

初三日　早抚宪考晋阳书院士子。午后雷雨一阵。【阅】一百卷。

初四日①

初五日　纯函，即复，并寄《读西学书法》、《西学书目表》、《令德堂章程》。

初六日

初七日　阴雨。寄岳光甫（本司胡同偏西路南）、安字十三号（银六百两，内家用三百六十两）、大叔（喜敬五十两，在前数内）、谦带。阅一百一卷。

初八日　上鉴帅禀。

初九日　寄田甗臣。阅百二卷。

初十日　上院。接姚馨圃函（托寄田函，即加封递）。阅百三卷。

十一日　寄刘子仪唁信，嶂之奠敬廿两（葆生转）。阅百四卷。抚宪传见，论票捐事。

十二日　寄沈书言、苑仲郇、锡恩。阅百五六七卷。

十三日　接叶小洲信。阅百八九十卷。

十四日　阴，雨数阵，夜雨。阅雍正一、二卷。

十五日　午后雨止。午正三刻十二分地微震，窗纸动，有风（自北而南）。

接鉴帅（初三发，云八月初二日自满起身，移居安阳，附致姚馨圃信）。

十六日　致姚馨圃（礼部乡试章程），转鉴帅信。何象山是日到省。接纯信，其大令媛许与张家联姻。

---

① 原稿无内容，以下类此者不再一一说明。

十七日　同吴三爷公复纯函。初更大雷雨，小风。阅三卷。接馨圃回信，并致鉴帅信。

十八日　晴。复鉴帅信，转姚馨圃信。接田禺臣信。

十九日　数日内未得多看书。阅三、四卷。

廿日　上院。午皇华会齐慰何方伯（伊少爷故）。

廿一日　何、景两公接篆。

廿二日　夜雨。阅五、六卷。

廿三日　早雨，晚虹。阅七、八卷。

廿四日　接平字九号（金华款未到，捐事缓至明年再办。纯款留一退二，本款存谦记不动。言萨海帆事）、金字八号（立秋日发）。寄安字十四号、晋字五号（京转）。接鉴帅、小舟信。

廿五日　雨。上院。冒雨到武备学堂看工。

廿六日　雨。晚子纯来省，冒雨访谈。

廿七日　阴雨。

廿八日　晴。阅第九卷。

廿九日　送杨艺芳回河东道任。午送李菊圃入祀三立阁。

卅日　寄安字十五号（说还纯款事）。

八月

初一日　阴。上院。阅第十卷。

初二日　阴雨。

初三日　阴。祭文昌。

初四日　阴雨。子纯回忻。

初五日　阴雨。

初六日　阴雨。由是日始皇太后在便殿办事训政。

初七日　阴。阅十一二卷。晚晴。夜子刻地震。书言信来。致郭介人信。

初八日　晴。

初九日　晴。

初十日　上院。晴。奉电谕：令各省保医驰送来京。

十一日　阴。接董少山信（当无意见，惟拘俗礼，不过门，不往来，当交卸北上引见）。寄田甹臣信。

十二日　阴雨。

十三日　晴。奉读电报，十一日上谕：官犯徐致靖、杨深秀、杨锐、林旭、谭嗣同、刘光第并康有为之【弟】康广仁，派军机大臣会同刑部、督察院严行审讯。其张荫桓屡经被人参奏，声名甚劣，惟尚非康有为之党，刑部暂行看管，听候谕旨。至康有为结党营私，情罪重大，著将该官犯与徐致靖等交部研讯。此外被其诱惑之人，概不深究。

十四日　奉上谕：将康党杨深秀、梁启超、杨锐、林旭、谭嗣同、刘光第、康有为之弟康广仁一并正法，通饬天下，一体严拿康有为。

十五日　寄刚良帅①（为米事）、叶、方等信，安字十六号（朱小舟经张翰帅保荐，医理可靠，奉伊内城不熟，函致家中，俟伊到京，留在家住）。

接平字十一号（云皇太后垂帘之日，天气晴朗，人心大定）、田甹臣。

十六日　寄安字十七号（言朱小舟事，折差带）。

十七日　晴。

十八日　晴。接（东亨记张树滋养田前存一千已兑京，谦记未扣费，张誉久带物归价作为罢论）。

十九日　接平字十号（崔华峰带火腿、黄酱、各报）。

廿日　上院。接平字不列号（崇云生带各报）。

廿一日　晴。

廿二日　晚接京宅电报。是日放山西臬司（俞廙仙升湘抚，

---

① 刚毅，字子良，满洲镶蓝旗人。

毓佐臣升湘藩，景月汀调东臬）。

廿三日　午雷雨一阵，带雹。连日阅十一至十五卷。

廿四日

廿五日　学台走马考潞泽（八股复）。

廿六日

廿七日　阅十六卷。

廿八日　寄安字十八号（由京转金华）。

廿九日　接子纯信，即日复。

九月

初一日　上鉴帅禀（保定府转沈子敦）。

安字十九号（姜仲良带木如意四个）。

初二日　接许子久（附竹报四号，即日转忻）。寄沈蓉卿（积谷事）、吴晴溪（毯已收到）。

初三日　接平字十二号（各报）。

初四日

初五日　奉抚帅行知升补部文。

初六、七日

初八日　姚观察函（内附上鉴帅禀，递保府，李慎庵转寄）。

初九日　寄安字廿号（折弁带）。拜折吁请陛见。

初十日　上夜雨，甚足。板厂胡同。

十一日　景月汀致铁宝臣[①]函，述敬佩之意。

十二日、十三日　连日阅十七卷至廿三卷。

十四日　阴。致仲郁（告以亘生欲还张款，问借约在何处）。

十五日　上院。接平字十三号（附圣上脉案方药，朱小舟

[①] 铁良，字宝臣，满洲镶白旗人。

到京情形,当即送各署阅看)。

十六日　寄安字廿一号(普洱茶十二筒,祝立村司马带电报,奉朱批:著来见)。

十七日　寄安字廿二号(做藕粉匣六十个)。

十八日　寄安字廿三号(毯包一个、木箱一个,蠧云带)。

十九日　寄安字廿四号(折弁带)。

廿日　上院。连日阅廿四五六卷。

廿一日　接田甫臣。

廿二日　晴。

廿三日　阴。复甫臣、方池(说许玉赞事)。

奉朱批:著来见。钦此。

接平字十四号(马褂料二件、袍料一件)。

廿五日　寄安字廿五号(折弁带)。

廿六日,廿七八日　阴。

卅日　晴。寄马梅卿、田甫臣、杨愚溪,刘子仪三哥住乐亭县勤柳河,有信寄乐亭县署内转交东街德和成宝号转交。

十月

初一日　上院。

初二日　阴雨。

初三日　阴雨。潘太令礼彦云,直隶候补直隶州朱璋达、大名府吴积玺,均有才具;河工同知劳乃宽、吴桥县劳乃宣学问均有根柢。

初四日　阴雨,午后晴。上鉴帅禀(递安阳)。寄安字廿六号(附上三哥禀,由京转,提唐)。

初五日　上院。

初六日　抚宪验看武备学堂。初六日电报,景月汀升河南藩台。

初七日

初八日　　接金丽泉信并报（住紫竹林永和栈）。
初九日　　冯申甫邀饭。
初十日　　交篆，上院禀辞署臬司。杨艺芳、国孔安都转到省。
十一日　　午初起程北上。何象三、景月汀两方伯，恩新甫、焦云生、阎老六三观察暨首府县及候补诸公皆在南官厅送行。是日住鸣谦驿，五十里。
十二日　　早尖什贴，三十五里。又三十五里过泰安驿，未住。又廿里清平宿。
十三日　　早尖寿阳县，卅里。又廿里过芹泉驿，未息。又卅里至沕石驿，与盂县项太令略谈，仍行。晚宿辛兴滩（距沕石十里），与成绩楼司马畅谈。
十四日　　早过南天门（距辛兴卅里）。平定州尖，四十里，与蔡辅臣畅谈。又五十过柏井驿，未息，出村即西天门。又十里柏木井宿。
十五日　　早十五里过槐树铺，八里过固关，七里过北天门，廿里长生口尖。十五里过井陉县南关，卅里微水镇宿。
十六日　　八里过东天门，又卅二里获鹿县东关尖。又卅里赵林铺，又卅里正定府宿。
十七日　　四十五里阜成驿尖。又四十五里过新集县。又廿五里明月店宿。
十八日　　卅里过定州，又卅里清风店尖。卅里望都宿。
十九日　　六十五里大箕店尖。廿五里保定宿，晤李慎庵镜臣。
廿日　　五十里安肃尖。卅里故城宿。
廿一日　　六十五里高碑店尖，坐火车，晚宿丰台。
廿二日　　坐火车到马家堡，巳刻入都，住双塔寺。
廿三日

廿四日　宫门请安,蒙召见。
廿五日　又蒙召见。寄晋信及上抚帅禀。
廿六日　拜晤毓佐臣。
廿七日　拜客。
廿八日　拜客,见赵展如①。连日拜客。
　　　　　　　　十一月
十二日　请训。
十六日　祭祀后出都,乘火车,住高碑店。
十七日　故城尖(70②),宿安肃(30)。
十八日　保府尖(50),方顺桥宿(60)。
十九日　清风店尖(60),明月店宿(60)。
廿日　　伏城驿尖(60),正定府宿(45)。
廿一日　早渡滹沱河桃园(20),获鹿宿(45)。
廿二日　微水尖(45),长生口(50)。
廿三日　槐树铺(35),西郊铺(60)。
廿四日　辛兴滩尖(60),芹泉(40)。
廿五日　清平尖(60),什贴(55)。
廿六日　鸣谦尖(35),到省(50),禀谒抚宪。
廿七日　奉饬到臬司任。
廿八日　寄安字廿七号。
廿九日　辰刻接臬司任。
　　　　　　　　十二月
初一日
初二日　寄安字不列号(沁州黄一包)、景月汀(党参)。
初三日　寄安字廿八号(刚、荣、赵、裕、朱小舟)。

---

① 赵舒翘,字展如,陕西长安人。时为刑部尚书。
② 原稿为苏州码,下同。

初七日　寄李鉴帅、马积生、沈书言（年，茶、蘑，杨带）。

十一日　移居臬署。

十四日　接平字十六号、田霈臣、吴方池。

十五日　接平字十七号（武德卿《词林集》锦册页一本）。

十六日　会同藩台定大计，册发贺元旦折。寄安字廿九号。

廿九日　接平字十八号（三哥寄京一纸，有令家属来晋之说，白玉膏、独角莲、锭子，光甫、健侯，夹板、黄绫包袱）。

阅电钞，奉廿六日皇太后懿旨：山西按察使锡良前日革职留任处分，著加恩开复等因。钦此。

晋湘竹元

（1899年）

正月

初一日　寅正初刻赴万寿宫朝贺元旦。到院及各处拜年。吴向之来送谢开复处分恩折稿。

张辉（仲侯，行二）、焜（叔明，行三）、烺（季良，行四）、煊（宣五）、许育珩（君耆）、育琪（公昂）、育玢。

南镇各旗哨驻扎处所：

马左旗驻扎总卡处所　霍州 张兰 吴城
马右旗驻扎总卡处所　翼城 张店 皋落镇
步左旗驻扎总卡处所　曲亭 史村 古城
步右旗驻扎总卡处所　黎城 微子 余吾
步前旗驻扎总卡处所　贾村 虞乡 峒阳
步后旗驻扎总卡处所　阳城 陵川 拦车

初五日　上院，蕲帅谈直隶蔚州知州石庚臣（号又皋，奉天人，曾任东安、武清，官声甚好，尤长缉捕）。许子纯来省。

初六日　拜发谢开复处分恩折。寄安字廿九号、三哥一函、岳光甫、张健侯、许子久（附子纯竹报，交栗甫转交）。

初七日　寄沈书言、郭介人、李政（举芝庭、恺辅廷、斌子全）。

初八日　专马致李葆生信，询鉴帅政绩。

十三日　接京电，十二日奉旨调补湖南臬司。

十四日　接鉴帅（去腊廿日发，二月初三日复）。

十六日　赵季和致马积生（托附贺鉴帅七旬双庆）。

十八日　公请抚宪。

十九日　接俞中丞电贺（催到任，并令约何子屏）。

廿日　大泻，乏倦不支，请假一日。

廿一日　折弁回。奉朱批：知道了。钦此。带来平字十九号安报，三哥冬至廿九日发一函。

廿二日　续假。

廿三日　销假。胡中丞面告已于廿一日电奏留署藩篆。是晚奉电传谕旨：湖南地方紧要，锡良仍著速赴调任等因。并接院行电传调缺谕旨。

廿四日　复俞中丞电（云已请陛见，俟奉批即行；子屏容缓商）。

廿五日　发折谢恩，并请陛见。寄安字卅号（银卅两买泥金、寿屏，并折件）。

廿六日

廿七日　午时得雪，至戌时止。

廿八日　阅清源局详稿，截至廿四年底，晋省现存练军五千五十八员名，绿营四千七百四十四名。

二月

初一日　接李鉴帅函，言夏、万练兵事；田萧臣信。

初二日　吴书年云，湖北候补县顾印伯（名印愚），人谨饬，笔墨极佳，现充鄂银元局委员，不吸烟，微好饮酒。

寄景月汀信，公费六封，共一百七十九两零，养廉七两零，托摺庵带（初四日又交盂县公费五十五两，初九日又交高平公费一百廿二两零）。

晚接来见京电。万荣斋到晋。

初三日　上院，请派员接署，以便交卸启程。吴太守丽泉云，西路将官有刘永和、王绍亭，人甚勇敢。

初四日　祭恒岳庙。阅初三日电钞上谕：山东巡抚张汝梅开缺，听候查办。山东巡抚毓贤补授。钦此。

头鼓接京电：初四日奉上谕：湖南布政使锡良补授。钦此。

初五日　先慈大人忌日，请假一天。

电传初四日上谕：文光调补湖南按察使，四川按察使张曾【敫】补授。钦此。

陈黻卿住绍兴平水村。

初七日　寄鉴帅贺寿（祝敬双福），施小航夫人带。

初八日　折弁回（任畹滋云其侄焕枝在湘云云）。

奉朱批：著来见。钦此。

接豫锡之信，云袁慰亭进京，圣眷优隆；平字廿号（折件，云延锡之到京，二月初一日陛见，催令初五日出都赴任云云。赵展如信）；许子纯信（托转许子久信，附义成谦银信一纸，活计等件）。

十一日　复子纯并咨文两角。

十三日　交卸晋臬，接署者为陈雨人观察。何湘山方伯开送湖南贤能官员：凤凰同知唐步瀛，办事结实，性情稍刚；靖州直隶州知州潘清，老成深稳，资格较深；武陵令陈禧年，才具稳妥，办事朴实；桃源令杨汝和，性情和平，明强刚断；武冈牧毛隆章，办事朴实，世为循吏；巴陵令周玉德，朴实勤慎，办事认真；浏阳令陈宝树，办事勤明，才练质朴；候补守裕庆，才明心细，任事稳实；候补守徐培元，候补直牧王必名，候补令严鸣琦、查庆绥、彭念谟。

十四日 屠梅君云，户部郎中毛庆蕃（实君，江西进士），长于水利河工；工部主事洪嘉兴（贞一，江西进士），讲求经济；直隶候补道傅云龙（懋元，浙江），熟悉洋务（又有人云傅公经管机器厂，甚为发财云云）；湖北银元局王松云，办事精能；天成亨管事京都张培桢（干卿），汉口周承业（进斋），长沙任守凝（蔼堂）、任邦安（玉峰）、蔚盛长，长沙梁存珝（琢卿），新泰厚管事京都张凤池（子佩），汉口胡铎（子金），长沙武百福（超五）。

十五日 接张瑶卿函，为还款借约，由吴书年送到（姜款交书年转交）。

十七日 寄姜亘生函，还原约。寄赵季和、沈书言，为元纹并用事。密丹阶（昌墀）来谈。

与屠梅君议京外知名之士：崇文山先生、黄漱兰先生、徐季和先生、高燮曾、盛昱、胡孚宸、张百熙、柯逢时、王先谦、文悌、安维峻、会昌、毛庆蕃、叶德辉、濮文暹、张楷、姚晋圻（罗田主事，在家山长经学）、杨承曦（江夏编修）、刘寅浚（广济，分发贵州知府，有血性，精细）、徐赓熙（云梦，以州同分发山东，讲时务，心恳至）、何熙年（通判，湖北候补）、万宗林（养山，汉阳大挑，笃学，立品切实）、向植（笃生，沔阳大挑，山东河南，有根柢，心笃实）、宋用晦（竹生，布衣，汉阳，人品高洁，学问纯正）、李符曾、石曾、前署东明县曹景成（号东屏，湖北拔）、济宁电报局杨乐亭之侄光新（号绳武）。

吴向之云，安徽候补知州蒋师辙（少由）学有本原，记名道府樊增祥（云门，景月汀曾云人甚有才）。

俞中丞奏陆操新义云云。

通判李兆麟送其父海门镇升元公（号花楼）墓表。

十八日 胡中丞起节北上。

廿一日　挈眷启程,宿鸣谦。许子纯由忻来此,及姚仁山诸公在此送行。苑仲郇同路入都。

廿六日　到获鹿。

三月

初一日　宿方顺桥。初鼓时,桥南钱铺被盗抢劫,洋枪之声不绝有一刻许,本镇汛弁不敢近前,合街铺户居民各人闭门作壁上观,所谓保甲团练者安在?

初二日　到保定。李慎庵来见,谈悉鉴帅蒙召,因病未就道。

四哥晚间来接。初二日早乘汽车,午初到丰台,略息。未正换车至马家堡,申正入城至家,宿双塔寺。

初四日　宫门请安,蒙召见,谕:教你来为听几句真话。

初五日　又蒙召见。愚小臣罔识忌讳,垂问之言据实复奏。连日拜客请饭者全谢。

十四日　请训。本拟速即出京,因大女患疹,多住数日。

十六日　在王书年座中见陈梅村(秉和)、贻藘人(榖)、丁黼臣。拜晤徐寿蘅总宪、叔鸿观察、曾伯隅(廉),畅谈湘事。

本拟即行出都,因望后大女患疹,内人患时温,连日服药,至廿三日见轻,尚未复元。廿五日后,气体渐强。

廿九日　出都。当日乘汽车到津。四哥与仲郇送行至此(住佛照楼)。

卅日　拜司道。谒裕寿帅,人极中正和平。拜晤天津府荣伯衡同年。

四月

初一日　署天津县吕秋桥(增祥)来见,官声甚好。候补县孙子珍(毓琇,鉴帅女婿)来谒,公出未见,闻其品学俱优。午后同四哥、仲郇乘汽车至塘沽(住佛照楼)。因近年海口生沙，冈船不能到紫竹林，海船以塘沽为码头。买办陆宗游（号良澄）、佘廷诗（号咏唐），帐房陆秉闿（号镜湖）。

初二日　申初，内人率子女、六弟、五侄等到。适新济轮船即日开行，立刻登舟，四点钟开船。

初三日　晚十点钟经黑水洋。

初四日　午三点钟平安渡过。

初五日　十二钟到上海。一路风平浪静，饮食起居不异平时。发京电。住长发栈。拜晤上海道李健斋廉访，人极爽直，谈湘事刻苦无空。正办事绅士武将大半官大、年大、财业大，不能用。前水师总兵陈海鹏（圆）到，不肯管事。记名提镇郝长发、王紫田、刘树元仅可充偏裨，不能胜统领。分省补用道李光炯亦然。李为人不修边幅，尚可应缓急。郝之弟无准，名人颇荒唐。

初六日　雨。江裕轮舟人已占满，雇定江宽【轮船】。发安字元号。湘候补道蔡伯浩（乃煌）来见，略谈湘事。申刻，五侄雇舟赴杭，约十一日可抵金华。许静山之大少君同范，字文伯，年卅二岁，甲午副贡；二少君同蔺，字仲威，年廿六岁，金匮附生，前肄业美国华盛顿书院，住无锡城内大河上。

初七日　雇定江宽轮船，买办施子香。陕西候补道黄小鲁（嗣东，湖北汉阳人，癸酉同年），先因丁艰回籍，香帅委赴湘中劝振捐，现办两湖绅商集股小轮船来申购买船只，局设汉口芦席闺田官殿（名曰两湖轮船局），家住武昌抚院。

闺少君名庆曾（号笃友，乙丑举人）云，署永州府赵及某县李子仁（尚卿）、陈宇祠（宝树），署郴州任秉之（风历，善听断），石门陈振钧（要孙），均湘好官。若毛隆章，好则好矣，稍滑。

李健斋来拜，谈孔宪教少年亦颇活动，近日守正；某书院主讲刘凤苞甚好，庄必□不好，隆老成□精明，朱共懿喜事（黄说补）。

耆少彭（寿）来谢步，其尊人国孔安运台二月到申中风，移居天后宫养病。上海县王新甫（豫熙）来见。钱密老表侄杨霖士（以回，艺芳胞弟）同信义洋行买办陈望生（世澜）来见，送毛瑟、马步枪各一枝，枪炮书三本。

张幼丹由扬州奉母游申，来见，谈许久。

初八日　沈期仲自宝山来谒，谈悉吴淞口炮台之拆，以吴淞开口岸查出官地三千余亩，每亩以上海极贵价值三五千两例之，为数巨，可还洋债，总办铁路某公①欲以势劫得之，岘帅②遂奏明以抵制之。嗣因地无人过问，有奸人谓地之无人问者，以炮台未去之故，若拆去炮台，人知口岸必设，售地必踊跃。岘帅误信其言，遂瞢然拆去。可惜可叹，人之愚至于斯也。

初九日　沈梅孙方伯来申，闻即拜谒于山西汇业公所，留饭。

晚十点钟登江宽轮船，帐房为施子香。夜开船。

初十日　过狼山、福山，晚过焦山，在镇江停二刻许。

十一日　丑正至南京。同船严小舫、松秀峰、志仲鲁三观察。黄定侯□史谈许久。（潘〔翻〕译王省三丰镐，随洋矿师入徽查矿）

十二日　巳正至九江，停轮。

十三日　酉刻起碇。

十四日　酉刻到汉口，黄小鲁之少君笃友已代雇妥八间船两只，陈军门海鹏派炮船来迎。

十五日　移泊鲇鱼套。禀谒张香涛制军、于次棠③中丞，均极亲近。

---

① 盛宣怀为铁路总公司督办。
② 刘坤一，时为两江总督。
③ 于荫霖，字次棠。时任湖北巡抚。

十六日 于中丞约饭,同座江苏候补道程雨亭(仪洛,两院谓其讲求理学,办事切实)、四川臬台张小帆(曾敩,议论爽当,发抒忠怀)。拜晤汉黄道岑尧阶(春蓂,年青要好)、臬台瞿庚甫(廷韶,精明干练)、粮道谭伯臣(启宇)、盐道孟志青(继埙)、陈朵峰大令(初颐)。

十七日 过江拜汉阳府县。晤枪炮厂总办沈孟南观察(锡周,前作湖南州县,颇有循声,因访湘中循吏,以李尚卿首推一指,两院及瞿臬台、汉阳府余太守亦以为言,段长佑、但、朱均宜留意)。阅枪炮厂千头万绪,当时创造蔡道台(锡勇)颇费苦心,沈公接办亦有条理,惜款尚少,用匠不多,出枪每年仅六七千枝,当宜扩充者也。丝布纱局未得看。

十八日 武昌逢太守来见(七旬余矣)。汉阳余太守来见(肇康,号尧衢,湖南进士,人极精敏)。

先于十七日八旗奉直会馆值年赵楚江(毓楠,天津人)来云,奉制军命约住会馆,坚辞不允,即晚一人移住,饮食一切均制军备办。是午约饭,座中有程雨亭、王雪澄观察(秉恩,癸酉同年,人极有才,总办各局)。晤两湖书院主讲梁星海(鼎芬,丙午乡榜,庚辰进士),论时事,满怀忠愤,托其荐教读,举其门人左全孝(立达,衡州人)。

十九日 辰刻香帅携酒饭来会馆,谈三时许,激昂忧愤,沈痛之极。晚到于中丞处禀辞,留饭,梁星海同座。先三日署岳常道张子遇(云与子纯相好)观察(鸿顺)谈岳州开埠事,告以办洋务不为利动,不为威劫,说话格外留意,不为所挟持,愚见如此,未知是否。子遇当以为然,人极忠厚,无宦场习气。

廿日 制台处禀辞出城,湘中两火轮"慈舰"、"长庆"来接,拖带开行。(十八日司道在黄鹤【楼】后公请,正楼遭回楼无力兴修,因于后建楼数间,游眺颇觉豁目。善星垣方伯升署福州将军,晤谈十分亲热,云与三哥至好。)

发金华及京宅安信，安字二号。

廿一日　慈舰小火轮拖带开行。

廿二日　至岳州府，张镇军（捷书）、英太守（文焕章）来谒。临湘巴陵李、周玉德两大令在城陵矶（在岳州下游十五里）候见，因此地现议开埠也。

廿三日　泊湘阴。

廿四日　到长沙。李本钦到船见，司道诸公出城接。即日谒俞中丞，进藩署。

廿五日　拜客。

廿六日　午时接任。谒王益吾①先生。电田、杨。田、杨复到。

廿七日　湖北候补府施鹤笙（纪云）、陈程初镇军（海鹏）、首府颜（钟骥），但方伯（少村）、湍莼臣、况燕山、汤幼庵、孔静皆（宪教）、张雨三（祖同）、崧炯亭（煜）、谢端伯（宗楷）来见。

廿八日　拜客。王益吾先生来贺。黄敬舆太守（自之）、洪老夫子（文治甫）、藻裳来见。包折。但寄恽信。

廿九日　清理文书，写家信。

五月

初一日　寄安字三号（《翼教丛编》四部送许、杜、吴、陈各一，家留一）、杜云帆、王书年、许子纯、俞孟端、田萧臣。接景月汀，即日复。又寄徐叔鸿、寿蘅。

初二日　厘金局公请湖北施太守（鹤笙），纪云（癸酉拔贡），南绅王益吾师、孔静皆、张雨三诸公在贾太傅祠公议厘金事。

是早传见同通州县廿四员：直牧曾庆溥强干、陈国仲老练，

---

① 王先谦，字益吾，号葵园。湖南长沙人。

同知诸福应明白，知州段长佑精明，知县许堃有文名，署湘潭顾玉成稳练。

与朱纯卿（益濬，癸酉）、徐心畬（培元）议通行银元事，两太守商情皆透澈，拟示稿甚简净。

初三日　偕但少村、陈六笙上院，回会议事及呈行银元示稿。

初四日　开库。到善后、保甲、厘金、矿务各局。上院回攸县刘令凤纶禀，该县四月廿四日被茶陵蛟水极重，请示派员抚恤，令委候补县傅滋梅会县查办。

午后传见王令祖荫，明练；蒋亮熙，明朴；郑熙瑞，老成。

初五日　端午节。寄三哥安报。全铁琴送来考语折及地方情形数册，甚为详尽，足见留心。

初六日　传见各员廿二人：坐补桂阳州王必名，直朴，犹有老派。同知江辉（同云），明白制造、绘图等事。候补通判王宗生，人有阅历；沈翰，擅长丹青。知县平焕文，明妥；吴道芳，老练；吕佩瑀（癸酉举），曾任实缺，人尚妥实；沈瀛，平妥；吴孝恪（大挑），前禀查办南州十分辛苦，未知是否确实；胡扬祖（大挑，蔡伯浩同乡，前曾来办矿务未成，嘱以遇事宜沈实），人尚发扬；章倬汉（大挑，云考求约章，未知实在否）；黄启蓉，人尚明白（乙酉拔）；钱青（新指通判，年青）。

初七日　传见十七〔七〕员：候补知县邓嘉桢（明练，其父尔昌，同治二年在会同任内殉难）、彭念谟（公事熟悉）、方兆霖（乙酉举，老练）、王以宜（平妥）、沈保宜（壬午举，稳练）、程履贞（本色，丁酉拔）、孙念祖（宗诚，丁酉拔，挺秀）。

初六日接京电，大家嫂五月初三日病故，阅之不禁痛哭流涕，当即回电云，初三事可恸，劝大姑娘宽怀。初七日发安字四号（大嫂事动谦款，接大姑娘来湘）。

初八日　传见谢令钟英（本色），李令湘（实在），胡令日升、凌令厚增、徐本麟三员均精干，孙令毯生（年青平妥），平焕文（明爽）。

是申接茶陵州禀报，该州四月廿四五等日陡发蛟水，城墙、衙署、居民房屋、人畜均被冲淹，奇惨。即刻上院禀商，派平令带银一千两前往抚恤，兼查酃县有无被水。武冈州亦报水灾，该牧毛隆章素著贤能，即饬其自行查明抚恤。湍莲臣有退志，托代求抚宪，抚宪不允。

初九日　大嫂头七，设位致祭，请假二日。

十一日　请假五日。金华拔贡俞咏耕（晋福）赍三哥手字来湘，就吴学台看卷馆，暂留在署。

十二日　戴青云副将来，云下水卡移马家窝，在岳州、南津港之间；上水卡在象骨等语。

十四日　寄李鉴帅信。左立达来（左言衡阳西乡百里洪乐庙萧仁余兄弟，谓之萧氏五虎，清泉东乡新城司廖姓同前）。

十五日　蔡伯浩拜晤，论岳关厘税并行厘卡不可移，与孔静皆诸公意见相同，极为持正。

十六日　上院销假。议祁阳开矿事。首府颜小霞面送州县繁简情形清折一扣，与首县全铁琴所开相同。据称此次府试阅卷以王令道凝、陈令兆坤、欧阳州判珺为最得力。见王令道凝（即用，巨野人），尚属笃实，极能吃苦；大挑傅云岗老成，旃炜（云南人，自云系元朝蒙古）平妥，黄礼耕老实。

连日阴雨。

十七日　又大雨。见即用县陈兆坤，书生本色；彭令宣辉，人似能干。左公回衡。寄尚令臣（兰溪事）。

十八日　记名提督贺长发（西江湘乡人），人尚粗直，五十七岁，前随李健斋廉访在关外打战出力。据云早年同事吴军门海龙，年六十，素称奋勇。（记名提督黄马褂斐凌阿、巴图鲁、吴隆海。）

统带威字五旗黄中翰（忠浩）来见，谈兵事，深以湘无军械为虑（此事与中丞言数次）。询其由黔阳来，路过辰州，民间光景如何？据称该处山多田少，人民最苦，去岁歉收，刻已五月，该处不种麦禾，专恃大米、杂粮，须至八九月方有收成，目下仍不免鸠形鹄面等语。

阅沅陵平粜委员张令惟馨折禀，亦云穷民不患无米可籴，苦于无钱。

十九日　约湍荩臣上院说辰州情形，请派员前往，蒙示派候补府徐心畬（培元）往，会同斌守酌将府义谷出借。接三哥来书（四月十四日自金发）。云南副将屈洪恩（号縠臣）来见（军营阅历有年）。提督娄云庆（号俊山）拜，未会，闻务得之心，老而弥甚。

廿日　同蔡伯浩上院，为疮道陈明远办黔矿欲借湘地洪江等处设厂，中丞不允。接毓佐臣。

廿二日　蔡伯浩荐其同乡举人陈庆森（莘阶）教读。

廿三日　临湘进士吴獬（号凤孙，癸酉拔贡，丙子举，己丑进士，曾任广西知县）来见。

廿五日　上院。德云舫到湘。

廿六日　试用知县周凤群查辰靖矿务情形，开折极其明晰，人亦爽利。寄安字五号（万寿折弁带）。

廿八日　俞中丞云廿七日接香帅电，称英国威拉浅水小兵轮管带参将衔巴欲往洞庭上下游历，并至岳州、常德等处，业将岳州、长沙现在开考，生童云集，恐难保护，且兵轮入内河非条约章程力阻，飞电总署及鄂督，一面飞致沿途文武预为安置。桂阳州禀，团练总绅约殴［欧］阳提督胜、刘游击洪胜，得胜。

六月

初一日　州判董鸿勋禀见，人尚妥实。

初二日　　衡州府裕蓉坪（庆）禀见，精明稳练。

初四日　　湘潭廪生杨昭朴来见，人倘［尚］朴实。蒋少穆来见。

初五日　　拟正云南普洱镇高德元（青珊）来见，谈云南军械甚多，团练办理得法，谓湘中军械缺少，宜留意。云南将才以覃修纲（新调临元镇）、刘万胜（新调西宁镇）、刘锐恒（署普洱镇）为优。接金华元号（五月初九日发）。英国威拉小兵轮管带参将衔游击巴尔敦、汉口副领事翟必南、大副达得乐、水手廿四名，半华半洋，有炮六门，船二层，身长十三丈，吃水二尺余。

初六日　　司道同上院署，在一实堂会洋员巴、翟，伊穿戎服，带刀，以手摩鬓；我则常服褂珠，微拱手回拜。至河干，伊船已开至中央，投片未会。

初八日　　见何令廷俊、张令谟、严令用彬，皆稳练；陈令濂，明白；李令廷珍，人虽年青而办事有经纬；张令赞，明妥。

初九日　　夜热极，受邪风。

初十日　　早漱口不利，上院禀商公事，回署口眼稍有歪斜。闻彭大令念谟通医，延其诊治，一味驱风。

十一日　　开方，有黄蓍、党参，求愈太速，服之觉火上升，耳根觉痛。本【日】但少村来看方，云药力太重。有湘人姓常者，医道尚好，约来诊，云此系受外热感邪风，宜服清热散风之剂，若以中风治之则大错矣。服药尚属平和。

十二日　　又看，口眼渐正，仍欠灵活。夜间牙根痛。是日接三哥电：勇到杭，十二日交卸，十五启程，术侄顶选进京，到沪再电。折差回。接平字三号（大嫂之事用款千三之谱）。徐叔鸿、俞孟端有联石拒鹅之说，庆，庆，刘隐持其柄。

十三日　　俞中丞发下京信振册，河南又求协振。

朱纯卿太守诊脉开方，主清热。

十四五日　　连服朱药，渐轻。

邓振寿大令销差，云武陵马快白昼抢劫，县令不肯严办等语。奉院札查左孝同之案。

十六日　　约湍臬台上院回武事，帅意即派员往查。

十七八日　　仍服朱纯卿方。

十九日　　俞中丞寿，上院禀贺。寄安字六号（信局）。

廿一日　　传见即用知县张致安，人尚明干，云李弼清、周至德、李尚卿、毛隆章、施启宇均好。大挑知县高季云云，署龙山余屏垣甚勤，杨永芬清廉，王绍钧有作为。接田兖镇来函（五月廿六日发）云，杨愚溪因道远难来，至今未能定夺。吴方池代理峰县。

廿五日　　京电，五侄选陕西澄城县。

廿七日　　接鉴帅函（晋寿屏、祝敬俱到）。庄心庵函。

七月

初一日　　寄安字七号、徐叔鸿（折差带，初三日走）。

初二日　　接辰沅道庄心庵信，辰州事。

初三日　　立秋。见大挑知县李见荃，人尚健拔。

初四日　　抚札请觐折内云，该司自四月到任以来，勤慎罔懈，望实咸孚，遇事讲求，湘省情形渐臻熟习云云。

初六日　　接子纯微电，七月初一日到京。寄安字八号（桂节六百两，亨带）、子纯信。

初九日　　贺折。差弁回，带来平字元号（大姑娘们不能来）、王书年、俞孟端、岳光甫、中儿（考试要百金）。

初十日　　随同抚宪在真人庙祈晴（辰、未两次）。

十一日　　同上。晚接京宅电，询病大愈，珍重念。

十二日　　同上。电复病大愈。寄于中丞信。

十三日　　同上。阴雨未晴，禾稼受伤，令人焦灼。寄金华信（世振之转）。

十四日　阅电钞，刚中堂保举江苏候补道穆克登布、丁葆元、曾丙熙、朱之榛，苏州府彦秀，扬州府沈锡晋，候补知县朱镜清。直隶候补县曹景廊（曾署东明县缉捕，勤能，在山东闻其名），以直隶州知州用，裕寿帅保。

是晚天晴，土人云虽受雨伤，收获犹有八分。

十五日　晴。

十六日　接金华湖字元号（六月十三日发，三哥六月十二日交卸，《婺学治事文编》二本，附陈六笙、黄敬舆二函）。寄金华信（世振之转）。

十八日　雨。

十九日　甲子，早雨午晴。

廿日　接景月汀信，有芚思、毓佐臣信，为养廉事。

廿一日　晚大雨，通宵。

廿二日　辰刻雨止，谢晴。

接鉴帅信，六月廿六日接奉寄谕，催令进京，定于七月十九日自彰德起身。

廿三日　看《申报》，见袁爽秋（昶）奏称：江苏候补道程仪洛、广东候补道王秉恩，任劳任怨，清操自励；记名道府樊增祥，廉明有威，通达治理；前雷琼道朱采，朴毅有为，办事忠实；直隶吴桥县知县劳乃宣、前安徽青阳县知县汤寿潜，才长守洁，讲求利病；江苏候补道朱之榛，精明干练，于苏沪厘金积弊最悉；河南府知府文悌，坚苦立志，见义勇为；安徽候补道童祥熊，恪慎廉公，治皖北厘金有效。以上九员实为良吏之选。

蔡伯浩观察云，前广东提督郑军门（绍忠）之子润材忠勇可用，曹嘉祥、程祖福（号听彝，直隶举人，福建候补知府）。

廿五日　接李镜臣信，鉴帅横幅一张，杭字元号（七月朔自杭八旗会馆寄）。寄安字九号（书箱一只，松蕴川带，中翎信，允百金）。（廿五日复佐臣信，言方、袁事，养廉天成亨兑。)

廿六日 寄三哥安信（吉庆如意）。接赵展如信，复开矿事。

廿七日 接田军门信，言岳振侯（金堂）被贼戕害，甚惨，凶贼为刘方田、王根春等，毓佐臣中丞亲到单县督缉。岳振侯，东省第一等好官，闻之气愤填胸，恨不能将贼拿获，碎尸万叚，以雪其恨。当即函致毓中丞，请速饬严缉，务获重惩。

接许子纯、赵季和电，云召对无失，俱蒙存记。回发。

廿八日 寄安字九号、李鉴帅、孙寿卿、王书年、陈雨人、赵季和、许子纯、孚璞孙、俞孟端。

八月

初一日 寄沈梅翁、期仲（慈航带汉口转）、田军门。

初六日 接杭字亨号（兴乐山到杭。三哥八月初四到京，五侄九月初赴任，三哥以离任格于例章，拟请修墓开缺，嘱求陈六笙写对职）。

初八日 蔡伯浩之胞弟灏元（卅六岁，号叔曼）来谒，人极精明，品貌轩昂，熟悉水师及英国语言文字，兼习德文，曾在定远战舰当差，出洋两次，娶中妇生三女，德妇生一子。接张寿山、吴向之、义成谦（胡竹樵幛已送，袁礼端幛未送）。

初十日 上院，中丞云请陛见折奉到批：俞廉三著来京陛见，湖南巡抚篆务著锡良护理。钦此。闻之殊觉悚惕。

接平字二号（子纯到京，七月十四日引见库弟，八月初一日娶妻。三哥八月初四到京，五侄九月初启程。朱子良托郝恂）、林梅臣（五月十二日到台，耀子久颇照应）、俞孟端（言密件甚详）、徐叔鸿（言近事，先回湘后到任）、杜云帆。

阅《京报》，见于次棠专折奏保程仪洛、王秉恩为理财贤员，奉旨送部引见。

十一日 由天成亨寄义成谦（托还周石君屏价京平六十

两）。

电报局送初七日上谕：著派李秉衡驰驿前往奉天查办事件，准其奏带随员一并驰驿。钦此。

同日接中丞咨：锡护院，但署藩，蔡（乃煌）署粮道。

十三日　寄吴向之、姜桂臣。又托天成亨制幛二件送贺福元、贾少鲁。接杨愚溪函。

十六日　接杭字利号、田蕭臣、恩新甫。

十七日　巳刻接抚篆。寄湘字元号（顺带）。

十九日　寄安字十号（库弟如得骁骑校，由京先垫送廿两，随后付还。□三五七贺绥定之喜，并言焕事）、俞孟端。

廿日　开缺广东高州镇余虎恩拜会，谈许久，平江人，年六十三岁，号勋臣，打战素称奋勇，精神尚属奋发。云部下营官尚有余庚寿、黄万福、李立家。伊现已销假请进京，俟批折回即北上。

廿一日　同廙帅赴南门外金盘岭，阅内阁中书黄忠浩（号泽生，黔阳县人）统领威字新军五旗，共弁勇一千八百名，操演技艺尚欠精炼，营垣枪械尚欠修整。午后阅帮统劲字新军管带前营、调署长沙协副将崧煜（号灼亭）五百名，操演欠熟，勉强过场。

廿二日　出大西门，过河阅永州镇统领威字新军四营熊铁生（号溪珊，湘阴人，霆军名将，惜年老腿疾），操演生硬荒疏，盖因成军未久，尚须加意训练耳。午后到院给廙帅送行，云自揣病未十分大痊，爵位日高，惧不胜任，拟明年自揣情形，如仍不愈，即当引退。廙帅责以大义，并非高尚，亦非图安，实恐偾事为惴惴耳。

廿三日　截取同知汤原铣（商丘，进士），人尚妥实，云开、归、陈、许今年秋旱，收成歉薄。

廿四日　俞中丞启程北上。是日北风大作，船行顶风，晚泊丘河。

湘矿先经局立合同，定期十年包与大成公司（胡姓，粤人）炼销。近来湘绅看大成公司得利，因请设湘盛公司炼厂、湘裕公司销厂，亦定期十年。局绅先呈合同底稿，是申忽与订立合同，盖用关防并未候奉详批。

廿五日　朱绅恩绂忽来，极言铸银元之利，诘以何不于俞中丞未行之前陈说，办法暂且从容商议。

廿七日　刑部主【事】彭稷初（名树森，甲子举人，长沙淳化都十甲），人甚亢直，言办团练事（伊十甲分二团，每团三百余人，勒以兵法，以鸳鸯阵、三才阵为主），深以总绅私发钤记擅给各县绅，藉此多事为不然。大意先顾大局，然后能顾身家，办公事必去私心，诚为名论，于时辈少许可当以孔静皆为然。

复李镜臣，驿递。又访但少村，云彭亦不十分可靠。湘阴孝廉方正周慎斋，名谔枝（七十八岁）来见，深以人心学术不正为忧，作本朝盛德颂十章，使人知感恩戴德，以冀挽回人心。衷存忠爱，意甚深远，可敬可敬。

廿九日　寄恩新甫、何子屏、李葆生（唁其丧偶）、郭介人、沈书言、方心斋（唁信，奠敬十六两，天成亨带）。

卅日　接景月汀信。

九月

初一日　行司更换求实书院委员、教习。萧太史来见（荣爵，长沙人，号漱笃，为卜令彦伟再三说项）。驿递湘字亨号。

初三日　到军装局查看军器。

初四日　但方伯来，云派定求实书院委员汤丞原（诜）请严家邕（柜香）为总教习，潘代襄（号镜澂，长沙人，甲午举人）、吕家驹（号菊人，善化人，丁酉举人）为分教习。告以去浮费、添教习，免致误人子弟。白永熙来信（即复）。复陈朵峰。俞太史鸿庆（号伯钧）辞行入京。

初五日 崧灼亭来，云署绥靖镇参将张嘉钰、水师营官李都司洪斌，办事均结实可靠。熊军门云，打战劈山炮最为得力。

初六日 太子少保、长江水师提督黄芍严（少春）巡阅至湘，晤谈许久，年六十七岁，精神甚健，十八岁入营，今已五十年矣，可谓老成宿望。

初七日 徐叔鸿乘长庆船抵湘。

初八日 阅威字旗操。叔鸿午后来谈许久。

初九日 阅威字旗操。八月初二日折弁回，带来平字三号（里绸三匹，每匹三两五，《京报》三月至七月）、董恩寿（七月初二）、许子纯信（八月底回晋）、鹿遂侪信（九月出京）、俞孟端（川□因召入荣门下）、俞中丞信，手封折八件，王梅岑（从鉴帅至奉天查办事件，月余可回，托永定县典史王摺之事，八月十一日发）。

初十日 接俞中丞信，并岳关诸务。申刻拜发万寿贺折及七月雨水、粮月折。复中丞信、孟端信。寄安字十一号、李鉴帅、王梅岑、唐辉庭。

十一日 接中丞初四日巳刻自九江发一函，系前信脱落三纸。寄长字元号（银三百两，天成亨）、马梅卿（似兰，托指教五侄一切）。

十四日 上俞中丞电，岳关事。

十五日 寄许子纯（天成亨转）。

十六日 接中丞回电：刻到京，容再电。又接自上海发来信并陈绂卿复函，交代席俟关到即来（十七）。接许静山（有意来湘）。

十八日 复陈绂卿（托过杭代买袍褂一套，关书由但少村送，并送程仪六十两、聘金六两，交院帐房张秋帆转寄）。

补十七日 浙江进士汪康年（穰卿）来见，因湘炼矿厂大成公司原董由其保荐，现更商董，公司邀其承办，不肯小就，仍拟在上海开报馆。劝其宜持正论，不可妄自菲薄，各国洋人均有爱国爱君之心，虽予重贿，万不肯自叛其国为我所用，何以中国士大夫一见银钱即弃礼蔑义，丧尽天良，甘为夷用，宜亟挽回此习。汪云再开报馆宜视《时务报》先所云，反其道而行之。

十九日　接中丞电，三赏三召，天语褒嘉，并将良之忠诚及岳关事上奏，蒙许可岳关速开，不必推请。但方伯来商派员买谷。

廿日　与司道公商岳关章程，至今未定，请蔡伯浩观察往岳，与张子遇观察、税师马士妥议章程，商定开关日期，将商办情形电复中丞。

廿一日　将公商岳事电禀张香帅，并请转嘱税司速来岳。桂阳州刘华邦禀临武训导程鸿文，不惬士望，物议沸腾。

廿三日　接杭字贞号（八月廿四日发）。

廿四日　寄湘字利号（信局）。

廿五日　提督衔尽先补用总兵、霍隆武巴图鲁刘耀廷（星阶，永定县人，年五十岁，十二月十三日奉旨发往浙江差委）来见，请咨引见，人颇强健，从前军务老将多在六十以上，似此者甚少。

廿六日　通道县周令继昌来见，精明强干，所言治理俱中肯綮，但不知言行相符否，如能切实，诚可用之才。接田萧臣（八月廿九日发，有指迷茯苓丸药方）。

廿七日　寄田萧臣（代垫济平银廿两，送杨愚溪奁敬，十月嫁女）、杨愚溪（奁敬廿两，田垫送）。接武字福号（双清帖二本，赵帖一张，重九写，十三日发）。

十月

初二日　过河到营盘岭（因咸丰初年向军门勒发逆驻军于此，故名），阅劲字营操。

初三日　早到校场阅劲字前营操。折弁回，带来俞中丞信（九月十四日自京发，云胡蕲翁家眷来京，次日即到）、平字四号（鉴帅八月廿七日到奉天，中甥信）、王书年信、董五信（八月廿九发）。

初四日　接吴向之、姜桂岑、姚畴九、朱纯卿。访陈孝廉（鸿业号）医病，据云起于脾，发于肝，宜治脾，并云朱纯卿医学甚精。晚服药。

初五日　立冬。接吴向之、姜桂岑、湘字贞号（信局）。

初六日　发八月月折。寄俞中丞、孟端、安字十二号（有密启）、李鉴帅、王书年、孙绶青。

初七日　接中丞电，望间请训。

初八日　寄孚子安、许子纯、吴向之、姜桂岑、董五、李镜臣（足银二百，柏斯台解饷之便带）、毓佐臣（冯逸仙振声带，言滁口岳、叶、袁）、田军门（还俞垫廿两，玉兰片一匣，石耳一匣，冯带）。

初九日　黄敬舆字屏写好送来，并送三哥安化茶、湘莲、信一件。

初十日　香帅来电，为岳关章程一条，嘱饬张道与税司商议删者。即刻约蔡伯浩来，飞电张道照办。本日电复。

十一日　专函赴益阳。

十三日　接沈梅翁信。

十四日　接田军门信。

十六日　看威字中前两旗操阵打靶。接中丞电，廿日请训，驰驿回湘，致总署。中丞电为矿砂事，转杨子明。叶、董、杨三函。

十七日　看威字左、右、后旗操阵打靶。接杨愚溪信。

十八日　寄沈梅孙、德云舫、朱纯卿。

十九日　折弁回，带来中丞信（宁绍捐簿，但、蔡信）、平字五号（贺本、活计、《京报》、华竹轩、孙惟京谢收到赗卅金，中儿信，中大榜，笔政第四）、俞孟端。

廿日　接五佺电，已由沪赴汉。

廿一日　寄俞孟端、安字十三号（银票二百两、石耳、活计四付，换言准如娶妻，求伯徵向尚家说明，夏家眷到京）、佩如（银票一百两，中儿笔政公项之用）。

廿二日　湘潭顾令玉成两电首府，衡岳庙匪党聚集，有下窜之。晚与但方伯、张观察（养田）商派劲前营崧协台煜带勇赴湘潭堵缉。

廿三日　衡山黎令埔禀，革生向道龙在衡岳庙聚众谋逆，拿获伙党三名，严缉匪首。即夕电禀香帅。

廿六日　早阅《东华续录》同治三年五月甲子谕：阎敬铭另片奏接奉批谕：详陈东省吏治大概情形，所论亦属透澈。安民必先察吏，欲恤民之疾苦，先戒官之贪欺，而又必先使为廉吏者不至赔累，俾中材皆知效法，吏治方克振兴。该抚既知吏治败坏之原于营私粉饰之吏，务即严参，以期淘汰净尽。其尚知自爱赔累难支者，即不妨酌量调剂，使人人乐为循吏，以成大洁小廉之治等因。

衡山县禀获匪首向道龙，并录呈逆据，阅之令人发指，立批复讯即办。

廿七日　衡事电知香帅。汇解拨船经费。电直都裕寿帅。接沈梅翁（沈伟带来）。

廿八日　赵太守禀祁阳矿务痞徒滋事，即日批发告示，拿首解从。

电局送信云，得电中丞廿六日到保定。

廿九日　寄湘字五号（黄敬舆屏八条、信一件、湘莲二筒、安化茶一匣，陈六笙屏八条、对一幅、川冬菜一篓，韩吉人佺少【君】带）。

卅日　厘金收数电复户部。

十一月

初一日　复景月汀信。

初二日　五侄偕眷由浙来湘,带沅州报(贵州天柱县会匪勾芷江县碧涌匪徒滋事,当分别咨札镇筸镇道拨兵往剿)、三哥信一封。

初三日　复三哥一函,仍交韩少爷带。阅劲、威两军操。

初五日　沅州府报,上月廿六日弁勇与匪打仗,伤毙多名,拿获五名;团绅报伤毙匪徒内有匪首杨昆山;镇筸镇道亦报接沅州禀即拨兵前往云云。

阅《申报》,广东遂溪县李平书(拔贡,曾至新加坡)大令(钟珏)复法夷兵官书,理直气壮,末云本县不怕撤任参官。

初六日　阅三营操。奉廷寄,言主战事。

初七日　阅卫队操。五侄起身赴陕。

初八日　贺沈梅孙令郎期仲以道员发江苏。

十一日　接杭州梅月吉号(十月廿五日发,世振之托葆益园求亲,伊二子与二侄女同庚,月内过八字,三嫂愿意)。寄湘字六号。

十二日　阅电钞,赵展如入政府,廖寿恒退出。

十四日　寄安字十四号(银七百六十两,麟老师、岳光甫另单存上)、崇文山(五十,天成亨)。

十六日　接杭信(十一月初一日发,附武字亨号,包信)、陈养园信。寄王书年(梅花五十韵,亨带)、善字元号(转杭信,包信)。

十八日　寄(折弁带)安字十五号(京中政府以及陆、华、李、杜、徐、裕、景、世贺年各信,银四两,带折纸,言焕章事)。接(十月初六日折弁回)平字六号(鉴帅十月秒出京,先到安阳,明年来南)、鉴南(买房事)、杜云帆给四哥信。

中丞廿五六日可到汉。

廿五日　寅卯时大雨雷电，有如夏令。

廿六日　寄何子屏、姜桂岑、刘元、张汉帅。

耒阳松木桥案（一千二百了结）。清泉报欧阳咏之命案，先谓罗祠理、罗齐氏为凶手，见证系刘秀银，既已传案，忽又闻释，种种离奇草率，记大过一次。

廿八日　首府县云，周汉昨夜接京电云，贡院西街罗宅周呈准，候旨毋躁。荣折。闻此信欣然饮粥，当属王大令往慰之。

寄李鉴帅（镜臣，贺喜一并贺年）、景月汀、陈朵峰（允其集腋捐金样）、张香帅（复高联璧奏折）、俞中丞（前件底稿）、于次帅（问候）。

接田萧臣、杨愚溪（奁敬廿收到）、杨子明（劝以缓字）、白永熙、刘立甫、许友棠（解京饷）、密丹阶（奏对一本）、义成谦（周石君寿屏、京平六十两已送，即日复托其给蔡俯臣呢幛一个，天成亨带）。

江西省附贡傅宗阳以侵贪欺蒙十款告唐真铨。乾州厅李禀麻狗坡有硃砂矿（土人以地近杨家墓脉，不愿开采，其实相距卅余里）。

是日至廿九日均雪，官民咸喜。

十二月

初一日　晴。寄田萧臣（还代垫银廿两，亨带）。

岳常道张鸿顺禀汉口日本领事濑川浅之进函，称伊国工学士桑原政欲在月蟾州内租地十五亩，建精炼化分二厂，一以应中国官商所求炼化各种矿石，教授矿学，查看矿山并包办测绘、施设、鉴别等事；一以收买安质母涅及各矿在厂精炼。与局商定，三年之内，每月买安质母涅三百吨之约等情。是否可行，饬矿局核议。

初二日　接沈书言（十月廿五日发，约卅余）。

长沙协候补都司徐仁贵,五十三岁,长沙人,由武童投效浙江左营,保都司,光绪十五年归标,二十二年接办省提塘,现升京提塘。抚标左营候补守备罗庆发,四十八岁,善化人,由军功投峡西段营,保守备,光绪十九年归抚标,现充亲军后旗哨官。

初三日　鄂电俞中丞初一日到汉口。但少村接电,有初七日南来,十七日接任之说。

初四日　接奭召南函,云宜沙关事,甚实在;沈书言(九月初五日发,绛盐号事,王振基推手);苑仲郇。

初六日　接景月汀信。复奭召南、仲郇、丹阶。

初八日　复赵季和(天成亨带,呢幛一)。

户文:湖南东北边防经费八万两,又加一万六千两。

初九日　寄湘字八号(年邮)、善字二号(亨)。

初十日　接中丞函(自鄂发)、香帅函(湘乡奏稿)。荣仲卿托寄升吉甫信代发。

十二日　午刻中丞回湘。接杭字喜号(二侄女已于十一月廿四日放定明年三月娶,令兑三千元)、田萧臣(贺年)。

十三日　接李鉴帅(十一月初十日到邺,廿日发)。寄富子周(贺年)。五侄电正初到吉。

十四日　接刘子仪(中丞带,欲南来),即日复(请来)。

十六日　部文谓:湖南欠协滇饷一百九十五万,每年廿四万两。

寄云舫信(访闻事)、朱纯卿(言碧涌善后事)。湘字九号交日升昌汇寄彭令,带沪转杭,内言用款三千元,信到湘还。

十七日　交卸抚篆,回藩司任,奉委总理全省营务。

十八日　拜发谢恩折。寄安字十六号(言杜蓉湖事,又附一封,银廿两送库弟)、李鉴帅、伯徵(准如姻事)、云帆、丰七、鉴南(言无力买房,如伊就直牧,出京时来信,送程仪二三百金,润子贞英照斋)、胡节之(幕友事)、毓佐臣(高寿事)。

接于次棠、平字七号(中款收到,佩如买房)、伯徵。

电钞上谕:前吏部尚书崇绮、前乌里雅苏台将军贵恒,著于廿日预备召见。钦此。

十九日　寄于次帅、徐叔鸿。

闽督许应骙保荐福建建宁镇总镇钟紫云,忠诚勇敢,练达精勤;漳州镇总兵洪永安,久司防务,威信素孚;署浙提海门镇总兵余宏亮,深晓戎机,勋劳卓著;署汀州镇总兵顺昌、协副将谢国恩,尽心营伍,抚驭得宜。奉旨交军机处存记。

廿日　午时封篆。

廿四日　阅邸钞,廿日上谕:崇绮著管理礼部事务,厢兰旗汉军都统著贵恒署理。钦此。

但少村荐署绥靖中营游击张家钰拟补永绥屯守备,刘邦汉、抚标云骑尉世职易世森、彭赐骞、武举袁吉【六】、戈什何定国。

廿五日　接嘉字平号(刘中丞双清帖二部,又代求格言四大字,十二月初四日发)、许子纯(十一月廿四日发)、孚子安(已续弦)、董老五(十一月初八日)、刘景韩(双清堂四部,三哥留二寄二)、张同马(济美南坡)。

廿六日　寄湘字十号(上刘中丞禀谢帖,孚子安、袁小山、吴芳池)。

廿九日　密呈庸劣数人。

卅日　接徐叔鸿信(即日复,并询枪炮事及税关情形)。邮袁小山。

安福秘史（一）

鸿隐生 编著 杨光辉 整理

说明：本篇资料主要记述安福俱乐部的起源、成立、宗旨，及其凭借皖系的军事实力操纵政治的历史，并记有该兲重要成员的简历。作者鸿隐生生平不详，但其在序言中说"余旅京日久，时从朋辈，得闻彼党之秘史"。其议论多有偏袒直系军阀之处。可为研究安福俱乐部、安福国会活动和皖系军阀统治的参考史料。该书1920年由上海宏文图书馆印刷发行。

序

外人每讥吾国无政党，余深然之，及观安福俱乐部而益信。夫安福俱乐部者，非以政党之标帜相号召者乎，然其盘据机要，把持大权，侵吞国帑，鱼肉人民，求媚外人，不惜缔各种之密约，欲便私图，尽情借巨额之金钱。综其所为，无非为一党之私利，宁有丝毫政党之性质哉。且其结合，有筹安之遗孽，有复辟之祸魁，有各省之游民，有各系之走狗，一丘之貉，相得益彰。而于老段则奉之如父，于小徐则事之如君，吮痈舐痔，无所不为。以视明之阿附严相、媚事魏阉者，殆有过之而无不及。政党云何哉。今者天诱其衷，称兵构乱，义师一起，遂至覆亡。凡属国民，莫不额手相庆矣。余旅京日久，时从朋辈，得闻彼党之秘史，笔而志之，成此一帙，虽不免多所挂漏，而大致则固无讹。后之执政权者，幸引此为前车之鉴，毋蹈其覆辙，而为安福之续也。九年六月，鸿隐生序于京师寓楼。

安福秘史目次（略）

安福之起源

自冯河间为总统后，段合肥虽为总理，事事为其掣肘，不得如意，心颇憾之。徐树铮者，凤恃合肥为生活，而合肥之谋主也。既窥见其隐，乃进曰，老师殆有憾于某某之事事掣肘乎，铮当有术以去之，固易如反掌耳，老师其亦许之乎？合肥默然无语。小徐既退，乃召王揖唐至其私室，未及寒暄，即率然言曰，君亦知升官发财之机会将至乎，余敢预为君贺。揖唐初闻言，颇愕然不知所谓，然人素机警，旋即识其命意所在，笑曰，君殆谓选举总统之期将届，欲余办一政党，以效忠于老总乎？揖唐非敢自诩，于此事固具有专能也。小徐乃笑拊其背曰，机警哉，君不愧有智囊之号，然则将何以著手乎？揖唐笑曰，此易事，君但以巨资界余可耳。次日，小徐乃自某银行中取款八十万界之。此款为复辟失败，合肥入都柄政时，某某等所献，合肥却而未受，亦未归还，小徐因即提用，初未一禀白合肥也。于是不数日间，此祸国殃民之安福俱乐部乃成立，而各报亦纷纷载其事，然于其内幕之情形，知者盖鲜耳。

安福之成立

揖唐既纠集无赖政客若干人入其党，该党之规模粗具，乃开成立大会于安福胡同某宅，虾兵蟹将，一时并集，而党中之主人翁小徐亦与焉。既入座，首议该党之名称，有谓宜名独立党者，有谓宜名皖党者，议论纷纭，各衷一是。小徐攒眉言曰，政党二字，为世诟病，吾侪宜避去之始可。揖唐乃起曰，然则称之为俱乐部可乎？此固无政党之名，而有政党之实也。小徐颔之。顾议论久之，仍不得适当之名称。光锦云忽笑而起言曰，今余侪集会之地为安福胡同，盍不即名之为安福俱乐部乎？口采既吉，名称亦宜，余愿同人亦既安且福也。于是全场赞成，小徐、揖唐尤赞之不置，而此安福俱乐部竟堂然皇然成立矣。厥后，某名士闻之，蹙额言曰，此俱乐部一成立，吾恐国将不安，民将少福矣，安福云何哉！

安福之宗旨

安福部既成立，某巨公忽值小徐于某许，乃叩其宗旨所在。小徐扬扬言曰，此部也，将研究民生，讨论国是，为人民谋幸福，为国家图安全，使成一完全政党耳，无他事也。某公故知其诈，笑曰，又铮君亦惯作门面语哉，然余颇望其能如君言，则世人之视君，又当另具一副眼光矣。小徐明知其诮己，亦一笑置之。他日醉后语其亲信曰，某公谓余作门面语，固矣，然亦知余之宗旨固有非彼所能梦想及之者。实告子，余之设此部也，实欲置总统于余肘腋之下，置总理于余夹袋之中，将国中之大权尽举而有之，天下督军从我者留，叛我者黜，惟余马首是瞻，于愿斯足耳。亲信者曰，此言诚壮，然能决部中人必为公用乎？小徐笑曰，余持金钱以驱策之，不患彼辈不为我用，且彼辈所希望者，富贵耳、利禄耳，余将使之尽满其欲，又何为不余是从耶！亲信者曰，据是而言，彼将殃民以自逞，民将受祸不堪，他日民怨暴发，必集矢于公一人之身矣。小徐笑曰，余固有武力以为后盾，脱不幸而败，则余固有最后之计划在，虽亡国不顾也。且子亦知余固有拥戴之人，当不集矢于余耳。

安福之拥戴

安福部为小徐、王揖唐二人所手创，故即戴二人为首领。而二人夙隶于合肥，创办之党费八十万，尤与合肥不无所关，故暗中所拥戴者，亦即合肥也。惟合肥素无主张，全听小徐之播弄，合肥之言，即小徐之言。而小徐尤恒就商于揖唐，故二人实为党中之灵魂，世人目之为左右丞相，尚浅视夫二人也。至光锦云等，不过摇旗呐喊之小头目耳。

安福吸收党费之妙计

安福俱乐部成立之初，小徐即绾其中枢，以三百万元委托某政客包揽一切。该项包揽费实取给于梁大财神。梁为巴结老段、敷衍小徐起见，不得不解囊相助，以冀他日出一头地。于是该俱乐部遂门面张皇，派遣干员分赴各省运动矣。惟梁背后颇致不满，常语人曰，此次选举即令办理得手，亦不过等于当初参政院，将来不免归之失败。言时颇露孺子殊误公事之态。而该部对于解囊慨助之梁士诒，后来总统选出后亦未肯授以重权，盖慑于梁氏之雄才伟略，不敢轻授以柄，致有太阿倒持之害。小徐尝于酒后语其亲信曰，梁老手腕之辛辣，项城尚畏之。今项城已死，目中当无余子，我辈去亲近彼者，不过欲彼花几个大钱，充个冤老斗耳。后为梁氏所闻，笑曰，孺子将以老斗冤我乎，八十老娘，岂真反绷孩儿者。而于梁氏助款之外，复私取奉军军费以为挹注，故绰有余裕也。

安福包办选举之神通

当选举开始之时，王揖唐即向小徐告奋勇，愿为包办一切。小徐即取三百万金畀之，供其使用。其法指派其部下若干人，分赴各省主持一切，威劫利诱，机诈百出，务求所选出之议员咸出其党中而后已。今列某省选举状况一则于下，亦可以概见其余矣。

某议院某秘书长，于未选举之先，即在某议长处领得巨大款项，携带南下，专驻专地，与某籍议员胡某、省议会议长王某，主持收买运动之事。其票价自四百元以至八百元不等。而某某道之价额尤为最高（有卖至一千元者），其黑幕亦最重。某某道众议院复选，系在省长公署举行，该俱乐部于十八日投票之先，即在省公署对门某酒馆设立临时交易所，陈列现银，堆积满屋，五花十色，观者无不垂涎三尺。凡缴纳证书一张，即可取得成千累百之代价（该俱乐部买得证书另顾人代投）。惟该道初选名额共为五百五十人，该俱乐部无论如何有钱，尚有守正不阿之初选人一百七八十名不能全行收买，该俱乐部遂翻然改计，别用一异想天开之暧昧手段，以期一网打尽。并宣言某系团结力无论如何巩固，决不使伊等有一人当选当〔之〕语。迨至十八日下午四时，票已投毕，照法应即日开票，不知该俱乐部如何捣乱，竟将开票之期停滞一日，比将票甄收入省长公署，经初选人多名要求开票，俱不应允，力争无效。旋据初选人之自行调查，及临场监察之某君报告，均谓此日投票如刘君实有五十余票，阮、熊、倪三君均确有四十余票，俱可希望当选。迨延至第二日晨九时开票，其结果乃与各方面之调查报告绝对不同，刘、阮、熊、倪四君本有四五十票，可为前数名之当选人，乃竟减至二十余票，而降于候补人之列，其本系候补之李某、胡某、汤某、王某四人，竟以二十余票提升当选。其暗中舞弊之手段，殊足骇人听闻。此举虽不知出自何人，要为某俱乐部居中操纵，始收此清一色议员之效果耳。

此辈议员既为该俱乐部所手造，故对于各项议案，无不如指之使臂，惟厥后叛党而他往者，亦非居少数，则可知金钱羁縻之术，亦有时而穷矣。

安福议员之大小

安福俱乐部包办国会选举既告成功，该俱乐部所属议员渐次来京，乃设立数处招待所，以备欢待新议员。西河沿之中西旅馆全部为该俱乐部所包，原有寄寓旅客限期迁出，并在城内外各处租定房屋甚多。闻该俱乐部招待新议员办法亦分别等级，大议员则请其独住一屋，中议员则合数人共住一屋，小议员则令其分住各招待所。其办法井井有条，足见该俱乐部首领布置之苦心。其预定之招待费盖为三十万元，亦可云盛矣。

安福津贴之等级

安福部既以金钱之能力得占议席之多数，顾议员生活程度颇高，欲壑殊不易填，于是而有所谓津贴者，于是而有所谓任重致远之支票出现焉。此支票乃并非银行之支票，其形式为绿地洋纸，正中一行为"凭票支现洋三百元正"九字，右一行为骑缝号码，左一行用紫色印泥钤阴文某某俱乐部字样，更左一行为年月日，下钤任重致远之章，此章系长方形，长约半寸弱，宽约一分强。闻该俱乐部发出此项支票将及四百纸，领款之地即在该俱乐部会计科，并定此为按月之津贴。是即此一项，该俱乐部已须每月支出十二万元矣。且此仅为普通之津贴，若夫包办选举之各党员，则复每月另给三四百元以酬其劳。而每省必选一二人，以为该一省议员之领袖，则其津贴尤较一般普通议员为巨。至崭然现头角而为党中中坚分子，如四大金刚、十八罗汉诸人，则尤可任意支取，所费更不可偻指计矣。然而无不取之于国、取之于民耳。噫！

安福之土气息

安福部每月所用既异常浩大，党中经济渐有不支之势，某策士乃以收买存土再行发售之说进言于小徐之前。小徐小喜，深韪其说，遂日怂恿于某要人之前，而其事遂实行矣。其所用以收买存土之公债券，系元年熊希龄内阁时所印就而未发行者，平时堆积在财政部中，无人过问，自收买契约签字之后，乃昼夜赶工加盖小印，煞费时日，始得印齐。闻政府每箱收买价格为六千二百两，而洋药公所实收不过四千余两，经手人从中抽去二千余两。又政府发售价格每箱为八千两，而某公司实出每箱在一万五千余两以上，经手人从中每箱又得六千余两。每箱时价可值二万五千两，故某公司每箱尚可得一万两利益。要之，此事果实行，某要人、经手人及某公司三面，均得莫大之利益。而某要人及经手人之所得，半充该俱乐部之经费。按政府每箱收买价格为六千二百两，合计一千五百七十六箱，共需九百七十七万一千二百两。此外十年内利息，以长年六厘计算，共五百八十六万二千七百念两。合收买价格及利息计之，总共需一千五百六十三万三千九百二十两。又某公司借与政府垫款五百万两，亦系十年内偿还，长年利息六厘，十年间利息需三百万两。由此观之，则一千八百六十三万三千九百二十两之支出，其效果不外三数官僚借此发一大财，而禁烟事业且将因此尽被破坏矣。虽其后经各方之呼号，英领之质问，复赖徐大总统之英明毅然付之一炬，然该俱乐部所得已不赀，国家受损已非浅矣。

安福之盐滋味

张、徐算账风潮，固夫人知之矣。当张、徐算账风潮尚未完全了结之时，而与倪丹忱①有特别关系之王郅隆所主干之长顺公司忽得批准，此事殊有注意之价值，特其事甚密，外人知者极少，即知之亦不明此中真相。兹经他方面之调查，方悉此案全由徐树铮包办之功，略述如左。

前清宣统三年间，长芦累商何炳宗等十五户，积欠大清交通及外国银行款项甚巨，一时无力筹还，而官厅之催索又急不可缓，其时长芦运司张镇芳恐累商自行清理，有误的款，乃有暂将该累商等产业没收，由官经理之议。当时契约，此项产业每年所

---

① 倪嗣冲，字丹忱，安徽阜阳人。

有出息除应报效国家外，所余之款即偿欠款，期以十五五［年］还清，还清后仍将产业归原主执业。值国体变更，未有具体办法。嗣为王郅隆、倪嗣冲、段芝贵等所闻，知其中有利可图，乃在天津组织长顺公司，即以该公司名义，擅为该累商等代理其事。公司中所用员司名目繁多，开支甚巨，每年收入大为减少。至民国三年，周学熙为财政总长，查悉该公司办理情形，尝对部员言，如无吞没浪费，决不短收至此。而累商所负各款，亟应早日清还，不容延宕，过于久远，于累商权利亦至有关系，特专案呈请大总统撤消长顺公司，改由芦纲公所承办其事。取其内容均为各商所深悉，如还款到期，则收入不敷时，可由各商先行摊还也。王郅隆以权利为人所得，心颇不甘，屡谋恢复长顺公司，终归无效。迄去年复辟后合肥再任总揆，徐树铮势力正如旭日初升，王乃恳徐树铮代为运动，谓如成功，当年献四十万金为寿。徐树铮利其多金，即为运动财部。其时任公长财部，据以转商李赞侯，讨论结果，梁、李二人均以呈准之案既不便轻于撤消，又以芦纲公所代办此事不及三年，成效大著，偿还债项颇多，更无遽予撤消之理。王乃强徐树铮商之国务院秘书长张志潭，欲以国务院名义批交盐务署办理。张以此事为部署专责，院中不便越俎代谋答之，事遂中止。及奉军入关，合肥三任揆席，徐树铮欲荐王郅隆长财政，亦即为此，虽为他人所阻，未见实行，然王郅隆恢复长顺公司之计划，仍未一刻去怀，徐树铮亦必欲成就此事以结欢王、倪，且可坐享四十万之年金。自张作霖入关，张、徐关系一变，徐知早晚必有决裂，回顾左右，其能用全力相助者，惟倪嗣冲一人而已。王郅隆本为识倪之媒介物，厚王即所以尊倪，谋之益急，在将取消副司令之先，曾为此事返京，而以所计划嘱之秘书长方枢。方为徐树铮之私党，自无间言，径以国务院公函知照盐务署，饬令芦纲公所将所经理累商产业改归长顺公司承办。查国务院公函向不经总理署名，只由秘书长签字，以签字之公函而撤消专呈大总统之案件,向无此例,况又将商盐每包加价五角,亦未觉允洽。更有特异者,长顺公司只允报效国家之款,而不负清理累商债务之责,是累商债务永不能清晰,即国家债权永不能收回,于国于商,两有损失,所利者仅徐树铮、王郅隆等数人而已。盖徐树铮被张作霖强留天津结算军饷,倪嗣冲电信调停,不无或劳,或即此事之近果欤。

安福之利用总统

安福之设,本以抵制冯河间之为总统,其始原有推合肥为总统,而以小徐或王揖唐组织内阁之说。厥后见四方情势不利,合肥不易登台,而梁财神等亦不赞成,乃改提徐东海。故东海初未出金运动,而该部强半赞同,竟予通过。盖取其手无兵柄,当能事事赞可,不为本派所梗也。厥后东海亦深厌该部之横,顾无如之何,尝欲从南方之议,解散新国会,事未果行而已泄于外。国会中固该部中人居多,则扬扬言曰,彼固余侪所举之总统也,果欲取消新国会,不啻取消彼之地位耳,抑何愚哉!东海竟为所慑,且平日治黄老之说,不欲自我而先,事遂中止。该部中人见其计既售,遂日复以利用总统为事矣。

安福之愚弄合肥

安福明为拥戴合肥,实则处处以合肥供其愚弄。小徐尝语人曰,吾党有督办在,而督办又惟余言是听,又何事不可为哉。故当南方提出八大条件之时,新国会有岌岌可危之势,小徐即语人曰,余当入告督办以反对之。无何,果和议停顿,总代易人矣,小徐乃欣然语人曰,何如。及靳氏组阁,凡所施为,颇有不利小徐及安福之处,小徐复语人曰,余将入告督办以抑制之。无何,靳氏果被召入段邸,合肥语之曰,汝与又铮,譬犹余之二子耳。今长子当家,次子未免有所觖望,惟在为长子者善待之耳。靳氏诺诺而出，而小徐及安福复得横行如故矣。小徐复欣然语人曰，何如。厥后合肥复入小徐之言，竟一怒至团河，靳氏乃不得不辞职。及直系要求之条件达京，小徐去职，三总长有不保其位之势，安福诸要人复日怂恿于合肥之前，力主与直系宣战，而干戈以起，盖无时无地不以合肥供其愚弄耳。卒至合肥竟以此而失败，一世英名，误于群小，惜哉！而彼辈已鸿飞杳杳，各逃生命，莫有顾及督办者矣。然则彼辈之肉，其足食乎。

安福选举副座之隐情

　　安福对于总统，固存利用之心，对于副座，亦何独不然。其始原有段、曹、张、倪诸人之说，至后卒决定畀曹氏，盖欲以此为饵，令其往征南方，为本派之助耳。然以金钱关系，团体已散，多逃席者，遂不成选。而其初次选举会中之情形，颇有可纪者，兹一述之。

　　王揖唐以安福部首领之资格，为曹锟效奔走，颇自夸，谓此事毋论他政团之态度如何，吾安福部足以了之。吾实占议席四百三十二，而议席总额仅四百六十，固已超于四分三之法数矣。然八日该部之副总统预选会，出席者仅三百三十余人，该部机关报犹自谓已逾四分三法数。至九日之选举会，实到仅三百三十九人，而签到簿则为三百五十四人。其所以两数不符者，则因有已签到而未入场者，亦有并未到院而为他人所代签者。是日，如苏籍议员陆家鼐，即为缺席之一人，而签到簿上固赫然有其大名在也。又王之为曹奔走也，一方以夸大之口吻对人，一方又欲以金钱动人。先日，王曾招讨论会之孙润宇而语之曰，吾安福部虽已占议席之多数，关于副总统问题，已毋俟他团体之协助，顾此为有利益之事，某愿与贵会共之。若其他政团，为某素所不喜，固亦不愿其分润此等利益。贵会与本部向本接近，故此奉告。但有一言须先声明，则贵会议员务必早到，否则时间一到，议场即须闭门，万一关在门外，则爱莫能助矣。孙转叩以利益若何，王答两千元之出席费，惟不能预交，须于十五日交款。孙问有无保障，王答吾揖唐即可为保障也。此一席话，讨论会人颇用为愤，因以传布于外，为京中政治社会一种流行之谈助矣。又故事，凡各省选举议员，先由本省电知国会事务局，由局转内务部，由部咨两院，并于会中报告新到议员，验明证书，始行发给徽章。乃参院新到议员一人，众院新到议员二人，谓系川边选出，均无内部咨文，又无证书，而两院秘书长即饬发徽章。时参院议事、文书两科长疑焉，往询秘书长梁鸿志，谓手续不完，遽发徽章，吾秘书厅中能负此责任否？梁含糊以应。及开会选举时，内务次长于宝轩亦莅会，梁与之遇，两科长适在旁，梁即谓于曰，部中奈何忽略，对于新到议员竟不备一公文来。在梁意在两科长前有所解释也，孰知于闻而大怒，厉声谓梁曰，吾部岂受两院命令者，要吾怎么，吾便怎么，还说不好！其实吾连这三人都不敢保障。语声既厉，旁听席上亦备闻之。此亦一段趣闻也。及至延时既久，尚不足法定人数，王揖唐与小徐等忧之，欲利用警察催迫议员。凡未出席各议员家中，均有警察前往催请到院。置诸不理者固多，而被迫出席亦复有人，如鲁籍议员毕维垣，即其一人也。而不出席议员既不到院，乃多有往游农事试验场者，临时会合约有四五十人。其中有研究会，有讨论会，乃至亦有安福部，要皆三五成群，并无预期者。既集合一处，由周自齐作东，宴于来远轩。或谓各议员之往彼间，实由周先期邀请，并非不期而遇者。要之，此为政客之作用亦未可知耳。是日天气特寒，群方得酒祛寒，而警察亦往速驾，谓区中奉总厅命令，得院中电话，出席人数不足，专待诸公到院。众当答以"知道了"三字。乃宴未半，而副议长刘恩格、秘书长王印川、议员康甲丞疾驰而至，并手持梁燕荪书致周自齐，略称今日开会，距法定人数尚不足数十人，致开谈话会，决定延会至一时，专候驾莅，并专劝鲁籍诸公同莅云云。书中所以定鲁籍议员者，以该省议员二十四人，而未出席者乃有二十二人之多也。周顾而冷笑曰，燕荪也太不讲理矣，院中彼为议长，吾为议员，院外均是朋友，吾不出席，固已请假，彼尚能干涉余乎？而在座诸议员对于来使尤多嘲讪，谓吾等但知今日为选举会，并不知谈话会，既未接到通知，更可不必出席。并有言及适间警察来请之事，遂谓来使云，公等此来，得毋与警察同一意义，所以窘吾等者乎？三人则力辩警察之来，实与彼等无涉。众大鼓掌以窘之。周氏乃为解纷曰，天寒吾等且饮酒。三人旋起出。周氏语人曰，今日燕荪为彼辈亦磨折足矣。彼与吾书向称老弟，而此大书子廙姻兄大人云云，吾固知其被迫而有此书也。又是日院中对于不出席之议员一一宣布其姓名，每唱一姓名，则列席之议员如郑万瞻等，必大呼曰无良心、不够人格，且有当场骂梁议长为无良心、不够人格者。说者谓为两千元而出席，即为有人格、有良心，则人格、良心仅值两千元也。可笑可叹！

  是日之选举会既不成，二次、三次又不足法定人数，副总统遂成流产。推原其故，则以该部首领视其派之议员如家奴、如猪仔，以为吾以金钱制造之议员，则彼辈之自由完全属我，不能有逾分之欲望。盖我不选彼为议员，则彼辈并此议院薪水及三百元之任重致远费亦不能得，遑问其他。平日豢养，乃吾所尽之义务，使之投票，则吾所有之权利，以为见举徐世昌时，既已顺风利渡矣，再使之举曹锟，当不致有他虞，临时更以利诱之，则一群猪仔当无不感激涕零俯首听命也。而孰知大谬不然，盖徐氏被选后，即有经手人赢得巨金之风声，于是议员始悟其为人所卖，誓必取偿于副总统之投票，而安福首领不知也。及六日以后始知之，而着手疏通，惜议员中积嫌已深，疏通已无及矣。或者曰，此次副总统之选举，小徐等亦明知其无成，不过故作此万分尽力之状，以报命于曹氏，以践其成约耳。此又一说也。

安福争夺议长之内幕

王揖唐氏以安福之首领而为众议院之议长，部下自无异议，故得多数通过。惟众议员〔院〕副议长一席，竞争颇烈，因此不能开大会。当选举之前，安福部之党议固主张以王印川当选，但与之抗争最力者，有以奉督为后盾之刘恩格，故双方仍相持不下。闻某督对于此事颇为忿怒，扬言国会用我奉军军费二百余万，乃此事竟欲与余相争，我定有相当办法云云。故安福分子大形恐慌。王揖唐睹事急，特大请议员，共发柬二百余分，在安福胡同本部大张盛筵，自午十二点钟起，至晚十时止，分省分班，次第招待。王揖唐以极殷勤之态度演说多次，谓王月波君为顾全团体计，业已退让，现改就秘书长，望同人体谅王君之意，一致举刘君，勿令团体分裂云云。当时除少数仍不赞成外，大致皆碍于面子，多已首肯。及至晚间，各方面探听，议员中主张将票投散，使副议长不能产出者有之；主张一面敷衍团体，一面使刘知用势力胁迫不足以服人心，主张故意将刘之名字写错，使之成为废票者有之。又有主张不出席者。讵此外更有异军特起之贺培桐，曾演说于太平湖安福部之欢迎席上，大放厥词，已有咄咄逼人之势，后复多方连络，入其彀中者为数亦既不少。某部恐其破坏成局，特派要员赴津，恳两曹婉言相劝，俾稍让步。曹氏昆仲答以此系湘南（贺培桐之字）个人行动，并非督军、省长在后主持，今既辱承宠命相劝，自应尽力，但听与不听，则属湘南一己之权衡，不便过为强制也，尚祈原谅云云。厥后斗法结果，此副议长一席竟归之刘氏矣。

安福之扩张势力

安福俱乐部既有某巨公之助，复益以卖国借债之财，经费充裕异常，国会议员属该系者，每月可得津贴各三百元，因于此次国会握有操纵全权,惟恐和会不久恢复,新旧国会同时解散。该系有见于此,因先扩充势力于各行省,以为包揽下次国会选举之预备,而于内阁中重要之席,如内务、财政、交通等,尤不肯丝毫放松。每次对于通过总理,坚持数种条件,除财政、内务、交通必须任用该系人物外,时并要求院秘书长一席,简荐任官五十、七十不等。据深知内容者言,凡各阁员等提交国会同意之时,例皆接有大宗荐函,倘欲平稳通过,势即不能拒绝此类荐托。而安福系之分部,竟遍及于各省,气势不可谓之不厚,该系仍不自以为足,复设法排除异己疆吏,易以效忠该系人物,山东省长沈铭昌氏,乃首当其冲者也。复欲排去长江三督,更易豫督,俾势力渐及于各省,而反对之声起矣。而在于军界方面,安福系之势力亦复力谋增强,徐树铮氏任意设立西北边防名目,应裁之国防军遂得保持不动,徐氏得掌西北地方财权,声势日益增盛。孟恩远氏独立,无所系属,遂被移动。凡每增一缺,每动一官,皆为安福系之一机会,因此军民分治计划,该系亦甚赞成,其意无非在于多得若干省长位置已耳。

安福之垄断交通

安福之健将曹汝霖、曾毓隽等,皆为新交通系人员。自安福得势后,新交通系大有咄咄逼人之势,于是新旧二系暗潮极为激烈。自曹汝霖为总长,曾毓隽氏继叶恭绰氏为交通部次长,乃新交通系战胜旧交通系最显著之事实。厥后交通部重要部员及铁路局长之迁调,即为曹润田、曾云霈两氏实行除旧布新政策之动机,如权量之督办吉会铁路兼领吉长管理局局长,关赓麟之调任参事,黄赞熙之升任司长,蒋曾祎之调任司长,次第见之明令。又如原任吉长铁路管理局局长阚铎之免职另候任用,原任电政司司长周家义之调充陇秦豫海铁路东段工程局长,原任路政司营业科科长刘景山之调充计核科科长,原充路政司总务科科长龙学竞、原充电政司总务科科长何元翰之调归《交通月刊》编辑处办事，原充电政司营业科科长冯懿同之调归参事厅办事，郭则沄之派充路政司营业科科长，汪廷襄之派充路政司总务科科长，林志琇之派充电政司营业科科长，徐德培之派充电政司总务科科长，亦皆先后发表。盖交通部最重要之位置为路政司，次为电政司，其余邮、船两司，一则权操于外人，一则尚在幼稚时代，故均无足轻重。前年曹润田氏再长交通，本注意于路、电二司，因其时新系势力尚未发展，叶恭绰为交通次长，把持一切，曹虽欲有所图，而量力不敌，未能如愿。迨至今日，新系既获胜利，羽翼亦已丰满，故有此番调动。上述各员，如关赓麟、阚铎、周家义、龙学竟、何元翰、冯懿同、刘景山诸人，均系旧系之中坚人物，向占该部重要位置，今则均投闲置散、由繁调简矣。又权量本系旧系人物，前因附结许世英排挤旧系，为叶氏所忌，摈斥部外，权遂投入新系，故此次得督办吉会之事。又黄赞熙、郭则沄、林志琇均系新系之重要分子，又系闽籍（与曾毓隽同乡，关系极深），故此次均占最重要之位置。厥后各路人员复时有调动，皆排去其旧系，而以新系代之。复以丁士源督办京汉及京绥铁路，于是交通事业皆归一系所垄断矣。

安福之把持内阁

安福登台以后，对于内阁总理一席，本欲以本系人材充之，既见各方皆不赞成，乃不得已而求其次，因言必须为本系所承认之人物，并加以条件，始可当选，于是钱内阁乃得成立矣。卒以臭味不投，两相龃龉，弹劾之案屡提，而钱内阁竟倒。继之者本拟周树模，然以条件磋商未就，竟不得成事实，于是乃以龚心湛代理。龚固效忠于该系，事事惟命是听，此实该系最得意之时也。方欲以之即真，而龚忽与靳大闹意见，龚竟不安其位而去，而靳氏代阁之说起。然靳氏实非彼党所喜也，惟碍于段氏之颜面，不得不为之助。复几经磋商，以阁中最重要之三缺畀彼党，靳代阁始得成立，旋且即真矣。然终以不能事事如彼党之意，时时与靳相忤，暗斗多时，靳阁复倒，而漫天之风云亦起矣。考其始末，无一不欲遂其把持内阁之计耳。并据深知彼党内容者言，彼党无论何人出而组阁，必附有条件，方可望其通过。其条件又分为实际上之条件与表面上之条件。实际上之条件，即担保不解散两院是也；表面上之条件，即交通、财政总长须让与安福是也。即如周内阁之说方盛时，彼党曾派局外人某某为侦探，亲往周朴老处，窥视周之意旨，对于新旧国会有何主张。朴老迄无明白表示，惟宣言我（周自称）不上台则已，我上台第一着，须先谋国内统一，其他即有所牺牲不惜也。彼党得此消息，以为周之解散新国会意在言外，果将周率尔通过，是不啻自杀，遂临时变卦，而周内阁竟无形打消矣。观此一事，可见彼等之对于内阁不肯丝毫放松也。

安福之拍卖国家

自安福党员当局财政以后，日唯滥借外债，以取快一时，如某路借款、某矿借款之类，大有纪不胜纪之概。而借债之用途，不外充军费、充党费、饱私囊而已，此所最为痛心者也。其秘密之大借款，颇有骇人听闻者，如某国与政府订立军械借款四千万元，由某国供给军火于北方，一时大耸外人耳目。复有所谓中华汇业银行者，以中日合资名义在北京开办，资本一千万元，名为专营汇兑事务，其实则否。复传朝鲜、台湾、实业三银行借款二千万元，以电报作抵。又有日人西原氏与中政府订借二千万元，以吉林铁路为抵。又借二百五十万日元，以湖南铅锑矿作押。此矿以前为礼和洋行营业。旋复盛传政府又将大借日债，以烟酒税相抵。政府虽不认此事，而法使则以信为有据之故，向政府抗议，谓该税已抵于以前所借法款两宗。旋又有谣言，谓日本将借款与政府，接筑津浦、京汉二路，其议本德人所创，日人以胶州已得，故复起而要求此权。未几，吉林森林借款二千万元发表于外，一时吉人反对之声骚然，然此款亦终底于成。寻又传政府将发纸币八千万元，以所借日款作抵，后未见诸实行。然此举虽属未成，其后尚有最耸耳目之事在，盖八月九日各报宣布政府将发价值八千万日金之金券，以存储日本之借款作抵。八月十日总统命令证实此事。此举之目的若何，至今犹难推测，当时则诿为商人贸易可不受银货高下起见。银行团对于此事极端反对，英使馆与曹汝霖往来函件积至盈尺。其时曹为财政总长，袒日最烈，且自谓发行金券可操必胜之券，坚持甚力。直至年终，其议乃寝。已而政府复以国库证券向日人借款三千五百万日元。九月十七日，又传借款二千万日元，以山东、满洲、内蒙古铁路作抵，用诸军事上之设施。条约之中并订明中国军队由日官训练，其他政治上及他项目的亦于同日宣布。又有所谓币制借款、京绥铁路借款者。

要之，上列各项借款，不成者亦居半数，然人民之负担已增重不少矣。揆厥心理，非将全国拍卖完净宣告破产不止也。且传说所有借款，表面上虽无回扣，实际则因金价及汇水之高低关系，经手人每百万元可得十三万元之好处。此项好处，除两国之经手者三四人外，余人不得分润。此说确否，不敢遽断，惟闻吉会借款二千万元，系由叶恭绰经手办理，其实收之数，较诸曹、陆等所经手实觉增加，曹氏面子上大不好看，曹、叶感情因此更恶。曹知东海必当选总统，遂思以交通次长一席畀诸津浦局长徐世章，以为联络东海、排斥叶氏之计。叶闻而大患，突然提出辞呈，总理方引以为疑，及叶谒总理面辞，总理问以辞职之原因，叶乃将吉会借款致忌之事和盘托出，总理始恍然大悟，谓叶曰，果然如此，然则君可勿辞矣。观此，则每借一款，彼党之好处正复不少，宜其日以借款为事矣。

安福之参战不战

督办参战军务处，亦安福巢穴之一也，成立于民国六年十一月。其时该处无兵、无械、无饷，只有机关之名目，而并无办事之实际，以故所有中日军事协定及筹划西伯利亚出兵等事，均由参、陆办事处执行职务。凡派员与日武官斋藤中将接洽各项，主任虽系靳云鹏，然靳实受参、陆两部之委任，而负责之人则别有在也。七年八月，徐树铮因张作霖与之算帐，责其干没军饷移充党费，私自招兵，取消小徐奉军副司令职权，徐于是迁为督办参战事务处参谋长。到任以后，即将该处极力整顿，扩张权限，订借外债，并经国务会议议决，此后关于中日共同防敌事宜，由督办参战事务处主办，即以该处为最高统率机关等因。于是该处有声有色，有军事上、外交上特别全权，而主管之陆、海、参、外四部，反处于被动地位。其实小徐目的，并非借以扬威国外，因对于督军团计划完全失败，欲借参战名义借款练兵，为重振势力之举，所以如是亟亟进行也。而名为参战军，实则未尝一至欧洲助战，及至欧战终了，竟纷纷请奖酬勋。外人闻之，恒引为笑柄也。尤可笑者，当欧事既终，此机关已在无用之列，乃不事取消，反行增兵，人益哗然矣。

安福之边防失防

小徐为扩张势力起见，因有边防处之组织。同时小徐并拟《西北边防计划案》一小册，以督办参战事务处名义咨送国务院，呈请核准，于六年十月九日奉指令准如所拟办理。于是小徐即设西北边防筹备处，而己为处长，用公函通告京内外各机关。其文如下：

  径启者。本月九日奉准国务院函开，西北边防计划一案，经本院呈请大总统鉴核，于十月九日奉指令：呈悉。准如所拟办理。此令等因。除分函陆军部刊发关防,并财政部筹拨饷款外,相应抄粘原呈,函请贵处长即日开办可也等因。并准陆军部函送木质关防一颗。准此,遵即在京觅定房屋一所,暂设西北边防筹备处,即于本月十一日开办,关防是于是日启用。除分报外,相应函达,请烦查照。徐树铮等语。

小徐所以欲另设西北边防筹备处者,原因甚多,而与靳云鹏之意见不洽,亦一重要原因。靳斯时已任督理参战军训练事宜之职,陈文运为参战军军官教导团团长,曲同丰为参战军军士教导团团长,皆属于靳氏。预定成立三师,名为中国参战军。小徐为拥兵自卫起见,亦不能不筹一相当之对待。于是将借奉军副司令名义时所召募之奉军三旅,如王永泉一旅、宋子扬一旅、金邦翰一旅,与张作霖交涉,划为西北国防筹备处之军队,归小徐直接指挥。此西北边防军之名称所由来也。故该项军队称之谓参战军者,系段派共同之名词;而称之谓西北边防军者,系小徐特定之名词。其中虽不无分别,而要皆隶属督办参战事务处。惟因欧战已平,参战两字名不副实,该旅亦多自称为国防军,以免受人指摘耳。然当蒙古风云紧迫之时,人曾有劝小徐出兵者,小徐竟置不理,及闻陈毅说活佛撤消、自治将成熟,始星夜赶往,攘为己功,竟酬勋授官,毫不为耻矣。

安福之阴夺边功

小徐自任西北筹边使以后,初未能一形活动,心颇抑抑,曾与段商议,欲得一活动地盘,俾得专心经营西北,勿问他事。然彼时外蒙未取消自治,而三区之长官又不肯受其指挥,故筹边使署仅设于京城,从未出居庸关一步。虽屡有赴库之说,且派褚其祥率兵赴库,而自身卒未行焉。旋闻陈毅已说动活佛,有外蒙取消自治之机会,乃声言抛弃国内政治,一切不问,专从事于蒙古。靳云鹏力赞成之，且许以为彼后援。于是小徐遂入告总统，而成行矣。讵抵库伦后，又成纷扰之局。盖当小徐未赴库之前，陈毅曾拟有办法六十三条，分呈国务院、外交部核议；及徐赴库，而另有一种主张电告当轴。于是外蒙方面又提条件六项，托陈毅电达北京。阁议之讨论者不止一次，徐、陈来电互争亦不止一次。两方条陈之内容，当局付之秘密，吾人无从见其全豹，惟其歧异之点有可言者，陈毅之主张为沿袭的，小徐之主张为改革的。其第一关键，活佛方面极不愿政教分离，故陈毅条陈对于政权之收回不取极端的，而仍予活佛以容喙之余地。徐树铮则置重于西北筹边使之职权，而欲自为库伦办事长官，统辖全蒙，主持其交通、教育、农商等一切行政。因之而如财政也，陈毅则主仍其固有之收入，加以补助；徐树铮则欲握其财政之全权，以行其边业银行边业公债之计划。如兵备也，陈毅只主择要驻兵，且参以蒙古旧有之军队；徐树铮则欲于外蒙各地多驻军队，概由西北筹边使布置。而当自治将取消未取消之时，陈毅则主用外交手段，与订条件，令其自行取消；徐树铮则主用武力，以为如外蒙自食前言，即威以兵力，强迫取消。此两方主张之所以不相容，即互讦之所由来也。然陈毅居外蒙久，与王公活佛相处有素，其所主张，当然系容纳蒙古人之意见，蒙古人颇以为当。及见小徐之主张如此也，乃相惊以为统监政治，与其政教不分离之见解显相矛盾，且有咄咄逼人之惧。于是活佛派代表喇嘛四人见靳云鹏一次，外蒙王公代表四人又见靳云鹏一次，皆不主政教分离者，且如边业银行边业公债等，在京之蒙古王公当徐甫发表政策时，即持反对之议论，至是亦力拒徐之政策。既蒙古人本性既锢蔽，而徐氏之声势又令彼等反侧难安也。果以此原因，活佛向陈毅提出六条件，其中要点，对于徐之筹边使绝对否认，大有徐在蒙古即不取消自治之势。厥后屡经陈毅调停，始告成功。小徐竟攘以为功，扬扬然而归京师，并请撤去陈毅矣。总统畏其气焰之盛，亦聊与委蛇，即命为册封专使，威仪之赫奕一时无两，特由总统在怀仁堂亲授活佛印信。是日礼节甚为隆重，小徐异常高兴，自谓得历史上未曾有，将来当必大书特书记载其事。是时礼官处处长黄开文展读金泥册文毕，即授印铸局所铸之"大蒙古翼善辅化博克多哲布尊丹巴呼图克图汗"二十字汉蒙藏三体合璧之金印一颗。闻其印七寸建方，高约九寸，制有七狮子，跃跃欲活，作为纽扣，装饰极其堂皇。小徐接取该项册文印信后，即退出公府，携置西北筹边使公署，除派定专员收管，一面饬秘书拟出仪节，译成蒙文，先派员赍之赴库，与外蒙官府接洽，俾册封专使、副使北上时有所准备，不至失礼。盖小徐前在库接受蒙署撤治呈文时，本欲为大规模之举动，后因事不遂，备极愤慨，然当时小徐仍俨然以大总统代表自居。今既奉使册封，小徐非实做大总统代表不可，故先期即将西北军军乐队服装、乐器等配备完全，开赴库伦，以为册封时之点缀品，亦可云夸大喜功矣。

安福之私结外援

安福在内则以合肥为傀儡，对外则恃某国为奥援，凡有利彼党之私益，即将全国拱手让之某国亦无不可。自外蒙既取消自治以后，小徐几视其地为己有，思欲以之为彼党之根据地，而徐伸势力于各行省。顾练兵造路，在在需款，因复与某国订立外蒙实业借款密约。其大纲凡外蒙农矿各政，准由某国人投资办理，所得余利，某国得七成，小徐得三成，故某国政府已预定派遣实业调查团多起赴外蒙调查，则外蒙将来之主权究竟属诸何人，亦概可知矣。不特如是，小徐前已以京绥押借某国款三百万元，颇拟再借二千万元，以接修张库一线。但张库计有一千二百英里之遥，若只二千万元借款，决不能敷建筑之用，欲把持京汉、京绥两线之收入，以资挹注，故其后复有汉库铁路之大计划。幸彼今已失败，补救或尚有术，不则非但张库将来必归某国势力范围之下,而京汉亦恐不保矣。惟此事在小徐初不为创见,盖军事协定及与某国所订之种种密约,即出其主张。彼固视结交某国为彼党唯一之方针耳,故当青岛问题发生之时,彼竟嗾其部下,如杨以德等,百端摧残学生,以取媚于某国。时人至呼安福为某国在华之支部,亦云辱矣。

安福兵队之围奸七里河

八年十月二十八日,洛阳城西七里河村边发现一死尸裸体受宫刑者(查系小徐之兵),该村绅董正在会议,拟报官厅,忽有西北军(小徐军队别名)数十名突入村中捉拿绅董十余人,咸穿臂骨,带至该军第一旅第二团团长裴某营中囚押。下午一点钟,该军约二千余人蜂拥而来,不论贫富,见门即入,遇物便拿,逢人即打,村人残伤者不计其数。更有打其夫而淫其妻,捆其兄而奸其妹者。某家女年方十三,畏避于柴草中,亦被搜出,强奸及死。该村村副胡某之妻,产未盈月,竟将其子摔死,而迭淫之。共住三日之久,该村约有四百家,无一幸免者。兴隆寨与七里河比邻,约有二百余家,其受害情形亦与七里河略同。噫!军人蛮横可切齿也。

安福军人之丢丑津浦道

有一旅客乘津浦铁路火车旅行,道经济南、泰安间多山之地,其时客适在餐车进晨餐,席上对面而坐者为军人四而在济南上车者,一为山东人,一河南,一江苏,第四人为安徽籍。四人令侍者进咖啡、面包等物,尚未至,又高声呼唤欲得香烟。俄而各言昨宵行乐事,四人之中,二人隔晚作雀戏,皆博负,丧其金。第三人因赴盛宴,越宿犹惺松,眼赤而舌强,不欲多谈。第四人言昨宵狎一女,极赞其美。四人皆纵食无艺,面包、咖啡、牛油、糖酱之属,顷刻立尽,令复进再食。其时车抵一小站,一时车窗以外饥容满眼之小儿女及年老男妇纷集,哀辞乞食,车中四军人殊不一顾,仍畅谈麻雀、狎游、饮食等事,若一无所睹也者。月台之上竖高杆,上悬土匪首级三四具,为盗劫不法者示警。匪之就戮,或即此四军人中一人之功,然此时亦付度外,不复念及。其纵谈所至者,仍纵博与狎游耳。车之左,泰山巍然接于旅客之目,见之乃不禁思及中国古代大圣人之遗言往训。车之右为古驿道,南北二京所由通也。自往古以来,中国贤臣哲士为国事奔走经过是间者,不知其数矣。乃今所见,则皆仆仆劳苦、以笨车载重之苦工也,缠足纤小、背负小儿之妇女也,童年儿女亦无不荷物于背,奔走为苦。然车中四军人曾不为左右顾,思想所存,独一己行乐耳。

时有一贩卖报纸之童子登车求售,持各报以示四军人。四人中一年事较长者即曰,尔卖新闻纸耶,谬极!谬极!孰欲阅新闻纸者。在旅客观之,觉此四人蒙然不知世界大势,又不以国中情事为意,亦不欲一读新闻纸,殊与彼等放肆无忌之生活相称。英、美、法诸国壮硕男子喋血欧洲大战场,在四军人观之,亦殊何苦来,盖彼等意念,只在赌博、狎游等事。南北二方方在上海议和,在彼等目中,亦泰然以为无关。少顷,有一戎装之仆,腰佩手枪及储弹之带,持热手巾而入以奉四人。四人尽力拭面,拭竟而空谈复作矣。后询之人,知皆安福系中之军人也。

安福之延阻和议

安福对于南方,固极力主战者也,以为一日不和,彼等之势力即可一日保存,故对于议和,百端延阻之。及和会既开,双方代表已拟有条件,有一个月内竣事之说。安系闻之乃大忧,即在王揖唐家开一秘密会议,筹商对付之策,并由曾毓隽赴徐,请方略于徐树铮,盖树铮时方居丧也。至王揖唐等之主张,则谓他项问题,如裁兵、财政等均可概置勿问,惟法律问题与该派有生死之关系，断难迁就。现沪会将以旧国会议员重行集会南京，组织宪法会议，俟其完成，广东、北京两国会同时消灭。此种办法，若中央政府予以承认，实不啻自行降服，而北部各省一年余之苦心经营，悉付流水，万万不可。乃议定种种方法逐次进行，以为抵制。

（一）选举副座。副座一席，前兹几乎选出，嗣因东海亟于谋和，要求某巨公向安福疏通，暂将该事搁置，实具有不得已之苦衷。该系乃欲趁此时机，用迅雷不及掩耳之诡计，选举副座，借以破坏和局。厥后幸某巨公天良发良〔现〕，一闻此讯，即派人阻止，未能见诸实行，然此议始终未肯打消耳。

（二）延会制宪。安福成绩曾由该党通电全国（即一年成绩五大声明之电），局外人观之，未尝不觉言之成文，持之有故，而该系亦自鸣得意。惟闭会在即，遂欲借预算题目大加挑剔，延会两个月，实行制宪，为抵制旧国会之计。

（三）反对周内阁。安福反对周之目的，或谓条件不成熟，或谓非安福出身。其实以上诸说，均系表面的而非实际的。盖因周之大政方针首先谋国内统一，与该党主义绝对不能相容。进一步言之，直接反对周内阁，即间接反对国内统一。

（四）运动分代表。分代表，亦和会中之重要分子也。王因命代理部务某次长亲自缮函转达某某分代表，洋洋数千言。函中主旨，谓外面刻刻求和，与南代表虚与委蛇，为旷日持久之计，一俟时机成熟，自有相当办法云云。不料事机不密，该函竟被同党某某攫去，视若拱璧，并将该函拍照，持往某次长处，捏称原函被反对党窃出，如不设法弥缝，恐一旦披露，不独安福全体之玷，即与次长个人名誉亦大有妨碍。某次长当即请人调处，赠给持函人数千金，并予以电政上差使，其事始寝。此亦一趣闻也。

（五）争夺总代表。该系之计划，一面设法逐去朱启钤，一面即要求东海派王揖唐为总代表，并谓如王揖唐不成，即李盛铎、龚心湛亦无不可。厥后朱既撤归，安福以此为请，东海曾笑诘之曰，此总代一席，亦非安福中人不办耶！安福诚万能哉！

经此种种阻挠，和议卒无成，该系复运以种种阴谋，其事殊多，不可殚述。于是南总代辞职，北总代撤归，该系中人乃弹冠相庆，而王揖唐为和议总代表之命令下矣！

安福之猎取代表

自朱启钤辞职，总代表一席久已陷于难产地位，安福派自己既不敢公然承当，却又不甘让人，所以由钱（能训）而龚（心湛）而王（揖唐），始终未能派定。其后政府因西南迭次催促，又为抵制安福派之掣肘起见，不得不出于以朱复任之一途，拟予以便宜行事之全权，不受何方牵制，朱氏遂有允意，因有北戴河会议（探闻此项会议所议者多关于总代表之权限及赴沪后对付某方面之办法，并决定于南北和会将来善后大借款之分配暨限制用途之办法一并议妥，即以南北两总代表为南北两方支用前项借款之监督者。此事最为安福派所嫉忌）。朱氏并允不日来京一行。安福派闻知此信，情急异常，一面扬言朱等均系帝制余孽，如彼等尚不自敛迹，现时通缉令虽经政府取消，然司法方面仍可起诉，意在恐吓朱等，欲令不敢进京。一面迫令王揖唐以迅雷不及掩耳之手段取得总代表一席，盖恐朱氏来京，一见东海，迫于情意不得不承允，以顾数十年之恩谊。届时安福欲种种设法以尼其行，倒觉为难，不如赶紧趁朱未来以前由王氏毛遂自荐，免得日后为难。王氏充总代表发表之前一日，即极接近东海方面之人物均不知悉，发表之后，相顾愕然。则总代表决定之匆促，不言可知。而此席之属于王氏，是否出于东海之本意，由此可以晓然矣。或谓南方限两星期派出总代表，否则确认中央无议和诚意，宣告中外，政府急不暇择，龚心湛氏又以种种牵制不能前去，遂定王氏。此说系政界传述之词，其为一种敷衍门面语，不问可知。至王对于此席，跃跃欲试，已非一日，疏通西南亦非一日。然西南方面各要人，意见甚不一致，即暗中与王氏联络者，闻伊充总代表后，决不敢公然发电欢迎，况平素联络亦未必出之本心，故王氏总代表发表以后，除北方督军有欢迎电外，南方对之漠然。王氏情急，乃不得不设法许多欢迎电报，登之京中各报。而京中某某两报馆，平素论调反对安福派，王氏托人收买，允每月津贴四五百元，其条件只要该报以后不再诋骂王揖唐，至于反对安福派总体，仍可听该报馆自由。王氏此行，原具有解散新国会之决心，由彼一手造成和平，以显其能力，并借此机会与南方重要人物一通款曲，日后正式内阁总理一席，希望可有把握。如此，则安福部即或消灭，而重要分子当然仍可攫得多数重要位置也。

若夫东海一方，对于王氏持一"你一定要干，就让你尝尝滋味亦好"之态度，心中之不乐，自不待言。有某氏者，素忠于东海，脑筋极为简单，于王揖唐氏总代表发表后，拍电南中，谓此举非东海本心。事为安福所知，大哗之下，吴世缃乃再发电南中，力言系出自东海本意。此种掩耳盗铃之办法，直欲盖而弥彰矣。据某政客云，尝晤与东海关系最深之某要人，谓王氏议和，是否能见成功，颇难逆测，如竟为南方拒绝，吾辈决须先事设法，使和议不从此决裂。此即预防安福部见拒南方，不与议和，届时老羞变怒，掉过脸来，使和议完全决裂，不留余地，以显见南方若欲与北媾和，非由我不可，朱也、钱也，万万不能让他去做此面子也。讵王抵沪后，南方代表竟不肯与之开议，王乃大窘，日惟蛰处于哈同园中，与花木禽鱼相对而已。未几，复登一启事于各报，谓其随员皆品行端正之人，无招摇之事等说。阅者颇以为怪，于是发生种种揣度之辞，有谓系因其随员曾许人津贴，近忽图赖，而王氏不负其责者；又有谓王氏仿前清大吏而摆其官派者，其实皆未尽然。闻王之左右云，此项广告之发生，系因王之随员中有某甲者，随王氏来沪后曾刊印"北总代表办公处高等参议"字样之名刺，向各官署暨南方要人及各寓公处登门叩谒，不知何故，忽触康圣人之怒，又不知何故，忽为章疯子所闻，致书王氏，痛斥其妄，兼责王氏。王因此大讨其骂，愤恨异常，遂拟摒斥某氏，又碍于荐主情面，不得已赠以二百元，嘱其北旋。而次日乃有此项启事遍登各报矣。王氏所带随员，分为内外两部：内部中最密近者，为史启藩、周梦兰、张子藩三人；外部中最亲信者，为光某、周某等，均寓哈同花园，惟光独赁一屋，盖示其将随彼之总代表久居沪滨之意。光宅中每日轮流进见者，日必数十人，除随员外，大半为无聊之政痞，而和平联合会中人接近安福派者，尤多奔走于其门焉。

王南来所携之重要部将仅止此数，而京中久传之安福派之护法韦驼（王某）、哼哈二将（克某、郑某）等，竟未随同南下，即所谓四大金刚（光某、吴某、汪某、康某）亦仅光氏一人同行，且十八尊罗汉亦未能毕至。说者颇疑其布置之不周，而不知其中殆有不得已之情况也。王氏出京后，安福部在新国会中所恃为留守者已无其人。李盛铎本梁燕荪之旧部，且去年曾与于宝轩有接近之嫌，固不能谓为纯粹之安福派，殊不可靠，故不得不留王印川以监护之。至克某上次来沪，捏造团体名义，假造公电欢迎王氏，已受舆论之掊击，且与同来之姚某因分赃不平互相攻讦，遂被王氏电调回京，且克素有大炮之绰号，在北京方面尚可吓人，若至南方，不但无所施其技，且足以偾事，故不如不携之偕来。郑亦有小炮之称，其不能同来亦以此。故十八罗汉中随王南来者仅四人（周梦兰、张子藩、史启藩、熊正琦），其余则留驻京师，以监察一般议员。盖当此政局动摇之际，诚恐一般议员为人所诱，故不得不如此耳。

再，王氏抵沪后，曾遍谒在野各要人，独未一访谷某、张某①、孙某诸人，以其为政学会之重要份子，而己党之敌也。于是谷某大怒。嗣由某君转告王氏，王始命驾访谷，谷竟未见。他日，谷亦瞰其亡也而往拜之，此亦一趣闻也。

王之南下而为北方之总代表也，来如飘风，守如静女，方其在京之时，大有马到成功、不可一世之概，而不知冥冥之中固有无数"抽后腿之人"在也。北方将领之中通电反对者，虽仅吴佩孚一人，然已足寒安福系与王之胆矣。吴氏之电，突如其来，一而再，再而三，安福系虽切齿痛恨于吴氏，而不知其主动者究为何人，盖安福系只知欢迎"拍马屁之人"，而不能防止"抽后腿之人"也。有程某者，己未派之健将也。钱能训倒，己未部之势力几为安福所铲除，然安福对于己未系人忌之仍甚。适程某于王氏奉命之前四日曾赴湖南，至吴氏第三电发表之第五日始行旋津，于是安福部乃疑吴氏之举动完全出于程某之挑唆，且谓程氏赴湘，曾持有"北京第一要人"之秘件，又因此而疑及北京第一之要人。遂由王氏约吴笈孙至其宅中，而为强硬之谈判。吴氏大窘，归府后乃缮长函一封致诸王氏，且有"如有与公政策相违之意，天日鉴之"，信誓旦旦，其诚意可想而知。王氏仍不敢信，乃油印多份，送登安福派之报纸，以预防其悔变。此又一趣闻也。

自后，王氏蛰居沪上可〔达〕年余之久，及运动将次成熟，与南代【表】已携手一堂，方有开议之望，而愤师忽起，安福遽倒。于是李督有通缉之文，政府有惩办之说，而王亦销声匿迹，逃之夭夭矣。

---

① 指谷钟秀、张耀曾。

安福之升官图

当鄂财政厅长王嵩儒辞职时，魏联芳继任之说即喧传人口，惟历时许久始成事实。据闻此项变迁，颇有一种内幕。先是王嵩儒继任财政厅长之后，对于用人一端，颇欲自主，不以军署、省署之意旨为转移。王子春、何韵珊则以王不知饮水思源，颇有烦言，因是财厅与军、省两署遂发生暗潮，嗣经金峙生居间调解，虽稍平息，然芥蒂固犹在也。此王嵩儒所以假病求去之远因。嗣军署军需课长魏联芳见王嵩儒因与王、何龃龉，不安于位，遂有乘机攫取财政厅长之心，又以王子春对王嵩儒虽有芥蒂，然骤然去之，必不允许，于是借故挈金入都，实行运动。其运动之方则自安福系入手，逗遛月余始行成熟。当魏出京回鄂之时，本有即日发表之说，乃又迁回许久始行发表者，则因王嵩儒免职后无处安置也。嗣经王、何与中央往还磋商，始定王嵩儒免职之后仍令回军署秘书长原位，兼鄂岸榷运局长。其原任榷运局长之沈庆辉，则调任新堤关监督，而以新堤关监督黄祖徽调武昌关，武昌关监督李厚祺调京任用。经此决定之后始发明令，且闻王之调任榷运局长能否成为事实，须以王之允否加入安福以为断。盖安福早视该局为该系在鄂活动之金融机关，不肯放手故耳。观此一事，可见安系即在外省，亦无处不存把持之心，而其位置私人，厚植势力，亦可从而知矣。

安福之讨鱼税

安福部开恳亲会之情形，已见报载，但其中尚有议员索款之一趣事焉。当开会之顷，有一体格魁梧之某议员诘龚仙舟[①]：议员岁费，财部何以不依期发给，词气颇含愤慨。龚答，议员究属

---

① 龚心湛，号仙舟，安徽合肥人。

为钱而来否？某议员谓议员虽非为钱而来，但吾等头不尖、手不长，不能如参院某君以议员兼秘书长、兼公府国务院咨议、某报编辑，又领交通部暨各政局、盐务署、海军部暨某司令部、某督军署、某省长署各种顾问咨议名目，月得八九千元之干薪，自然不专靠此区区岁费。吾辈实靠此养家，不得即有断炊之虞云。王揖唐氏睹此情形，以无可排解未置一辞。更有豫籍某君大表同情于某议员之言，以手抵桌，詈詈不止，会场中人遂纷纷四散。有滑稽者见之，谓此乃一折讨鱼税好戏也。而安系内幕之丑态百出，亦可见其一斑矣。

安福觊觎中行之鬼葫芦

安福之觊觎中行亦久矣，盖欲以之为根据地，为彼派将来活动运转资本之机关，乃由彼派参院议员胡钧等，提出回复二年中国银行则例法律案。旋有议员陈振先等反对，而中国商股代表虞和德等亦电致府院，反对回复。顾众院置之不理，竟将此案于一点钟内三读通过。原其所以情急若是者，则以彼派议员于薪俸外，每月得有巨款之津贴。此项津贴，每月达十数万，当初原筹有数百万之准备金，尔时政府诸公借征讨南方、对德宣战种种名义，大借外债，区区数百万，措置甚属易易，今则时移势异，外债之来源几已断绝，该派之大首领奔丧回籍，而该派理财家又一筹莫展，毫无出息，一团散沙，本全借金钱为黏结之资料，一旦津贴中止，此辈之鸟兽散自属意料。该派巨魁怒焉引以为虑已非一日，乃有城门山铁矿抵押借款之说，思以之为续命汤，及城门事既已弄到一场没好结果，乃不得不另筹生路，攫得一金融机关，以资挹注。而现时总裁某氏，以有修正中行则例之保障，故虽总统交替、总长屡更，迄未更动，一时要设法排去，殊无捷诀，乃故迂回盘旋，先有回复之议决，则轻轻一拨，某氏自不得不走，彼派之计，乃告厥成功矣。

此案之来因如是，而众院议决此案之情形更有可记者。此案开议之先，议场前后门即行键扃，议长将此案付表决时，乃有不做美之某系议员耿某起而反对。耿某口才既非辩给，官话又说得不好，大众不理会。耿某既弄得一场没趣，欲拔关而出，则前后门均紧闭，无路可走，乃折至议坛上作壁上观。此案遂得完全议决，其实与法定人数尚差四人。

恢复则例案既通过于众院，遂复提交参院，亦居然通过矣。各地中行股东闻之乃大哗，电京力争，异常激烈。总统亦知兹事重大，未便遽尔公布，一面婉劝两院议长，一面暂行搁置矣，然彼派之心固未因之稍灰也。彼派见事不成，乃复提出数项条件与中行交涉，其条件即劝中行增股，其新招股本不论增加至二千万或三千万，统为安福部独有，不准该派以外之人有购入权。新股募集之后，即行开股东会，推选董事，更换总裁，更以次及于各行长云。各股东闻讯之下，佥以此事一成，股东将受损失不少，仍不允。彼派乃大怒，于是有查办中行案之提出，有股东会之风潮。后经人调停始得稍安，然彼派仍未忘情于中行，时有举动发生。幸彼派今已失败，不则其扰害中行之举当层出不穷耳。

安福贩卖苏米之大黑幕

安福国防军之组织，因得某国援助，尽人皆知。成立以后，虽极形活动，颇处困难境地。忽又妙想天开，于参战借款外另发明一筹款方法，特与某国某洋行协商，至苏皖一带购米四百万石，每石可提取二元左右利益，合计可得七八百万元之谱，中因苏省米禁严厉，此种计划又遭顿挫。乃复变换方法，改用商人名义，按月采办，以二三十万石为限。其主办者为直隶人王某，复以参战处名义购运军米若干万石。于是米禁虽严，而彼党之米仍得畅行无阻焉。嗟！嗟！不顾民食专图利，彼党之肉其足食乎。

安福之好身手

某日，安福议员欲草草通过筹边使官制一案，忽有己未派议员多人极力反对，致将该案搁起。安福议员袁荣叜因此失望，乃前往众院第五休息室内大声叫骂。己未议员苏应铨、钱豫、杜棣华等忍无可忍，与之理论，袁荣叜仍叫骂不已。于是己未、安福两派，摩拳擦掌，互相揪扭，袁荣叜因受有微伤，亲往检察厅告诉，当由检察厅饬检验吏验明伤痕、填具伤单存案。次日，安福又因此事特开会议，其主张约分激烈、和平二派。激烈派主张请王、李两议长要求司法总长训令法院，将己未议员苏应铨、钱豫、杜棣华等即日逮捕到案，按律究办，则反对安福者从此有所忌惮，即筹边使官制亦可望早日通过，以殖本党之势力。和平派主张袁荣叜受伤极轻，尽可由院自行解决，无诉诸法庭之必要，若诉诸法庭，不独与院中名誉有碍，且恐因此惹起各方面之攻击，则筹边使官制更难望根本成立。两派争持，各不相下，遂由王议长以和平派之主张付表决，赞成者多数，当即推定克希克图、康士铎等为代表，前往袁荣叜及苏应铨等处疏通一切，以不反对筹边使官制为撤销起诉之条件，其事遂解矣。惟是日议场外尚有小小风潮，则安系康、乌诸人以警卫长张鹗翎对于退席诸人不加干涉，责其不称职守，警卫长据理与争，致遭横殴，并由刘恩格下条革去，以参议院警卫长兼任。若张者，真可谓城门失火殃及池鱼，而安系诸人不愧好身手矣。

安福之活现形

北京各校学生因交涉失败，尽〔集〕合于天安门，游街示威，遂拥入安系走狗曹汝霖宅中，殴伤章宗祥。章亦安系之人也，而其中情事殊曲折有致，足供说部资料焉。

先是章宗祥由津来京，住东总布胡同卫宅，原拟即日回津，但三金刚阔别重逢，自有一番酬酢，本定某日下午假江西会馆演剧，曹、陆作东道主，请章光临。不意事起仓卒，章竟遭此大祸也。章之夫人，貌丑而妒，平日监视乃夫极严，此次并未追随来京。章既脱此阃威，宴会之间倚红偎翠，大有此间乐不思蜀之概。是日，章赴府宴会，知学生有游街举动，难免生事，而卫宅狭隘，且无军警保护，章在东京，经一度之詈骂，已成惊弓之鸟，以为曹汝霖宅已有军警二百把守（曹汝霖事前布置者），可保无虞，故出府后，即至曹邸谈天。时曹宅前后门已紧闭，仆役运石堵门，如御大盗，军警亦巡哨不绝。四时许，学生队到赵家楼，将进曹汝霖宅，为军警所阻，未能遂志，有熟悉曹宅房屋位置者将临街旁屋玻璃窗击碎（窗高约五六尺）始得入，未几，将大门开放，众乃一拥而进，人多势众，巡警亦无力抵抗。入门后，声称欲面汝霖质问。至客厅，见章仓皇欲遁，内有识者曰：此即卖国贼章宗祥也。一语甫毕，呼打之声即起，霎时拳足交加，章负重创，曹宅仆人及警察左拥右卫，不知费多少气力始护章出大门，至赵堂子胡同乃弃之返。时有日人名中江者，见章服礼服蹲于某杂货铺之前哼哼不已。中江误认为曹，扶起始知为章，将雇车送往医院，会曹宅火起，学生退出，见章有人扶护，再呼打打。中江亟辩此为余友，非章氏，言毕，自出名刺。学生谓日本人余辈决不难为，惟此实章氏，速放手，余辈将更数其卖国之罪。中江坚持不肯，众围夺章氏于日人之手，揪至街心，下第二次之毒打，学生中更有手执木橛努力笞击者。于是章氏遍体鳞伤，去死一间。适有军队到来，学生始散，章乃出险，入同仁医院（在东城三条胡同），仅十余小时即晕去矣。

　　与章氏同临曹宅者，尚有丁士源，亦安系有名人物。学生中无有识丁者，丁复谎名以对，故虽稍受几下拳脚，尚不至于伤。汝霖之父及汝霖之妻妹正在餐室，学生拥入后，曹之妻妹加锁于门，以身倚之，但终无效，俄而门板击碎，作片片飞，始不能拒。众入室,及见曹父,或曰,此老太爷也,打之!打之!曹父背脊及头部略受微伤,经警察、仆人托言来客,簇拥而出。曹之小姨则侃侃以谈,谓君等来此当无不可解决之事,似此野蛮举动,殊失学生资格云。众呼好利嘴丫头,打打之声浪起,而曹之姨亦伤矣。后学生至曹夫人内室,夫人态度颇镇静,众要索汝霖,夫人对以外出,且谓此间非曹卧室,若不见信搜之可,因指曰渠之卧室彼处是,众信其言。盖夫人之室,装饰朴素,而夫人所指之室则富丽奢华,真曹氏起居之所也,乃捣毁其铁床、木器而出。

当时学生进曹宅者约五六百人,东搜西抄,始终未见曹氏踪迹,盖汝霖固安安稳稳蜷伏于夫人床后之复室中。

曹之家庭尚有二人,今且述之。其一为未来公使夫人曹小姐,其一为曹之爱宠苏佩秋。小姐是日适赴亲戚刘某家作方城之戏,局战未终,恶耗传至,则小姐之绣阁粉碎矣。佩秋则闻警后即从后门逸出,故皆未及于难。此外,曹更有一妾,早已秋扇见捐,月前回常熟原籍。曹宅精华,外为客厅、书房,内为佩秋卧室。客厅中之字画及磁器、古玩皆曹心爱之物,复曹新购字画九千元亦悬于客厅,是日皆付之一炬(按曹宅焚去房屋仅此客厅数间)。佩秋卧室共三间,一佩秋按琴唱歌之处,一接待女客之处,一即卧室。室中铜床一张,价已不赀,其他陈设之精致贵重自不待言,盖即夫人所指之曹氏卧室也,均被捣毁一空。其事传出后,闻者皆称快不置,盖以二人卖国之罪,实更仆难数,恨不得生食其肉耳。

安福破坏教育之诡计

学潮起后,安系颇积憾于学生,恒思摧折之,除运动更换教长以本系之人充任外,复作种种阴谋,以图达其目的。而对于北大,则以胡仁源为校长,俾可抑制学生。及胡既被拒不得到校，复运用种种手段，黑幕重重，颇有出人意外者。兹详录于后。

此次学潮重心在北京大学，尽人皆知。事后组织北京学生联合会、全国学生联合会，每推该校学生总其成，故各校称之为老大哥。暑假后，京中各校学生回籍者甚众，北京学生联合会遂决以北大干事会办理一切，并谓惟老大哥之马首是瞻。北大学生已担任，安系知之，遂欲推翻国立大学前此之根本计划，另行组织所谓恢复元年大学制等，皆其阴谋之手段。彼等敢用此种手段，亦非无故，请细述之。

蔡孑民长大学后，搜罗人物，新旧俱有，新旧之中又有派别。蔡去，则内部分子如化学中之发酵作用，难免搅乱。然蔡临行曾荐学长温宗禹代理，如各部次长之代理部务，校内似有主脑。而孰知有教员沈某、刘某等颇不满意，希图另举，温遂不负责任，学生惟有竭力留蔡，代表南下几三十次始获一面。见时蔡氏仅允病愈即来，而无确期，且嘱代表狄某等须请温代校长负担责任，教育部亦未得北来日期之信。据回京之某代表云，蔡病甚微，所以迟迟其行者，大概看政府有无挽留之诚意耳。而北方有势力之安系，固不望蔡之北来者，对于胡仁源氏，以其易于利用，愿暗中帮忙，思从运动学生入手，惟苦无门径。财部科员范铠，江苏人，北大补习班教员也，遂乘此机会，尽将该校内容密告与安系有关系之中央政闻社，勾结安系小卒冯某、参议院办事员王某暨该校工科毕业生、新生等数十人，于十六晚在该社招宴。其办法先推倒现有学生干事会，再用全体名义通电迎胡拒蔡，并否认前此学校一切举动，约十七日上午七时，在该校法科开秘密会议（此后以阴谋派代之）。余时适在京，骤聆此事，心犹疑之，乃访北大某君，见一干事会之传单，有胡仁源运动做校长，范、杨党甘心作走狗，法科现开分赃会，同学速起破阴谋等语，并谓传闻安福部以五千元与胡仁源收买学生云，始知事非无因。旋闻振铃开会,以校外人被拒。嗣询友人,据云,阴谋派原定七时在法大开会,为干事会侦悉,即同时召集同学前往质问。该派莅会者有许某、程某、王某、杨某、俞某等数十人,正在散布传单,题为"学生干事会内部之黑幕",见干事会中人来者渐多,乃逾墙而逃,留者仅二三十人,皆面无人色。大众再三诘问,均不敢答。干事会侦探陈、范二君报告政闻社招宴事实,且许某曾给彼车资一元存证。众议将阴谋派诸人摄影毕,推王学彬等数人盘问,先问许某,以次及诸人。每一人问毕,即请其签字,大致均系事实。内有参议院办事员王某及济南中学学生、西苑陆军某师书记某某。问毕,学生中之激烈者竟要喝打,以示惩儆,经易某、张某等力阻始止。及至午后三时始公决,除附从之十九人概予释放外,将许某等五人送往理科大学监视。闻许某自法科走至理科,戴黑镜,不敢仰视,颇似前做交通总长之贵本家解送地检厅之景象,诚可谓无独有偶。该校生于此事愤恨异常。是日九时许,又在理科开会,推鲁某等五人仿法庭式公开诘问,旁听者座为之满,用隔别审问法一一盘驳。许某等均据实供出本日开秘会,系欢迎胡仁源拒绝蔡校长,推翻干事会。如彼等事成,毕业各生给予优缺,留堂各生概免学费,以此利诱,故入彀中。而是晚赴宴车资,多由中央政闻社支给。松树胡同某号亦有安系机关,主谋者为范某云。

观此,则安福之对于北大,摧残之固不遗余力矣。幸赖舆论为之后盾,故胡仁源既空喜一场,蒋某之校长亦难成事实,而此教育界之一线曙光乃得保存也。

安福摧残司法之狠心

《国民公报》以登载不利安系之新闻,北京地方审判厅处该报主笔孙几伊以一年二个月有期徒刑,后孙君不服,上诉于高等厅。高等厅承讯后,宣告无罪之判决,高检长尹朝桢不以为然,复上告于大理院，于是仍照原判执行焉。顾其中秘幕殊多，兹揭于左，以为世人告。

此案内幕中之主动人物为司法总长朱深，而承旨献殷勤者则为尹朝桢。盖在地方厅起诉之时，尹方为地检长，今则提起上告者，复为尹氏也。至地方厅办理此案是否出于自由意思，抑或背后操纵有人，但观其办理之草率与判决之失入，已可不言而喻。且此案判决才经数日，而承办检察官华国文及主任推事何瑾，一则升为某处高等厅推事，一则进级加薪，褒奖之加，明明所以为承旨者劝。及孙君上诉于高等厅，在朱氏方面以为总长威力对于高等审检各官亦可一律行用，乃高等厅中承办此案检察官周衡、审判长叶在均、主任推事单毓华、陪席推事林大文，独能不畏强御，审慎持平。朱氏知此形势未能如在地方厅时之一气呵成也，于是一面示意于高等审厅长，嘱其督率各推事认真办理，一面运动警察厅，请其将高等厅调查证据之公文暂缓答复（此案中关于去年双十节日《国民公报》转载北京学生散放之传单一项，当散放之时，巡警在场，并未禁止，可知转载并不违法。此节高等厅特行文警厅，请其查复）。历时既久，警厅之公文、其他之调查证据手续亦已一切完全，高审厅遂定某日再开公判。开庭之日，检察官周衡论告无罪，审判长于是日宣告辩论终结。退庭之际，三推事一出公判庭即入评议室，评议决定之后即发通告，定于翌日下午宣告判决。朱深见此情形，亦知事机甚迫，特赶夜令尹朝桢走访叶、单、林三推事，嘱其改期，而三人中竟无一觅得来。翌早，三推事入厅时，尹已在厅等候，一见即以总长嘱令改期之说进，又谓此案判决内容大家须先商量，以后方无他故。叶等以判决内容在未宣告以前本应绝对秘密，除承办此案之人外都无与闻或商量之余地。尹见叶等辞意决绝，殊难通融，然一面对于朱深又不能无以复命，因此是日午前奔走于司法部、高等厅之间者，往返凡数次，奈终不能得要领，同时复遣其心腹检察官张某人推事办公室，密探判决内容。其时，单推事案头适有纸条，书明"控诉驳回"四字，张某误以为此四字即对于《国民公报》之判决，喜而告尹，尹亦喜而告朱，朱复误信之，而精神始略定。及午后开庭判决，宣告孙几伊无罪，尹极惶恐，奔而告朱，自知对总长不住，遂以救济之说进。朱问救济之法如何，尹谓当别令他之检察官提起上告。是夜安福派人适有宴会，群嗤朱曰：身为总长，肘腋之下已生叛徒，尚不觉耶！朱脸大赤，答曰我自有办法，匆匆不终席先去。于日［是］翌日果有单推事毓华被捕之事。

朱对于承办此案之审检四人愤恨之程度本相等，而独于单毓华报复最速者，则因此案单为主任推事，且因昨日张某误报"控诉驳回"四字，朱以为系单推事有意簸弄，故尤急于下手。宣判之翌日，单赴其友人王某家之饭局，便衣警察暗中相随，王某家中本存有麻雀牌一付，然系不全者，暗探到门，伪充车夫，向门房探问，谓吃饭已完，大家快散否？阍者随口答以或将打牌亦未可料。该探喜而去，告诸警察区署，立时协同警士二十余人到王宅，一拥而入，极力搜索，索得不全之麻雀牌，遂指为在座诸人赌博之具，当挟单君及其友数人带区讯问。向例北京警区拿获赌案，即使案情确凿，亦不过由区了结，向无送到警厅或交法庭办理者。单君被逮之夕，该区独得警厅电话，谓总监嘱咐今日所获赌案，皆须马上送厅，不得取保云云。送厅之后，吴总监复亲自讯问，由单君身上搜出名片，即以电话告朱，朱以为被逮数人中身充推事者，未必仅单君一人，即夜特派高等厅司法巡警到警察厅辨认，其意盖欲于单君之外再获得办理《国民公报》案之检审各人也，乃辨认结果，终不可得。单君同友人竟于翌日被警厅加以赌犯之名，连同送往地检厅办理，处单等各十元之罚金，单以不服上诉（第一理由，以法庭所执为证据之麻雀牌，明明短缺一张，事实上无从赌博，何由犯罪）。而朱深方面，则尚以判决十元为过轻，谓须罚八百元（依刑律犯赌博罪者，处千元以下之罚金），亦已嘱检察官提起上诉。单君以朱氏有意报复，已呈请辞职，朱则以之交付法官惩戒委员会，欲与以褫职之处分。而单君推事一缺，朱已早派湘人鄞某接替。

本书总125号《蔡元培湖南讲演记录稿十二篇》中的"长沙《大公报》"应为"湖南《大公报》"。

王世杰日记选（1941年）

晓 苇 整理

元旦 今日，天气晴暖。重庆市虽遍地颓垣败瓦，今日全市却虎虎有生气。美总统罗斯福于两日前作所谓"炉边闲话"的播讲，称中国抗战系一伟大的保卫自由之战，亦颇使吾人闻而兴奋。市中遍贴迎接胜利年之春帖。

林主席于今晨纪念会演说中以"加紧生产与实行节约"八字勉励听众。

一月二日 余于今日获悉，经济部所属之农本局平价购销处及国货联合公司人员章元善等十人，于五日前先后被扣押。章与财次徐堪素不融洽，徐于翁部长咏霓亦素乏好感。此次风潮，虽非以徐为主动，然告发后主持查办者为徐，故闻者俱愤愤。因翁、章均为洁身自爱之人，群信其不至有贪污情事也。予拟续询详情，尽予之力以白真相。

今日午后，予在嘉陵宾馆招待外宾，到者二三百人。

一月三日 戴季陶先生访问缅甸、印度返渝。其访印度之目的为礼佛，亦自含有若干联络感情意味。惟实际上印人之信佛者占极少数，其新起人物大不信佛。戴先生今日在其欢迎会上盛言佛事，予闻之不禁发闷。

一月四日 今日，予与张岳军、陈布雷言，经济部所属机关人员被扣一案，应力请蒋先生慎重处理，务期罚当其罪，不可失出失入。

一月五日 今日午后，翁咏霓来谈，谓蒋先生坚促其勿辞职,并谓经济部本部是廉洁的。但章元善、苏墨卿两人迄未释放。

一月六日 今日下午约集在渝文艺作家百余人聚餐,即席开"文化月会"。席中讨论问题为如何发展陪都的文化建设,发言者无多新论。

地质调查所在云南禄丰县经三年之发掘,发现一身长七八尺而有四足之"龙"(化石),其时代为地质学上所谓三叠纪,远在人类出现以前。

一月七日 英军在北非洲里比亚(义属)境内大败义军。

本党中对于共产党军队之不法行为,多主在各地公开发布。此事关系甚大,予意目前对日战事尚须争取国外援助,如予人以内战即将勃发之感,殊多不利,因力主慎重。

一月八日 泰国与越南法军冲突,俨成交战状态。

一月九日 蒋先生欲余兼任中央设计局秘书长,予未允。

今日,在何敬之宅晚餐,席间有贵州所出之"娃娃鱼"(一名狗鱼),味甚鲜。此鱼有四足,殆为穿山甲相似之两栖动物。

今日,接沪讯,萧友梅兄于去岁除夕病殁于沪医院。

新四军与中央军在江南复有冲突,闻新四军有八千余人被顾祝同所部围困。

一月十日 美国左派记者 E. Snow 自港电美国某报,谓中国将有大内战,英美已向蒋委员长及周恩来警告云云。予嘱张冲君向周接洽否认之。今晨中央特种谈话会商讨反共宣传,予力主此种冲突仍应避免表面化。盖予犹冀此事终能相安一时,以免美国援华之计划受其影响也。

一月十一日 今晚,予力告陈立夫部长应设法恢复马寅初之自由,陈应允。

一月十二日 午后,应塔斯社之请,往嘉陵宾馆观苏联电影片。在场中遇陈家康,据云系周恩来秘书,并系予之学生(武大)。

一月十三日 国防最高委员会设有中央设计局,由蒋先生自任总裁,今日予接一命令,任予为该局秘书长。予以兼职过多,不能专心致志于其事,拟辞。

一月十四日 孔庸之部长于前日在国防最高委员会报告法币发行额(包括各省银行发行数)约八十万万元,至于现金准备(连最近借款)当有二万万元美金(约合国币四十万万元)。此数是否绝对精确,似尚不无疑问。

今晚,应苏联大使之约,往苏联使馆晚膳并观电影片。席间塔斯社记者向予询新四军被中央军围击之传说。

一月十五日 朱德、彭德怀、叶挺、项英等联名通电,指斥中央于新四军遵令北移途中围击该军,并有"何、白两总长之仁义道德何在"等语。该电系由重庆《新华日报》油印送出,或即系该报与延安商定后印发(叶挺已被顾祝同擒执,项英逃落无迹,自系他人代为列名)。予于昨日以电话询何敬之,据云该新四军已全部解决,叶挺被擒,项英逃。该军经中央指定应由皖南移皖北,但彼不依命令,由皖南向苏南移动,以期与苏北攻韩德勤之共产军联为一气,造成一新根据地。

一月十六日 今日,军委会约集党政各有关机关研讨关于新四军问题之宣传方案。白健生、程颂云等均主发布命令取消新四军番号,叶挺交军法审判,通缉项英,并宣示新四军之罪状。予主张不作公开声明,白健生反对。

一月十七日 今晨,予往蒋先生寓邸面述关于处置新四军问题之意见。予力主不将处理命令公布,如有必要,仍应以密电通知各军政机关。予所顾虑者,此□公开宣示,有促成共产党军队叛变,造成大规模内战之危险;国际方面观感及沦陷区域人心亦应顾虑。但军部负责长官均力主公布,蒋先生亦以为是,惟谓公布文件中应不涉及共产党或第十八集团军,而以指斥新四军为限。此事遂于今日午后七时如此决定。予归寓后深以此事□□〔前途〕之发展为虑。

一月十八日　中央对于新四军之处置，于昨晚发布。《新华日报》于报端题"千古奇冤，江南一叶，同室操戈，相煎何急"十六字，由周恩来署名，且系于检查局检查完毕后插入，自系故意违检，以示反抗。予通知检查局勿就此事对该报施行压迫。晚间失眠。

一月十九日　予于今晨复告中央通讯社，对于新四军事，不宜再发消息刺激共产党人。

今晨，参加胡子靖（元琰）先生追悼会，予被推说话。此公一生致力于一个学校，故其成就殊大。

一月二十日　今日，黄炎培、左舜生两君来谈新四军事。予谓此事中央虽无意扩大，共产党方面亦或无意扩大，但事势演变至如斯状况，倘不能设法使局势善化，终恐不免恶化。黄与共产党人常往来，予故以此语语之，盖实情也。

一月二十一日　敌外相松冈洋右演说，着重于改进中苏邦交。日苏临时渔约亦宣告成立。此事与我处置新四军事或不无多少联系。

一月二十二日　敌机十余架袭击渝市郊外某兵工厂。

今日午后四时，在嘉陵宾馆招待缅甸政府访渝人员。

晚，观宣传部实验话剧团所演之"女子公寓"。自战事发生以来，腐旧之人颇有附敌为汉奸者，为其子女所唾弃。此一事实，衡以吾国旧观念，虽亦可比于大义灭亲之义，实则纯由新民族观念与国家观念激发而起。"女子公寓"之剧情即系彰揭此种事实。说者认此为抗战以后之新伦理。

一月二十三日　电唁萧友梅夫人。

一月二十四日　今午，与蒋先生谈共产党军队事。予力主勿封闭《新华日报》，蒋先生亦云对于共党，在军事方面须严责，政治方面不妨从宽。

晚，与参事室同人同在孔庸之院长处餐聚。孔先生对于外汇问题，与宋子文等持反对意见（不主在沪售出外汇），对于物价，与蒋先生主张相反（不主统制）。

一月二十五日　午后，丹麦驻华公使高霖来访。据云德国声明，战斗结束后必恢复丹麦之完全独立。予告以此次战事结束以后，一切弱小国家不可信赖中立政策，必积极促成有效之集体安全制度。彼亦谓然，并谓荷兰、丹麦等国信赖中立政策，在上次欧战虽获自全，此次则已完全失败。

一月二十六日　近数日来，苏联武官迭向我军事方面长官建议解决共产党军队方案，谓新四军事可作一结束，其它共产党军队可不责令北移，但令就现地对日抗战。蒋先生未允所请。苏联大使潘又新亦面向蒋先生询问新四军案之真相，表示关切，但未提意见。

今日午后，予与蒋先生商讨明日纪念周中之演说。对新四军予力劝蒋先生务于坚决严厉之中透示慈祥、剀悌之心理，并劝其勿涉及苏联。盖苏联态度如恶化，其停止对我接济之事犹小，若与日勾结，其影响更大也。

一月二十七日　今午，宴港政府政务司史密斯。此君在港日久，头脑甚旧，故英使促其访渝，冀其变换态度。

一月二十八日　滇缅划界问题为四十余年悬案。此次缅甸政府访华团来渝，本互让精神，已由外交部与英政府成立协定，惟尚须经过若干正式手续耳。

一月二十九日　关于新四军问题，蒋先生将其在纪念周之报告于今日在报端公表，《新华日报》未登。苏联《真理报》已于前日开始评责本党，谓此事系本党持狭隘之党见所致，且谓其他共产党军队亦将被政府解决。

一月三十日　第十八集团军驻渝代表叶剑英，以该军北移之限期（一月卅一日）已届，向军委会请求展限，并请赴延安疏通一切。

苏联撤换其在华军事总顾问，拟以武官崔柯夫代之。此事显亦与新四军问题有关（据张冲云，苏联政府对于现任总顾问之不满，系因其未将新四军事件事前详报）。

一月三十一日 晚间，宴合众社远东经理摩维斯及路透社远东经理乌克尔。

二月一日 今日，电我驻美、驻苏及驻英大使，告以政府对于新四军态度只在严整军纪，在政治方面仍对共产党采取宽大政策，故《新华日报》在渝仍继续出版。

大女雪华予为定名德涵，次女秋华予为定名德滢。

二月二日 共产党向延安发出广播，对于新四军事件，主张惩处何应钦及当地负责军事长官，释放叶挺。此事前途益趋僵持，甚可虑。

二月三日 今日午后，晤黄炎培、左舜生。彼等意欲将新四军事件不公布，在参政会中讨论，借促共产党参政员出席。予谓此意彼等可先向共产党人商谈，政府方面不便先表示意见。

二月四日 据今日同盟电，松冈在下议院声称，考虑对华使用交战国权利事。在美国禁运政策实行之后，敌政府考虑对华宣战，为当然之举。惟此举如实现，我之对外交通将受重大打击。予将促政府密筹对策。

二月五日 今日午后，晤美国 Time 杂志记者 While，与谈共产党问题甚久。又晤澳大利亚记者。

《新华日报》受重庆派报工人之压迫，与工人发生冲突。予嘱市党部勿以此等小事与该报龃龉，并嘱军警勿任意捕人。

二月六日 自上月底以来，敌军约以三师团兵力在豫南发动攻势，先后占领项城、上蔡、南阳等地，但旋为我军收复。敌军目的在消灭我当地汤恩伯等所部之兵力，结果敌之伤亡亦殊惨重。

二月七日　国际间对于新四军事件，群以中国将发生大规模之内战为惧，且颇多受共产党方面宣传而不直政府之处置者。蒋先生因令宣传部草拟宣传计划，以期纠正。部中今日草就一计划，惟其实行，予仍主张应视日内共产党如何决定其态度。

二月八日　美总统私人代表居里于今晨抵渝。此君于1925年毕业于伦敦政治经济学院，在予毕业于该校后之八年。人尚通达，似无政客气。

二月九日　午后，苏大使潘又新来访，以电影及塔斯通讯社等琐事向予要求。予深觉其狭隘浅薄。

二月十日　今日，研究日本对华正式宣战之可能及对策（松冈洋右近在议会称，日政府正考虑此事）。

二月十一日　关于日本对华宣战之可能及对策，予于今日拟就说帖，提请蒋先生考虑。予力主我政府先向英美两政府密商应付方案。

二月十二日　今日下午，出席教育部学术审议会，予极力敦促教部设法购运外国图书、仪器，以救全国各大学精神食粮之缺乏。全国大学无新书、新仪器之接济已三年之余，其空虚可想。

三〔二〕月十三日　今日，晤陶孟和，与谈上海方面华人在英美银行所存外汇。孟和谓当设法使之冻结，归国家运用。予谓此事如能做到甚善，惟外交方面不无重大困难。

二月十四日　与共产党人接近之生活书店在成都、桂林被党部封闭，邹韬奋（该书店主人）来言，请为设法救济。

晚间，予与张文白谈共产党问题，均主目前必须力避大破裂。文白已以其意向蒋先生力陈。

二月十五日　晚间，宴丹麦公使。

日海军闻有大批向南移动，其企图南进之意似日亟。我前方游击队击落敌海军大将飞机，闻于大角身上取得若干文件，与敌军南进计划及日期有关。该文件尚在递送途中。

二月十六日 今晨,与蒋先生谈及参政会主席团事,蒋先生嘱先征左舜生、张君劢意见。

二月十七日 今晚,宴居里及詹森大使。

二月十八日 近日南洋风云陡形紧急,日船群集越南、暹罗海面,英政府已在新加坡港布水雷,美国撤退远东侨民进行益急。松冈洋右在议会又大声鼓吹以武力支持外交。据各方情报,敌人似已决意于四月间发动南进攻势。

二月十九日 毛泽东、陈绍禹等七参政员致电参政会秘书处,谓彼等对于新四军事件,已提有惩罚何应钦、顾祝同及取消中央处理此事命令等主张计十二款,在政府未予裁夺以前,不能出席参政会。毛等此种表示,似系借此要胁。予托张冲转告周恩来,告以如此做法,只促成破裂,决不能威吓中央,盼其将来电撤回。

二月二十日 今日,与蒋先生商参政会主席团事。商谈毕,预定共产党参政员如不出席,则令国家社会党之张君劢、青年党之左舜生参加主席团;如共产党参政员出席,则令无党派者若干人参加,各该党派不参加。此外,前任议长及副议长仍参加。

二月二十一日 今晨,与罗斯福总统代表居里氏详谈,参与者尚有张忠绂君。所谈者为日本对华正式宣战之可能性及应付方法。关于应付方法,予提议:(一)英美拒绝日本行使海上搜检权,而以日本破坏国际非战公约及九国公约为理由;(二)如日本强行此权,英美应对日完全禁止输入输出,并采行"护航"办法;(三)美国尽最短期间以大量军需品供给中国,先运仰光,徐徐内运。

二月二十二日 敌外相松冈洋右对英国表示,愿调停欧战。德国方面表示不满,松冈遂又称彼之表示并非调停。

二月二十三日 今日午后,为谭平山、孙荪荃两君作主婚人。谭、孙均曾入所谓"第三党"。谭今年五十八岁，孙女士亦四十余岁。予于行婚礼时解释主婚人在法律上之意义，并谓成年人结婚，依中国民法，无请人主婚之必要。

二月二十四日 陈嘉庚参政员致电参政会，有"政治不及军事，贪污总据要津"之语。

午后，张冲来参政会，谓共产党有撤回毛泽东等致参政会删电（该电对新四军事说明共产党十二项主张，并表示不能出席参政会）之意。

二月二十五日 今晚，与蒋先生商参政会主席团人选。予谓周恩来表示共产党希望有一人加入主席团，是否可将毛泽东列入。蒋先生谓，如选共产党党人，仍以周恩来为宜。

二月二十六日 今晚，予约周恩来在参政会秘书处面谈。予告以：（一）国共关系，不能善化则必然恶化；（二）参政会行将集会，可使局势善化，亦可使局势恶化；（三）共产党毛泽东等参政员致秘书处删电，提出十二款，并表示不能出席，足使局势恶化，予盼其将原电撤回。周答称国民党正加紧反攻，故共产党觉出席参政会亦无益，但彼愿电延安再答复。

二月二十七日 今日，予招待到渝参政员百八十余人茶会。会中推定后日（三月一日）开会时以张伯苓为临时主席，并以周伯刚代表参政员致答词。

晚间，黄炎培、褚辅成、左舜生、沈钧儒、罗隆基等在秘书处约周恩来、董必武谈话，商组织特种委员会及共产党出席参政会事。

二月二十八日 今晨，褚辅成、黄炎培诸人复向蒋先生提议，选举周恩来为参政会主席团主席之一。蒋先生应允，但以共产党参政员出席大会为条件。予亦力赞其议。但截至深夜，共产党参政员仍以未得延安回电为辞，表示不能出席。

三月一日 今晨，国民参政会在浮图关新建之国民大会堂举行开幕。开幕后，本拟即时举行主席团选举，予以共产党参政员既尚称方待延安回电，遂临时商得蒋先生同意，将选举延至明晨举行。

三月二日 共产党参政员仍拒绝出席参政会，并致函参政会秘书处提出新条款十二项，声言在新条款未经政府采纳并明白保证以前，不能出席。共产党与参政会殆将从此分离。

巴尔干风云益急，布加利亚加入"轴心"国体，德军入布。夜不能眠。

三月三日 今晨，予在参政会以秘书长资格报告予十余日来劝告共产党参政员出席之失败。会中参政员颇多愤慨者，但予仍劝本党同志勿发言。

三月四日 德苏关系，内幕极紧张，苏联已声明反对德军入保加利亚。据我驻柏林使馆密电称，德国准备与俄作战甚亟。

今晨，何部长敬之在参政会报告军事，对于新四军及第十八集团军一年来攻击友军等事实，均有报告，惟声明政府政策仍在力避破裂。

三月五日 参政会今日午后由吴贻芳女士主席。吴女士主持会议之能力，实际上较主席团其他主席均优。

三月六日 今日下午，国民参政会以一致之表决通过决议：对于共产党参政员提出出席条件一节，表示反对，但仍促其出席，以维团结。决议中并声明政府实有维护团结之恳意。此项决议系王云五提出，事前经予与之商洽。日前王君在会议中发表之意见亦实如此。

三月七日 今日，参政会续开大会。此次开会，参政员所提询问，对于政府中为一般清议所不满之人员转特别减少。论者评之曰，以言之无益也。

郭复初来电，谓蒋先生去电，请其返国任外交部长，欲予告以关于此事之意见。

三月八日 今午，予与蒋先生商参政员驻会委员人选。予力主仍应令共产党参政员董必武选入，得蒋先生应允。

今晨，晤孟余，与商复初事。商毕电告复初，谓不妨应允。

三月九日 今日，参政会讨论军事报告时，对整饬军纪及新四军事件作明白表示。

天气甚暖，室内温度达七十余度（华氏）。晚间蛙鸣，晓闻鹃啼，俨然江南暮春初夏景象。

三月十日 参政会于今晨十时闭幕。

今日，为予生日，晚间德华约有亲友数人在家吃晚饭。

三月十一日 今晨，塔斯社记者询问中国共产党与政府之关系是否将更尖锐化，予未置答，予仅告以参政会与政府均希望团结与军纪均能维持。

三月十二日 今日，为总理逝世十七周年。吴稚晖先生在国父纪念会中讲总理"和平、奋斗、救中国"之意，盖预计南京伪组织亦必以此语为号召也。

午后，偕丁巽甫、陈通伯、陈皓白、杨今甫、吴之椿出城晤顾孟余。

三月十三日 中央研究院评议会今晨举行年会，予深觉骝先兼任院长究不相宜。

美报盛称中国如有内战，则美不能援华。予逆计国共关系之前途甚可虑，思竭力辅救，苦闷之至。

三月十四日 今日，敌机十余架袭成都，我机起而应战。闻敌我均损失数机。

午后，赴张善子先生追悼会。善子以画虎得名，其人热心公益。其弟大千画艺较高，其为人则不逮乃兄远甚。

三月十五日 今日，蒋先生面告，谓将调郭复初为外长。予请其对于其他部长之不满人望者亦考虑更动。

三月十六日 今晨，予出席中国新闻学会成立大会。

午间，与董显光商对美宣传事，因共产党问题渐使美国方面群以中国将发生内战为惧也。

三月十七日 美国总统发表演说，谓不计任何阻力援助英国、希腊及中国。罗氏此种演说，可使近来外间疑惧美国援华政策将因中国国内政争问题而生变化者，得到不少安慰。

三月十八日 最近数日大事为英军大批在希腊登陆，希、英二国连合抗德之势似不至摇动。

松冈洋右已由日经苏联赴德，其任务不明，外间有无数揣测。

敌机袭渝。

三月十九日 今午，约左舜生、黄炎培、褚辅成、梁漱溟、张君劢诸参政员商组特别委员会，调处共产党问题。

午后，晤《纽约时报》记者窦率，告以政府对于共产党问题之政策，在使其继续共同抗战；如不能做到，则使其不能造成大内战而妨碍抗战。

三月二十日 今日，左、黄诸人谒见蒋先生，提议组特别委员会事，蒋先生在原则上应允之。

太平洋学会经费无着，今日予由中央宣传部给予津助，因予认此种组织值得赞助也。

三月二十一日 今日，张岳军自成都来渝，与予谈政府改组事。彼亦极盼财政部人选于此次中央全会后有所更动，并拟向蒋先生面述。

三月二十二日 特别委员会事，共产党方面周恩来不愿其设立于参政会内，又生波折。共产党人之在四川等地者，近多悄然自行离开。

三月二十三日 连日温度甚高，室内达八十度，今晨转冷。

昨阅四川联合办事处一年以来之报告。该处为执行金融政策之枢纽，名义上由蒋先生负责，实则大半由财政部次长徐堪主持之。其一年之工作，均系随事应付，极少深谋远见。

三月二十四日 今晨，中央执行委员会第八次全体会议开幕。前线将领之为中央委员者，如顾祝同、陈诚、张发奎、卫立煌、孙连仲等，亦均自阵地来渝出席。

中央、交通、农民等银行在上海法租界及公共租界者，于今日多被敌伪爪牙投炸弹，死伤数十人。

三月二十五日 今日上午，予在八中全会报告宣传部工作，注重于中央通讯社业务之扩充，与对共产党问题之宣传方针等事。

午后，晤谭平山。此君曾入共产党，于民十六脱党，旋后入国民党。其为人能刻苦，亦沉着。彼表示愿赴前线工作。

三月二十六日 美国报纸透出消息，说居里返华盛顿后向罗斯福所提报告甚有利于中国。

三月二十七日 八中全会组织宣言起草委员会，由孙哲生等召集。今日午后集会，予力主对共产党问题应注意国际方面之恐慌，我党一切表示不可增加此种恐慌。孙哲生主张对政治民主化一层有所表示。

黄炎培等与周恩来商组特别委员会事，以共党方面毫无诚意，迄无结果。黄等于今日告我，将与周氏中止商谈。

三月二十八日 今日，麦斯武德（新疆缠回）在全会发表演说达一小时余，要求国民党遵照国父遗教，确定边疆政策，承认少数民族之生存权及平等待遇。麦氏并力陈回民在新疆所受之虐待，及中央对于边事之漠视。言时全场感动。政府或将因麦氏此项演说增置边事主管机关。

三月二十九日 今日午后，蒋先生在全会指斥张溥泉甚厉。溥泉反对共产党极烈，平素言词往往指本党冯焕章、孙哲生、于右任诸先生为亲共。今日午后复谓本党及政府各机关均有共产党存在，蒋先生因面斥之，并谓彼自中华革命党创立以迄今兹，虽极忠于党，然其言论则常常有害于党。蒋先生并谓："大家对于共产党不应恐惧，只应自己努力工作，以健全本党。近一二年来本党党务略有进步，亦未尝不由于与敌党（共产党）竞争所致"云云。

三月三十日 南斯拉夫于日前加入轴心后，旋即发生政变，反德空气甚浓厚，德国不免受一打击。此事发生洽在松冈抵德之日，于德似尤不利。

三月三十一日 各战区司令长官及副长官之出席此次全会者，今日在全会报告作战状况。卫立煌、孙连仲两人最为会中同人所钦，以其作战工作最忠实而稳健也。

晚间，中央党部集餐，由党部职员演平剧《忠保国》（一名《二进宫》），戏词中本有奸党等字，故观者认为微有暗示。蒋先生在座。

四月一日 今日，蒋先生在全会提一议案，将田赋收归中央。会中颇有以田赋（土地税收）应归地方明定于总理遗教中为言者。蒋先生提出此议，系受居里来渝时建议之影响。

四月二日 今日，全会决定调王亮畴任国防最高委员会秘书长，以郭复初继任外交部部长。

全会于今日闭幕，其宣言注重：（一）抗战到底；（二）森严军纪；（三）推进民治；（四）实施经济统制四点。

四月三日 此次全会，外间切望财政部长人选有更动，会毕竟无更动征象，外间不免失望。至于共产党问题，蒋先生在全会中明言武力解决为下策，予闻之甚以为慰。

四月四日 何敬之今晨在参政会驻会委员会报告，谓此次上高、高安之战，实为破纪录之胜利，一因敌军败退时甚凌乱，一因敌我双方作战之军队几于相等（以前大概我须四师以上之兵力始能与敌军一师团相抗，此次我方作战军队不过六七万人，敌军为两师团一混成旅团，约计亦有六万人）。

四月五日 今晨,《新华日报》潘梓年、吴克坚两人来宣传部,力说该报暗中受有许多压迫及不正当之扰乱。予告以我可查明,量予纠正,但彼等常用不正当之手段从事宣传,故外间亦多愤懑。予并告以外间有许多人接到彼等宣传品,其所用之信封,见刻有宣传部字样。

四月六日 今日,德军突然进攻南斯拉夫及希腊,酝酿已久之巴尔干大战至是爆发。爆发前一日,苏联与南国签订互不侵犯条约,相约彼此如被任何第三国攻击,必以最友谊之态度待遇被侵略之缔约国。德苏间暗潮日深,由此可见。

午后,陈辞修来谈鄂省政治改进事。

四月七日 今晨,在宣传部纪念周向同事讲述今后如何整顿部务,注重出版机构之改善与人事考核之加严。

午后,晤法国使馆参赞彭古。

四月八日 今日,在宣传部部务会报中力嘱部中同人,对部中出版工作大加整顿与扩充。

英政府闻政府拟以顾维钧使英,表示不满。政府尚未正式向英提出,故此事颇费周折。

四月九日 德军攻希腊、攻南斯拉夫极猛烈,南已南退,希之萨朗尼加(salanica)有即被攻下之说。

晚,约陈立夫、朱骝先、翁詠霓等商中央博物院事。予任该院理事长,现已满期,故约彼等促其商议改聘。

四月十日 德军攻下萨朗尼加,一面并在北非方面向英压迫,英军转入不利状况。

四月十一日 今日,接鲤生来信,谓宋子文在华盛顿遇事专擅,不顾体统,颇使适之不快。

松冈在莫斯科逗留已数日,其所商谈,一般均认为必含政治性质,不限于商约、渔约。

四月十二日 今日午后,国防最高委员会召集特别审查会,审查参政会决议案，予亦参加。魏道明等对参政会毫无尊重之意，党中多数人亦如此。惟参政会开会时则各部部长惧受批评攻击，态度较为不同耳。

四月十三日　今晨，晤熊式辉于其寓邸。彼亦以为政治应革新，尤对财政当局表示不满。

晚十时，接到报告，谓松冈已与莫洛托夫于今日下午二时在莫斯科签订日苏"中立协定"及关于满蒙之共同声明书。该约声明缔约国之任何一方如成为第三国"军事行为之对象"，他方应守中立。该声明书声明苏联"保证尊重满洲国领土完整与不受侵犯"；日本"保证尊重蒙古人民共和国领土完整与不受侵犯"。予当即以电话报告蒋先生，并对通讯社及检查局有所指示。

四月十四日　今晨，予于中央常会席上报告日苏签约之消息。会中讨论三小时，多数意见仍主我方应避免以刺激性之言论刺激苏联，惟对满蒙事不能不从法理上作一声明。予亦主张慎重。午后，予向蒋先生详陈我方态度必须冷静之理由。

四月十五日　今日，予召集政治部青年团及中央通讯社与新闻检查局等机关负责人员谈话，坚嘱各方言论务极慎重，以免造成反苏之印象。到会者颇有不以予言为然者，但予坚嘱必须如此。

据邵力子报告，斯达林亲往车站送松冈行，并与之行苏联"亲颊礼"。另据日方同盟社电，松冈在苏联政府公署签约后曾题字纪念，所题者为"言而有信"四字。日苏背约违信之事不一而足，其彼此不能相信，国势所必然，一纸约文实际上固不能解除双方之戒心也。

四月十六日　昨日，予电郭复初，告以政府有意请其于过华盛顿时，向美总统密商废除中美间不平等条约问题（实行期可预定为中日战事结束之时），并盼其详加考虑。

四月十七日　粤人黄君璧为现时最有希望之国画作家，予于其展览会中得其蜀江春色山水画一帧，极佳。

邵力子来电，据云苏联外交委员会委员长莫洛托夫面告，苏联对华政策不变。其意似谓苏联对华接济将不中止也。

四月十八日　今日，应法国使馆参赞之午宴。其寓址为南岸王家沱，予顺道访问王家沱之族人世培等。彼等出示族谱，予匆促间即发现谱中记载失实之处甚多（其叙予早年诸事亦多不寔）。家谱尚如此，从知中国国史尤不能尽信也。

四月十九日　沈钧儒、王造时、张申府、史良等九人素以亲苏著名，今日致一函于苏联大使潘又新，询问日苏协定之意义，意存责问。

四月二十日　今日，蒋先生约中央常委商谈对苏日协定之态度。于右任先生等均以敌将先移满洲驻兵向我攻击为虑，冯玉祥欲再派大员赴苏，蒋先生笑语之曰：恐见不着苏联政府当局。

午后，黄君璧、罗志希诸君来予处观古画。

四月二十一日　东京《日日新闻》盛传苏联已开始将西北利亚驻兵西撤，以示信赖日苏协定之意。

午后，见芝加哥日报记者 Steele，谈中国共产党事。

连日气候有如盛夏，室内温度达八十八度，室外达九十度。今晚气候突变。

四月二十二日　自十九日起，敌人在浙海、闽海多处登陆，绍兴、宁波、诸暨、镇海、黄岩先后被敌攻陷，我军似亦未尝力战。今日午后，敌又有占领福州之讯。凡此种种，或为敌军向滇南进攻，图断滇缅公路之前奏。盖敌人目的在劫我物资，毁我对外一切交通也。

欧洲方面，南斯拉夫军队已于前一星期为德军完全解决，希腊亦岌岌可危。

四月二十三日　敌军连日以数师团之众闪击浙闽海岸，宁波、台州、温州相继被占领后，福州亦沦陷。敌人之用意，或系作南进之准备，因此种海口将来或可为英美海军、空军攻击敌人之用也。

延安共产党发表关于日苏协定之意见，谓苏联将继续援华，但以苏之接济不致用于攻击共产党为条件。又谓日苏关于蒙古及伪满之共同声明书为当然之举，利于苏联，亦于中国有利。

四月二十四日 今午，予复向蒋先生言，宋子文不必久留美国，宜令返国。蒋先生闻之似甚烦闷，未作表示。予复请其速促财部，请对于发行军粮证券以减少法币发行，在渝、昆大量出买外汇以吸收法币两事，早定办法。

四月二十五日 "四行孤军"团长谢晋元，在上海公共租界拘留营中为部下士兵四人所杀。据外国通讯社之报告，刺谢士兵控称，彼等刺谢系因其"行为不检"；中央社沪电则称为出自敌伪之阴谋。谢既被拘于营中，敌伪似不至致此重视，事殊可疑。惟无论如何，谢团长在四行仓库孤军抗敌之忠勇，将永留于国民心目中。

四月二十六日 中美平准基金借款五十万美元及中英平准基金借款五百万镑信用借款，均于今日在华盛顿签字。此事经过数月始正式签字，系因具体办法不易商定之故。

四月二十七日 今晨，予与蒋先生谈中央设计局事。予提议聘二三外人（美、英籍）为顾问，蒋先生赞同。

四月二十八日 美人蒲利德（Bullitt）为罗斯福之亲信，昨在中国救济会上称中国为美国之西防线，并指共产党国家为人类之敌。美人对于日苏协定之愤慨可见一斑。

近日重庆米粮缺乏，因购米而发生命案数起。

四月二十九日 美英政府虽已将平准基金借款正式签字，但我财政当局仍无运用此项基金之有效计画。

四川米价到处猛涨。雪儿自中央大学来信，谓校中缺米，已食稀饭三日。

四月三十日 罗斯福之长子抵渝,日昨晚间与彼在孔庸之寓宅相遇。

五月一日 今日,在宣传部订定取缔标语办法。予不信标语能生重大宣传作用,故予向不重视此物。

五月二日 今日午后,往中央设计局任秘书长职。予实极不愿任,以所任工作甚繁,而在目前情形之下,设计局工作亦极难有重大之贡献也。

五月三日 今日,敌机六十三架袭渝市,投弹二百余枚,国府路两路口及城内都邮街等处均中多弹,房屋损毁不少,但伤亡不过十余人,燃烧亦立被扑灭。

晚,应美国在渝记者多人之请,参加饯别美使詹森之谦。

陈树人先生以《战尘集》见赠,颇多佳诗。

五月四日 五四节仍为一个普行纪念日,但本党对于此节实际上并不尊重,其原因颇耐人玩索。

五月五日 据军政部何部长报告,敌军似正集结生力军,企图攻晋陕。

郭复初来电,谓已向美国务卿赫尔提议订立平等条约,并谓赫尔有允意。

五月六日 今日午后,与新自英国来渝之记者田伯烈(H. J. Timperley)氏①田氏年来为我政府在伦敦担任宣传工作,其本人思想颇左倾。

伊拉克反英,英伊连日发生战事,伊国油田闻已部分被毁。英国在红海苏伊士河之地位甚可虑。

五月七日 美国陆军部长史汀生于广播中主张美国海军立即出而助英。一般均认美政府参战之期不远。

---

① 此处有脱漏。

午后，晤王抚五校长。予劝其请假一年，荐一人代理校长，抚五意甚不愿。予甚为武大前途忧虑。

五月八日 日昨国防最高委员会讨论违反粮食管理治罪条例（对于农民、商人囤粮逾一定之限度而不出卖者，处严刑），戴季陶反对甚力，谓恐引起民变。实则此公素日俱不深究事实，喜作空疏保守之理论。闻之使人闷闷。此一条例自然不能解决粮食问题，然若一味因循犹豫，不逐渐向统制之途迈进，前途将益危险。

五月九日 今日，在党部党团会议讨论宣传问题，与骝先发生争执。骝先、立夫等均以党报对于希特勒演说时有讽刺标题为不当，予谓我政府对此再不能采灰色态度。

敌机八十架袭渝，房屋颇多损失。

五月十日 斯坦林出任人民委员会主席，国际间甚多揣测。其出任主席后之措置为否认罗威、比利时及南斯拉夫驻苏之外交使节。据我驻德使馆来电，则谓德国有于下月攻击苏联之计画。然则斯坦林之措置，意在缓和德方耶？此惟未来事实可以证明，或否认之。

敌机五十架续袭渝市，我方飞机均未应战。

五月十一日 昨晚深夜始归。秋儿自学校归家，向予谈哲学。此儿思想颇细密，态度亦沉静。

今午，渡江应美国使馆之宴。

昨晚，蒋先生欢宴詹森，席间演说有美国不必参战，只须充分接济中国，便可解决日本等语。予今晨劝其于发表文字时删除美国无须参战等语句。

五月十二日 今晨，何敬之报告，谓敌军自本月七日起，大举进攻中条山一带，兵力甚厚（约四五师团），且已发现满洲驻军之符号，似乎敌军有大举西犯之意。但同时敌外务省机关报又发表社论，主张缩减对华战线，似乎敌内部尚无定策。

晚，宴卡尔大使。

今日，由参事室提一利用英美外币借款计划于委员长，主张（一）在后方开外汇市场；（二）由外国银行承办；（三）准人民自由购买外汇汇票，但无正当用途者，须逾三年其汇票始能在美支取。此计划系以吸收法币为目的。

五月十三日 违反粮食管理治罪条例于日昨公布，予特嘱各报予以宣传。

德国社党赫斯（Hess）于前晚乘飞机逃奔英国。此举对于希特勒及其党徒，至少当有重大的心理影响。

五月十四日 晋南战事激烈，敌人已占据黄河北岸各渡口。我军已开始反攻。闻朱德亦已与卫立煌通电，将夹击敌军。

五月十五日 米苏里（美）新闻学院每年以荣誉奖章给与一个国外报纸并记者，今年给予《大公报》，予嘱新闻学会于今日午后为茶会以庆之。

五月十六日 法德间又成立协定，其内容不详，大概德将取得种种对英作战之便利。美国方面甚为不安，罗斯福已有反对之表示。美国舆论颇有主张占领法国在西半球之属地，甚至法国西非属地者。

敌机数十架袭渝，我仍无飞机与之作战，仅有高射炮轰击。敌机高度均在射程以上。

五月十七日 余近日最大苦恼为宣传政策问题。予觉共党问题如在本党报纸予以激烈的攻击，却不能使共党警觉，徒引起国内外之恐慌，且使中苏关系益陷危境。但何敬之极主张在报端攻击，党中干部同志亦多如此。

五月十八日 今午，陈布雷与余商反共宣传事，意欲以陶希圣任其事。予谓陶决不可出名，以其过去行径为多数人所不谅也。

午后，为高恭苍君证婚，新娘为熊天翼之长女。

五月十九日　美京盛传日本已向美政府提议，请美国调停中日战争。首先发表此消息者为莫斯科《真理报》（该报谓其消息得自纽约）。

五月二十日　晋南战事，我方损失颇重。共产党军队迄今仍无协同国军作战之行动，军部方面甚愤慨。

五月二十一日　《大公报》著论，指责第十八集团军不与国军协同作战。

午后，发热似疟，经医验血，却无疟菌。

五月二十二日　仍有微热，未出门，但在家治事如常。《新华日报》主笔吴克坚，今日著论辟"工人无祖国"之说。盖近自日苏中立条约成立后，中国共产党辄为苏联辩护，即对该约承认满蒙两傀儡之声明亦然。一般舆论群以共产党不要祖国为言也。

五月二十三日　周恩来致函《大公报》，谓第十八集团军必定协同国军作战。《大公报》更著论促其拥护国民政府。

热未全退，但仍能在家工作。

连日天气奇热，屋内温度达华氏九十八度，户外达百度。

五月二十四日　病愈。在家见客，与董显光、许孝炎诸君商议应付香港方面敌人汉奸及共产党之宣传活动。

五月二十五日　晋南战事，我军颇受损失，但已突破敌围。敌人意在歼灭我军，但大体上已失败。

五月二十六日　郭复初来电，谓与美政府商议改订平等条约事，或可于彼启程返国前办妥。

五月二十七日　英德在格陵兰岛附近海岛〔战〕，英战斗舰"胡德"（Hood）号于前日被击沉，英海、空军矢志复仇，于今日将德国最新之战斗舰"俾斯麦"击沉。此为此次欧战最大之海战。

五月二十八日　日昨美总统罗斯福发表广播演说（称之为

"炉边闲话"，实则为总统政见之重要表示），对于抵抗德国之威胁，虽仅为抽象之表示，然其决心作战及呼吁全国准备作战之意，极其明显。

五月二十九日 今日，予出席党政军会报。军委会白健生、刘维章、程颂云等均主张正式发表谈话，谓第十八集团军应允在晋南作战，但迄今尚无作战之报告。予力主从缓发表，但未得彼等赞同。予甚觉共产党问题之处置，若完全付诸此项党政军会报，极危险。晚间，予因此事忧虑，至不能眠。

五月三十日 敌军发言人谓晋南战事已告结束，但我军率多突围，绕向敌军后方，继续攻击。

五月三十一日 今日，拟定三年党务计划宣传部份。予甚注重中央通讯社之扩张，惟该社人事尚欠健全。

六月一日 敌机二十七架袭渝，市区被炸，伤亡数十人。

赫尔与郭外交部长（泰祺）之换文于昨日在华盛顿发表。赫尔在换文中声明，一俟中国境内和平恢复，美政府当即与中国政府商定协定，废弃美国在华所享有之一切残余特权。予于深夜通知各报，注意此事，予以评论。

六月二日 德国政府仍对我驻德大使表示，无承认南京伪组织之意。敌人报纸近日主张促德义承认伪组织之呼声甚高。

敌机又袭渝市区。

六月三日 六三为禁烟节。近两年来，四川烟禁之成绩总算优异，国民参政会所组织之川康建设期成会，对于此事颇有贡献。

法国内阁副总理达朗与德妥协。英法间之冲突益剧，英军有进攻法国委托统治地叙利亚之趋向。

英军已退出克里特岛。

六月四日 今日午后，开法制、财政专门审查委员会，予主席。会议对财次徐堪仍悻悻然以公务员家属不应受公家米贴为言，卫挺生驳之，谓一简任官每月之收入仅与一洋车夫等，荐任委任者更无论矣。政府既不能统制物价，又不增加公务员薪水，或予以米贴，势必促其离心离德云云。言时，会议中出席人多有同感。

六月五日 敌机廿余架分三批于夜间袭渝市，此为今年川省遭敌机夜袭之第一次。

中央宣传部房屋中燃烧弹，烧毁大部。

渝市十八梯公共防空洞，因防护团人员管理不合理，致洞中避空袭民众因窒息而死亡者以千计（一说共达二千余人）。此为防空洞失事之最大最惨者。吴市长国桢甚为社会舆论所指责。

六月六日 今晨，察看宣传部，房屋损毁甚大，但予仍决定在未毁部分办公。

午后，召集留英同学会。

香港中国言论界近来渐为敌伪及其他反对国民政府之分子所操纵，予今日决定请外交部提一说帖与英使。

六月七日 胡适之来电，谓日本驻美大使野村在美多方游说，企图缓和日美空气，但据美国务卿言，日本并未正式向美表示盼其调停中日战事。胡电并谓美国政府告以太平洋舰队已有一部分调往大西洋，惟太平洋方面美空军力量则已增强。

敌机于午后分数批袭击渝市。

六月八日 昨晚，晤美国驻华新使戈思（Gauss）于蒋先生宴会席上。此君系外交吏员出身，与非吏员出身之美国驻外使节有别。

中央训练团党政训练班第十五期于今晨毕业，该团亦自今日起放暑假两个半月。

今午，蒋先生对六月五日防空洞隧道大惨案面责吴国桢、刘峙甚严，并已于日昨予以"革职留任"处分。实则"革职留任"系一旧日惩戒方式，不见于现行法令。

六月九日　英国及"自由法国"军队进攻法国统治地叙利亚，意在防止德军之先发制人。英法关系有演成战争状态之趋势。

晚，应比国驻华大使纪佑穆之宴。

六月十日　天旱，各地秧田有尚未插齐者，已插之秧亦多枯萎。值兹米价高涨（重庆已暗涨至四百数十元一市石），人心不免不安。昨晚大雨，群庆甘霖。

六月十一日　今晨，在中央所办之赴外县宣传人员讲习会讲国际形势。在讲演中予着重于：（一）四年来国际形势对华渐趋有利；（二）欧战之最后胜利必属于民主阵线，此于中国有利；（三）中国不能单独与日本妥协，美英亦不致牺牲中国与日妥协；（四）如我能努力谨慎，步骤不乱，则美英对华之物资及财政援助，足以支持我政府抗战到底；（五）我对苏联务以极谨慎态度维持友好关系。

敌机七十余架袭渝近郊。

六月十二日　伦敦方面盛传德军有一百师团左右逼临苏德边境，德对苏将施行威胁，以逼苏联作某种让步。此事内幕如何，迄今未能明了。

午后，故宫博物院理事会开会。予力主应从速将送苏展览之古物限期回国（实际上已展览一年有余），孔庸之理事长则不甚赞同。

六月十三日　午后，约大公、时事、益世、新蜀等报记者谈话，商量检查问题。

六月十四日　美国普通汽油迄今仍大量输入日本，予促中外团体趁此日本飞机滥炸重庆之时期，向美国呼吁，禁售汽油与日本。日本与荷属东印度之谈判，近日颇有决裂或停顿之状。如日本不能从美国及荷印取得汽油，其汽油供给即将濒于断绝，因苏联及墨西哥势亦不能以多量汽油供日也。

敌机三十余架袭渝市，我伤亡约二十余人。

六月十五日 天热，室外温度约百度，旱象之可畏甚于轰炸。

午后，敌机数十架续袭渝市。

六月十六日 苏联与德国各以重兵集结两国边境。伦敦盛传德国将攻苏联，或胁苏对德为经济及其他方面之大让步（粮食及汽油之供给等等）。苏联则于昨日发表声明，谓德无此种意图，其畏德日之情可见。德政府则对上述传说迄无否认，显然有威胁之状。德苏关系十分紧张，惟外间揣测，斯达林终将对德让步以避战。土耳其方面，今日消息则谓苏已下总动员令。一面苏联近日对日亦显在让步，日苏商约草约闻已议定。伪满与苏联划界工作久经停顿，闻亦已决定继续进行。予深觉德苏关系之恶化，将使日本对苏益可加以压迫，其结果于我未必有利。

天微雨，四川各县报旱灾者闻已不少。

午后，敌机袭渝，炸弹落南岸，美使馆及吾舰均受伤。

六月十六日① 政府召开财政会议，意在解决征收粮食（用库券或田赋改征实物之方式）问题。

国防最高委员会通过改善公务员生活办法，供给公务员及其眷属以平价米。

六月十七日 蒋先生与英大使卡尔因英国政府推荐罗杰士（Rodgers）为中英美平准基金委员会委员事，近日发生重大龃龉。杭立武君来谈，欲予转圜。

六月十八日 午后，晤蒋先生，谈罗杰士事。蒋先生深以英使来函无礼貌为言，甚愤怒，并力主绝对拒绝罗杰士。予谓尽可拒绝，但不宜作伤感情之言，蒋先生亦遂首肯。予因托杭君立武婉告卡尔促其另提新人。实则此等事如我外部或财部当局能多负

---

① 原文如此。

责,可不生此等枝节。

中缅划界新约今日在渝签字。

六月十九日 今日午后,为蒋先生草抗战四周年(七月七日)告友邦书。

德苏关系益紧张,外电盛传德已对苏提出最后通牒,或传德军已对苏进攻,但俱未证实。至德国以重兵威胁苏联,据德方半官方之表示(例如在渝海通社社长之表示),则绝无可疑。但苏联方面迄今仍不承认德国有此意向或企图(驻渝使馆人即如此表示),其避战之意甚切亦可概见。目前关键,全视德国之最低要求是否在苏联所准备接受之限度以内。

六月二十日 午后,在茶会中与卡尔谈罗杰士事及滇缅铁路事。予劝其此后与外部商洽,少向蒋先生直接交涉。

六月二十一日 天大雨,彻日未停。此雨虽嫌稍迟,究与稻粮有大益。

苏联方面仍否认德苏冲突之可能性,但局势确极紧张,各方传说如雪片飞来。予觉德国诉诸武力解决之可能极大。

六月二十二日 德国于今晨三时半(柏林时间)对苏宣战,重庆于今午十二时半(重庆时间)接到此项消息。此项消息到渝后,一般人几无不暗中称快,以德苏两独裁者,于过去一年零十个月期间一味取巧,破坏一切国际信义故也。但在此际,我方之政策应使苏联与英美接近,不与日本妥协。故予于今日两度向蒋先生提议,我报纸务一律表示同情于苏联之抗战,蒋先生亦同意。予于夜间通知各报,务一律拥护此国策。

六月二十三日 今日午后,在蒋先生寓邸商讨我方对德苏战事态度。席间,朱骝先颇谓我方报纸之言论为不当,但蒋先生及他人均不以彼之意见为然。

何敬之在常会及蒋先生寓邸主张,我应利用目前形势,取得苏联之赞援,使中国共产党改变态度,服从政令、军令。

六月二十四日　前晚英国首相宣布援苏政策。

六月二十五日　日本内阁及大本营会议，讨论对德苏战事政策，事后仍守缄默，似系暂采观望政策。

美国总统宣布援苏。英美人士对于苏联现政府，在内心里自均不满。邱吉尔及罗斯福之表示，意在统一国论。盖为牵制目前最可怕之侵略势力（德国）计，不得不采取如此之现实主义也。

六月二十六日　今日午后，在三民主义青年团开谈话会。近一年来，团员增多，然素质不佳，团誉无起色，用费尤浩大，此予所以耿耿于怀者也。

六月二十七日　今日午后五时，郭复初自英返抵重庆，予往机场迎之。彼询及外部次长人选，予亦觉无理想人才可以推荐，即有亦未必能得政府同意，因请其考虑傅秉常君。

六月二十八日　敌机数十架炸南温泉一带。

午间，蒋先生在黄山寓邸晤郭复初。复初谓当五月底彼抵旧金山后，胡适之曾以电话托其密告政府一事，即美国国务卿曾非正式询问中日战争有无和平解决之可能。赫氏并谓日本方面近已间接向美政府人士表示，如美国不过分与日本为难，愿与中国了结战争，并逐渐脱离轴心集团云云。适之当时已径告赫氏，现时绝不可能。事后适之并具一说帖，将理由详细叙列。予觉适之此举，实属大胆之处置，因依通常手续，适之须先请示政府。惟就当时情势言，适之径自拒绝，确属有利之举措。倘适之据以电告政府请示，必发生无数谣诼。因美政府之对日，当时亦不能有决绝之表示。

六月二十九日　敌机数十架袭渝，英大使馆被毁，参赞包克本、秘书爱伦夫妇均受伤。英使馆人员在中日战争期内之受伤，此为第二次。

六月三十日　今晨，予在中央及国府纪念周报告"敌伪的宣传工作"。

敌机四十余架袭渝，有一架被高射炮击中。

午后，赴卡尔寓所慰问。

郭复初今晨就外交部职。

七月一日 德义承认南京伪组织之消息，于今日下午传到重庆。予于午后六时半偕王亮畴、郭复初、陈布雷往见蒋先生，当经决定，外交部应立即发电召回驻德、驻义使馆全体人员，一面将此消息发表。

七月二日 今日上午，蒋先生在其寓邸约各院院长及外交、军政两部部长等商对德义绝交事，予亦在座。当经决定于今晚八时宣告绝交，绝交宣言由郭复初、王亮畴、陈布雷及予撰定。

午后，约集重庆市各报馆社长、主笔茶会，发表六月五日大隧道惨案审查报告。予促各报对该报告予以充分支援。盖此种报告出自中立性的调查委员会之调查，其判断当较为客观。且以民间中立性的人员调查事实真相，判定责任，为一良好先例，在制度上亦值得支援也。

七月三日 日本昨开御前会议（据说此为中日战事以后之第四次），决定对国际新局势之国策。会议后外相松冈声明"超紧急情势"之存在，并谓德苏战事不只关涉两国，其影响及于全球，日本有被卷入之可能云云。词意含混，外间颇多不同之揣测。惟据日本外交时报所主张，日本目前似无北进或南进之意向，其对德义承认南京伪组织一举之交换条件，似只是美如参战，则日本亦参战。德国之希望似亦不过如此。德国似不希望日本攻苏，因日如攻苏，即无力在南太平洋威胁牵制美英也。

七月四日 晨八时许，敌机袭渝。

午后，渡江赴美使馆，参加其国庆纪念。

七月五日 今午，蒋先生语予，据军委会所得情报，日本日前御前会议系决定与德义签订三国同盟公约之附属秘约。

敌机数十架袭渝。

七月六日 今日，蒋先生改定抗战第四周年纪念日告友邦书。原书系予起草，予对于更改各点，颇觉不佳，以措词间有过分语也。郭复初语陈布雷云，西人说话，往往故意不说够（Understate），中国人则倾向于说得过火（Overstate），其实在宣传上，往往前一种方式较有力量。此语中肯之至。

敌机晚间袭渝，宣传部再度被炸。

七月七日 今晨六时，参加市民纪念大会，并任主席。予任宣传部以来极少演说，从未广播，今晨被迫说了十分钟的话，大意是，我们要认识时间愈长，我们的胜利愈可希望彻底。

敌机于今晨分数批袭渝。

七月八日 苏德战事近极猛烈。德军闻已到达距莫斯科二百数十英里之地点，但苏军抵抗力似亦颇强。

敌机晨间袭渝。

七月九日 三民主义青年团今晨开年会。予对此团前途甚忧虑，团员现已近三十余人（？），但素质极不整齐，主持者亦不甚明大体。

七月十日 连日天气酷热，屋内温度率在百度以外，苦甚。敌机滥炸，房屋被毁甚多，重庆一般市民尤苦。

敌机数十架于午后袭渝，有数报馆被毁。

七月十一日 连日天气酷热，屋内温度达百零三度，夜不能寐，苦不可状。生平为暑热所困以近一星期为最。

今晨，粮食部部长徐堪在参政会报告粮食政策，谓秋收后对于军粮之供给及大都市民粮供给，将采两种方法维持之，即田赋改征实物与定价征购粮食，各省一律实施，惟征购之价则随地而异耳。

七月十二日 今日，因天气酷热未出外，文件在家批阅。

在家细阅美国 Fortune（财富）月刊所刊之《和平目标》特刊。

七月十三日 天雨，稻收有望。温度降至八十度以下。

德军猛攻史达林防线。

英苏成立互助协约，相约相互尽力援助对方抗德，并声明不单独议和。

七月十四日 复初为予言，宋子文有电致蒋先生，要求撤换适之，并荐施肇基继适之为驻美大使。复初并谓：蒋先生亦有更换适之之意，彼当时表示期期以为未可云。

七月十五日 敌军一部分闻已自晋南北撤，敌军在华参谋长板垣调任朝鲜军总司令。外间纷传敌方仍在准备攻苏。

七月十六日 午后，晤孟余。彼被任为中央大学校长，有畏难之意。予劝其决定仍从事教育工作。

敌内阁（近卫）总辞职，闻系以对苏问题为主因。外相松冈洋右不主攻苏，甚为右派军人所反对，于前一日已提辞呈。此之变动，或将促成日苏战争。

七月十七日 共产党近日宣言（七七纪念宣言）谓：将继续遵守其民廿六九月二十二日之宣言（服从三民主义，拥护统一），但其军队在晋鲁方面仍不断袭击友军。今日党政军会报主张宣布其袭击友军之事实。

七月十八日 敌内阁改组完成，仍由近卫文磨任首相，松冈洋右去职，其余阁员多蝉联，新阁员则多为陆海军人（军人共占阁席七，超过全体阁员额之半）。外相丰田贞次郎亦为海军军人。

午后发热，似感冒亦似疟。

关于共产党军队异动事，予力主以平和劝告之方式，由党外报纸纠正之，何敬之、白健生及刘维章等则坚主正式发表。实则此等宣传，决不能纠正共党，徒使英美人士感觉中国又将发生内战而已。

七月十九日 今日，在家未能出外。午间仍发热。

七月二十日 今晨，予电告何敬之，请其停止发表关于第十八集团军攻击友军之消息，因国际反响已不甚好。何应允，但其部属率无政治常识，仍不肯中止此项宣传。《新华日报》之辩驳则被检查机关删扣。外间人士所得之印象殊不好。蒋先生亦嘱陈布雷通知军委会停发此类消息，但彼等仍不肯严格遵行。

七月二十一日 午后，晤蒋先生所聘美国顾问拉里摩尔①（Lattimore）。此君头脑甚通达。

七月二十二日 敌军有自沙市、湖口等处撤退模样。

越南方面，敌军有进占西贡之企图。

七月二十三日 午后，中央宣传部党报社论委员会开会，予提示两点：一、日本国策为与轴心加强联系，已放弃与英美妥协之意图。二、对于战后国际组织，我党报应开始讨论。

七月二十四日 法国政府受日本、德国之胁制，已允日本使用越南南部之海陆空军根据地。今晚，与复初晤后，外部已电胡、顾大使促英美采取裁制办法。

七月二十五日 美国务院威尔斯副卿发表声明，严重斥责日本侵占越南。罗斯福亦向记者言，美国迄今尚未禁止汽油运日，原在缓和日本，以期战祸不至波及荷属东印度。其言外之意，欲示有变更姑息政策之意。

七月二十六日 美国宣告冻结日本一切资金，同时声明，为应中国政府之请，并冻结中国资金。此两步骤之结果，外同而实则完全相反。

英帝国也宣告冻结日本资金。

晚间，赴黄山蒋先生寓宅便餐，拉里摩尔顾问在座。

七月二十七日 英政府派员与我商军事合作。南洋形势极紧，此次商谈或可获得相当结果。

---

① 亦译为拉铁摩尔。

午后六时，偕小光、纪五、次五在寓宅附近钓鱼，此为抗战以来之第一次钓游。

七月二十八日 喜饶嘉措（青海人，在藏讲佛学多年，现任参政员）来信，欲在青海办学校，借为中央宣传。予为请款。

敌机九十余架分批袭重庆及自流井等地。重庆自晨七时半发警报，迄午后三时余始解除警报。闻有敌机二架被我驱逐机击落，此为入夏以来我机应战之首次。

七月二十九日 荷印亦宣告冻结日本资金，并废除日荷石油协定。敌与维琪政府签订越南"联防"协定。

敌机百余架分数批袭渝及他地。渝市自清晨至午后四时左右始解除警报，全市在警报中达九小时，工作不免大受障碍。

七月三十日 晚间，中英文化协会欢迎复初，卡尔大使代表致词，推崇备至，尤赞复初在英八年与英国各界均有密切联系。

渝市空袭一如昨日，警报时间达九小时之久。

七月三十一日 前日敌机滥炸，美国小军舰（Jutnila）虽停泊于南岸，亦被炸伤，美政府向东京严重交涉。

今晨，与拉里摩尔详谈两事：（一）战后国际组织。彼甚不赞同英人所倡之区域组织计划（Regionalism），谓此种计划含有帝国主义气味，易演成各区域间之敌对。（二）中国共产党问题。予谓如共产党有诚意，不到处扩充势力，政府或可划定特殊区域，允其在该区域内试验其理想，并保留若干军力，同时并允其参政中央民意机关。此种办法并可作为战后解决方案。拉氏谓此尚非根本解决办法，根本方法在于各地推行真正之地方自治，使一般人崇信政府，共党不易施其破坏之阴谋。

晚间，应卡尔大使筵宴之约（无电灯）。

八月一日 今日，与复初及蒋廷黼（代理行政院秘书长）商定出席外国记者每周集会办法（决定由予三人轮流出席）。

八月二日 美国总统于昨日下令禁止一切飞机用油及摩托燃

料油输往日本。从此日本将不能从美国取得军用汽油。

八月三日 今日，天气凉爽，为星期日，又为内子诞辰，在家休息一日。

八月四日 敌人陆军四万人闻已运抵越南南部，有续向泰国压迫之势。英国政府对日态度渐强硬，但敌如侵泰不侵星加坡或缅甸，英政府似仍无与敌决裂之意。

何敬之赴昆明，布置滇边防务。

德苏战事，闻德军使用于对苏战事之军队达八九百万人；苏联抗德之军队至少相等，一千七八百万人集结作战，且各运用机械化军备，允为世界空前大战。

午后，晤美国派赴中国、经中国任为平准基金委员傅克斯（A. M. Fox）。此君为人甚好，似无深刻见解。予约其再度商谈利用平准基金抑制内地物价高涨办法。

八月五日 接曾琦自港来信，今日午后作函复之，促其返渝。

阅美国哥伦比亚大学教授 Peffer 所著 Prerequisites for peace in The Far East（《远东永久和平》）。此书颇为美人所注意。P. 氏谓中日议和当以恢复九一八以前中国状态为条件，远东永久和平当以恢复一八四二年以前中国状态为条件。

八月六日 晚间，约中国访缅团诸人在吴铁城家聚餐。访缅团之组织大半由杭立武筹画，予亦极力赞助其行。今晚之讨论为如何对缅人讲话。团中有女团员二（张维桢女士、陈纪彝女士）。

八月七日 敌军自华北、华中、华南调往关外或越南者，据我军事机关确计，已达四个半师团，但敌军似尚无放弃任何重要据点之意向。敌国内确已总动员，征集海陆军预备役全体兵员。

八月八日 武汉大学学生王道胜新自晋南返渝，据云整军工作为目前最急要之图，各师兵员无一足额者，而且多数不足法定半额，但中央饷款均照足额发给，故师长、旅长、团长无人不中饱，甚至一师长而每月能中饱饷项达五六万元。彼等之法定待遇诚然不厚（中将师长之薪饷及公费约六百元薪饷，值二百四十元），然中饱之饷则每每为法定收入之数十倍。此一现象，甚可虑。

敌机百余架袭渝市，市区有被燃烧者。入夜（今日为农历闰六月十六日），敌机少数又袭渝。

八月九日 午后五时，蒋先生在黄山袁家花园招待各使馆人员及其他外宾。园在山谷，四围俱长绿树，极幽静。卡尔大使亦到。蒋先生不肯接见卡尔大使已近两月，此次茶会含有调融之意。

敌机于侵晨及午三次袭渝，国民大会礼堂被毁。

八月十日 上海法币汇率跌至三辨士以下。此为法币汇价最低纪录。予力告财政部顾翊群次长迅采有效措置，否则敌人将以在华北对付法币之法破坏法币。

敌机日夜袭川及渝，成都市空有空战，渝市警报时间达十数小时。

八月十一日 余于今日午后出席新闻记者（外国记者占大多数）会谈，除讨论若干国际问题及政府关于外汇政策外，特别着重于县参议会组织条例及其选举规程之公布一事。县参议员〔会〕将为完全民选机关，且有议决县预算之权。会谈毕，予始知会谈时虽有雷雨，敌机多架正掠市空。

敌机今日自晨及夜半不断袭渝，警报时间仍达十数小时，各机关工作甚受影响。

八月十二日 中国共产党因月前军委会发布第十八集团军侵击友军消息，又集怨于何敬之部长一身，竟在重庆密散传单，指何部长为亲日派。予于某处见周恩来之秘书陈家康，严责其挑衅，并促其即行中止此类行为。陈云此为延安所为，周曾力劝无效。

敌机仍日夜袭渝不已，化龙桥附近一带被炸，予寓尚未波及。我空军在夜间曾起飞应战，因敌机夜来者为数大都甚少，意在骚扰一般人之睡眠也。

八月十三日 邱吉尔与罗斯福在大西洋海上某处会见之传说，据顾大使来电已证实，但官方迄今未发表公报。此一会见为举世所瞩目。

敌机自侵晨迄午后仍分数批大举袭渝。渝市水电俱已断绝数日，一般机关之工作均呈半停顿状态。但予预计敌军此种大规模轰炸，势必不能久持，以其自身之消耗亦极大也。

八月十四日 我新空军之训练迄未完成。今日为空军节，敌人预防我空军大举应战，于日间以敌机百架左右同时来袭。我空军仍未应战。

罗斯福、邱吉尔已商定作战目的及战后计划，由华盛顿、伦敦同时发表。重庆于深夜始接到一不甚完全之报告。

八月十五日 邱、罗共同宣言，列举英美两国政府之共同政策八点。此一文书将为极重要之历史文献，兹记之。一、不求领土或其他方面之扩张；二、不愿承认任何非基于有关人民自由意愿之领土变更；三、尊重一切民族自行决定其政体之权利，并希望一切主权被剥夺各民族恢复其主权；四、促进一切国家取得商业及资源方面之平等条件；五、实现各民族之经济合作，以增进劳工待遇与社会安全；六、于纳粹暴政扑灭之后，建立和平，使一切民族在其国境内各得安居乐业；七、海洋自由；八、废弃武力之使用。为达此目的，在广泛的、永久的一般安全制度确立以前，必先使侵略国之武装必须解除，英美诸国亦必自行裁减军备，减轻人民负担。

予嘱我各报著论时，特别注重解除侵略国武装一事。

美国参加上次世界大战时，尚未发表作战目的，威尔逊之十四条款系于参战九个月后（一九一八年一月）始向国会发表者。该项条款当时亦未取得英法之同意，事后英法政府亦未正式接受，威尔逊在巴黎和会中因此受窘不少。此次罗斯福之作风显系鉴于过去之失败，特于参战前将其主张取得英政府之承诺。

八月十六日　英国日昨下令禁止一切英货输往日本。英国对日态度近来显然较美国尤为积极。

近卫内阁之台柱平沿骐一郎于前日被刺，传系敌国急进派军人所指使。

八月十七日　自本月八日起，敌机不断轰炸我陪都。据敌人宣传，已投弹万枚，飞机重复来渝轰炸者共计约一千架，轰炸达一百五十点钟。实则我方物质之损害以普通房屋为多，即水电设备亦已于今日修复。市民死伤为一千余人，此数字亦不能认为甚大。盖防空人员之努力有足多者。宣传部所支配之中央通讯社、国际广播电台及报馆迄今亦均未发生停顿。

八月十八日　罗、邱发表宣言，未与我政府作任何接洽，我当局颇感不快。但此次宣言之发表，美政府意在拘束英国，故予认为我方无庸介意。

八月十九日　苏联军队近日在乌克兰南部颇失利，德军已占领其黑海之一港，并逼近敖得沙港。

八月二十日　连日腹泻，似因饮水不良所致。

近日英、美、荷、澳政府均对日本显示强硬态度，惟苏联对日仍缄默，显有顾忌。敌政府发言人对英美显然不敢挑衅，惟报纸间作狂言耳。

八月二十一日　我政府自英美方面借到币制借款（平准基金）已半载有余，然迄今仍未决定用途，平准基金委员会于八月十三日始成立。凡此俱表现我财政当局之缺乏计划。上海黑市中法币价值大跌。

八月二十二日　今晨，予与周枚荪谈中央大学事。予劝其往中大为顾孟余先生助。予谓中大之重要，尚不在目前，而在将来迁回首都以后，诚能决心准备以十年、二十年之力，为首都学府树良好基础，其影响所及，将不限于教育本身。枚荪亦以为然。

午后，敌机八十余架袭沙坪坝文化区，中央大学中弹数十枚，受损伤甚巨，而今日恰为顾孟余接收中大之日。

八月二十三日　据顾大使报告，邱吉尔、罗斯福已商定各向日本提出严重警告。

敌机百余架续行袭川及渝市文化区。

八月二十四日　连日腹泻，服药亦无大效，今日上下午特往附近小邱游行，腹泻顿停。

天阴，入川之敌机不及抵渝市。

八月二十五日　日昨邱吉尔发表广播，痛责日本侵华之暴行及其威胁南太平洋之举动，并谓美国目前正与日本谈判，以期获得解决，如此举失败，英国必加入美国阵线云云。同时美国国务卿赫尔正与日本驻美大使作所谓"非正式之谈判"，惟日本纵有一部分人不愿与英美冲突，亦无人能力排众议，放弃一切侵略政策，接受美国主张。此种情形，美英方面未始不深悉，特英美于进一步抵制日本以前，势不能不有此一番做法耳。

八月二十六日　英苏军队昨均开入伊朗国境，苏联尚能勉强以伊苏间一九二一年协定为言，认为有权将军队开入伊境；英国则显无任何条约或法律上之理由。英国此举，实际上在预防德国假道土耳其侵入苏境及伊境，惟就英国一贯立场上必不免受人评责。此为此次欧战发生后反侵略阵线之一种矛盾措施。

八月二十七日　访缅团明晨赴缅，今午予与团员晤叙。

今日为教师节，清晨国府举行孔子诞辰纪念，孔庸之主席，予未出席。予曩在教育部时即不主祀孔，以守旧分子往往以孔子为偶象，排斥新思潮也。孔子在中国文化上自占重要地位，但在今日，其政治思想与伦理学说反乎时代精神与妨碍社会进步者正复不少。

八月二十八日　郭复初语予，胡适之有电来，谓罗斯福约其面谈，告以日美谈判内容。美国提议将越南、泰国定为中立区，日本军队自越南撤退，同时允许日本自南洋取得物资。据罗斯福云，此项计划须得中、泰、日、越之同意始能成立。予于晚间与张子缨细商此事后，认为我应表示反对。

八月二十九日　今晨，与复初细谈，并告以昨晚予与子缨所得结论。

午后，与拉里摩尔顾问商新疆、蒙古、满洲问题。彼力主我应设法与苏联谈判满蒙问题，因恐日苏战事爆发后，苏联军队攻占满洲，届时我将不易应付也。

八月三十日　胡适之致外部电，谓敌首相近卫致书罗斯福，其内容表示愿开谈判，商讨日美间问题。

今日，敌机二百余架袭川，其入重庆市及其近郊者亦达百六十余架，南岸黄桷桠及南山等处被炸。敌人突以大批飞机炸黄山一带，显系以蒋先生寓宅为主要目标。

今晨，突然发疟，日夜发冷发热，苦极。此为予今夏以来【第】三次发疟。

八月三十一日　晨九时热始退，入午疟未复发。

敌机续有百三十余架袭四川并及西康，重庆市中宣部附近中弹亦多。

九月一日　今日，病已渐愈，但仍服治疟剂。午后，在招待外国新闻记者席上说明我国对于日美谈话之态度，暗示不赞同之意。实际上此次谈话亦极少成功之可能。

数日前予自城逦返郊居，见一十一二岁之男童卧于道旁，啼泣不已。询之则云姓李，无父母，亦无家，在某处被人拉去工作，因受苦遂逃出，不知何往云云。予因领其归寓。今日交石匠孟某授以手艺，并允每月助以衣食，嘱该匠善待之。战事发生以来，流离失所者以千百万计。此一问题之严重，或尚不在战时而在战后。

敌机二十余架炸重庆近郊。

九月二日 日美谈话无进展。敌国军人林铣十郎、荒木贞夫等均主张冲突美、英、中、荷（所谓 ABCD 集团）之包围。

九月三日 今日上午，孙越崎君（资源委员会）来见，详述在甘肃发见良好石油区域及该会设施情形。油区在玉门县境戈壁区域内，其附近有河，故尚有水之供给。据彼等判断，该油区每出之石油可提炼为一万万加仑之汽油；彼等现时之布置为于一年后产汽油一千二百万加仑，二年后约四五千万加仑（吾国全国汽油消耗在民国二十六以前为三千六百万加仑）。惟该油区距兰州尚有八百余公里，其运输问题，如于戈壁上敷轻便铁路亦可解决。

九月四日 福州于昨日收复。敌军原有撤退计划，最近遭我袭击，遂全部退出。伪组织人员随之撤退者闻亦有千余人。

九月五日 敌首相近卫致罗斯福函，其内容如何，为举世所注目。今晨，蒋先生接宋子文来电，谓从可靠方面探得其内容如下：（一）日本应允于欧战期内不再作军事发展；（二）撤退越南驻军，只留一万人，并不建筑军港；（三）中国本部及满洲之现状维持，望美国劝告中国停战；（四）希望恢复日美经济商业关系。近卫此提议如被发表，在〔其〕国内或将发生政变。今日午后，蒋先生嘱予与复初考虑此事。

九月六日 鲠生拟于下月返国，予去电告以可暂缓。盖适之在美得鲠生随时商量外交问题，颇有益也。

九月七日 今晨，予面陈蒋先生，对近卫致罗总统函内容，主张暂缓以任何方式揭表，恐美国探悉对我发生不快之感也。美国显也不欲与日妥协，惟为便利英国抗德计，亦颇欲借日美谈判以延缓日美、日英之决裂耳。

九月八日 中央将田赋收归中央，省支出改归中央负担，地方自治之仰给于田赋附加者亦受影响，川、滇、黔各省政府俱认为中央集权过甚。军政部何部长自滇黔返渝，将此事于今晨报告国防最高委员会。孔部长甚不悦，却未能提出正当理由。粮食部徐部长之辩护，词亦支吾。此一改制，前途恐尚有不少波折。

九月九日 晚，与拉里摩尔细谈。据云美国务院副国务卿威尔思及其僚属，素主对日妥协，故对美日谈判事，力劝我政府警戒。适美合众社来电请蒋先生发表谈话，予因决定于明日请蒋先生允其请，侧重于美国不可放松对日经济制裁一点。

九月十日 今晨，拟就一谈话稿，请蒋先生向合众社记者发表，蒋先生完全同意。稿中大意为：日本今日的困难局面大半是：（一）中国喋血抗战与（二）美国所领导的对日经济制裁所造成。在永久的正义和平未获切实保障前，中国决不放弃抗战，同时美国亦决不可放松对日经济制裁。

九月十一日 纽约报纸盛传日美谈判的基础为：（一）日本脱离轴心；（二）日本不攻西北利亚；（三）日本放弃越南军事据点；（四）日军自华中撤退。同时日本希望恢复日美商业关系。而美政府中某要人已否认此项传说。

九月十二日 连日美国商船及军舰在冰岛附近及红海区域迭被德船闪击。昨日罗斯福总统发表演说，主张海洋自由甚力。美德关系又显似本月前之美日关系，极形紧张。

九月十三日 日前毛泽东等经由军委会驻在延安之中央军官向蒋委员长表示，愿加强团结，一致抗日，服从三民主义、国民政府及蒋委员长，并希望解决悬案。至于出席国民参政会事，彼等亦准备董必武等出席，惟须中央释放叶挺，以全彼等面子云云。蒋先生将此事交军令部核议，该部次长刘维章在党政军会报主张拒绝其请。

九月十四日 今晨，予对共产党参政员出席参政会问题，向蒋先生面询如何处置。蒋先生亦谓叶挺释放等问题，不能与参政会出席问题并为一谈。目前共产党显欲设法缓和国共之冲突（大概出自第三国际之指示），但其维持或扩充军事实力之意念决不能放弃，故我军事方面主持人员对共党仍极愤恨。予觉共产党问题，决非单靠武力所能解决，政府应力求政治清明，以惬舆望，此为根本应付办法。英人尝谓共产党是一种病菌，只能于黑暗中发育，予深韪其言。

九月十五日 午后，外汇管理委员会在行政院开会，孔庸之为委员长，予被指定为委员。到会诸人仍只注重法币之外汇价值。实则就目前情形言，中国自美英所借之外汇基金，如不能用以稳定内地物价，或防止内地物价之猛涨，则其效用殊微薄。而内地物价之升跌，与上海方面法币之外汇率，近来已无重大关系。予欲促委员会诸人特别注意此点，但孔先生遇事不求甚解，使人懊丧。

九月十六日 美国国务卿于前日嘱其驻渝大使戈思秘复我外部，声明三点：一、美日谈话如能发见商讨基础，正式进行谈判，美政府必将整个问题先与中、英、荷详商。二、美国现时不拟放松对日经济制裁。三、美国必继续援华。此项声明之重要性，至为显然。

午后，接见菲律宾新闻记者。

九月十七日 明日为九一八之十周年纪念日，蒋先生主张扩大宣传，申述我抗战目的在于得领土主权之绝对完整。一二年前，蒋先生在参政会开秘密会时讲演国策，隐示"抗战到底"之意义为恢复七七事变前之状态。东北人士不免因是而疑惧。予当时力主不可公开作如此之表示。因此之故，蒋先生当日谈话并无公开之记录。蒋先生兹决定于明日宣言中声明东北领土主权不恢复，抗战决不中止。

九月十八日 午后，重庆各界数千人在夫子池举行民众大会。大会约请吴稚晖先生演讲。予亦出席，但未演讲。

九月十九日 省立重庆大学被解散后，政府迄无善后之措置。今日，陈立夫（教育部长）出席参政会驻会委员会报告解散之经过。予于会后力劝其设法早予恢复，以免多数无辜青年蒙受重大之损失；午后并与成都张岳军（川省政府主席）通一电话，亦促其恢复。岳军本人亦主早予恢复，以免川人失望。

九月二十日 武汉大学教授（政治学）樊德芬君为予学生，欲弃校入外交部，予力阻之，彼甚不悦。

九月二十一日 今日午前，中国新疆、宁夏、甘肃、陕、鄂、赣、闽各有宽达百四十公里之地带日全食。重庆亦于上午十时五十分钟左右，太阳被食部分达十分之九有余，天色突然微暗，温度亦突然冷降。闻中国黄河流域在三百九十九年以前曾有同样之日全食。

中央训练团今晨举行毕业典礼，适当日食时间。

九月二十二日 自十七日敌军结集于岳州一带者约七八万人，其半数开始向长沙进攻，强渡新墙河及汨罗河。敌军目的似在扰我交通，以防我自滨湖诸县征收粮食，或攻占长沙，以泄前岁失败之积愤。我军在薛岳指挥之下，自昨日起侧击敌军，形势转佳。

今日午后，予招待外国记者，对苏军英勇抗德表示赞许。闻基辅已被德军攻陷，但苏军抵抗甚力，士气仍甚锐。

九月二十三日 湘北战争激烈，敌军增援攻击，我亦顽强抵抗。

九月二十四日 今日午间，约杭立武、张沅君、郭斌佳、曾虚白诸君商议对美宣传工作，尤注意如何纠正共产党在国际方面不利于我国抗战之诸种宣传。当决定由杭君等分任指定之工作，并每周集会一次，决定进行方针。

九月二十五日 连日伤风甚剧。予在北平、南京十数年，每岁伤风次数极多，每次历时甚久。在川三年，伤风次数大减，每次伤风所历时间亦较短。此次伤风特剧，似因连月以来为疟疾所困，体力较衰所致。

九月二十六日 午后，参加某区党部①，作简短演说，指陈本党内部之弱点：（一）一般党员对于党政缺乏共同责任心；（二）党员在党内对于党政亦不肯坦直批评。

午后，与陈辞修（在恩施）通电话，据云我军即将大举反攻，以图夺取宜昌。

九月二十七日 午后，开法制、财政、经济专门委员会，审查与公务员生活有关之案件。粮食部徐部长堪，态度甚不好，彼于低级公务员之困苦，无丝毫之同情，每论此事辄有漫骂之词。彼之资力，现能将其全家移居美国，宜其不知他人之艰苦也。

敌军抵长沙北郊，与我激战甚烈。

九月二十八日 接陈辞修电话，谓敌军第三、第四两师团长均阵亡，足见湘北战事之烈。敌军目的欲占长沙及湘潭。

英国政府发表组织财政经济代表团来渝，由英伦银行董事倪米亚爵士任团长，并有美国专家参加。

九月二十九日 敌军于前日（二十七日）有少数便衣队入长沙北城，当被我军解决。敌军上海发言人即宣传占领长沙，实则长沙至今日止仍在我军手中。我军可望于今明日到达指定地点，向敌反攻。但敌方在其国内、国外大事宣传谓已占领长沙，并已进占株州，实则敌仅有降落伞队三四十人降落株州。

午后，接见缅甸英人 Prescot（警察总监）。此人甚粗，显为一殖民地警员。

法代办博德（P. Baudet）来访，彼深责彼国政府过去政策错误，并谓如法美或法华之外交关系不能维持，彼必辞职。维琪政

---

① 此处疑有脱漏。

府对于部属之支配力，由此可见一斑。

九月三十日 长沙仍有少数敌人未肃清，但城中守军将领（夏楚中）以能战名，故迄今城为我有。敌军之在长沙附近者，腹背均受我军攻击，势甚不利。

十月一日 敌华中军司令部于今日午后六时正式宣布，将于明日由长沙撤退，实则敌军始终未曾占领长沙，其曾入长沙者不过少数便衣队而已。敌军宣传因作战任务已达成，且因现值农民收获之季，不愿增中国农民之痛苦，故尔撤退。此种无耻之言，即三尺儿童亦必闻而冷笑，然而敌国军人觍然言之而无怍也。予仍嘱各报纸，对于敌军之撤退勿作过分之嘲笑，以免刺激敌军斗志。

十月二日 今午，我军委会正式发表敌军全线自长沙附近向北溃退，重庆市民群燃鞭炮庆祝，俨于两年前之十月第一次湘北大捷时同。

十月三日 英国下院一致通过尽力援助苏联之决议，足见德苏战事对英关系之严重，亦可见苏联战局相当危急。我湘北之捷及我军在鄂西、鄂北、鄂中、赣北等处近日发动攻势，亦可影响日本攻苏之计划，故予军委会发言人认此次长沙会战结果，为有"安定远东局势"之契机等语。

十月四日 敌军自黄河北岸渡河进攻鄂州，意在牵制我军南下，使我不得威胁武汉。

午间，孔庸之宴罗斯福代表美国前助理国务卿格拉第，予参加餐会。此人教书匠气味甚重（素由大学教授出身）。其游南洋之目的在规划目前及将来世界资源控制问题。

十月五日 今日为旧历中秋节。晚间，月色明朗，似为巴蜀所仅有。

午后，有黄陂周君兰者出示其曾祖恒祺（曾任鲁抚）所藏之鸡血石章十二枚，颜色夺目，为予生平所未见。据云其曾祖似系得自清宫太监安得海。

十月六日 我进攻鄂西、鄂中军队已占领宜昌全城之外围，并已占领沙市。但我报纸迄未发表，为恐仍被敌人夺回也。敌人昨占鄂州，则大肆宣传。

十月七日 我军已攻克宜昌城外东岸山等处，今日即将进攻城区。荆沙一带之敌军亦被我包围。我官方仍守缄默。

午后，与拉第摩尔（Laltimox）详谈。彼已拟有关于（一）东北各省，（二）外蒙，（三）新疆诸问题之计画各一件。

十月八日 今晨，陈辞修自秭归来电话，谓我军已有一部于昨晚攻入宜昌城内，敌军在宜共约二万人，可望全数予以解决。但军令部迄深晚仍主张暂不发表占领宜昌之消息。市民已有闻此讯者，因之爆竹之声时又遍渝市。

晚间，中央秘书处约中央各部及行政院各部部长商九中全会提案问题。予力主扩大粮食管制，并谓后方各省明年度如用粮食库券（及部分现金）征购地主余粮约二万万石谷麦，而以所征购之数除以四分之一至三分之一供军队及公务员之需外，悉由政府出卖，则可吸收法币数十万万元至百万万元，货币膨胀与物价猛涨之风可望大减。粮食部徐部长反对，但其议论亦只具片面理由，未能权衡利弊之轻重。

十月九日 敌军对我入宜昌市区之军队使用毒气，足见其无所不用其极。

十月十日 抗战以来，国庆日均未举行大庆祝。今日，渝市则大异，全市结彩集会，情状备极热烈。外交部亦招待外宾。又值我军昨夕在宜昌续有大捷，人心益奋。

美国军事代表团于昨晚抵渝。

十月十一日 我军之入宜昌城者，昨日午后被敌飞机数架用毒气弹猛击，伤亡极重。据陈辞修自秭归来电话，谓中毒者口鼻流血，皮肤亦多糜烂。我军入城者计四营，营长四人，其一中毒死，其余三人亦均中毒。

十月十二日 德苏战事显有新变化。德军猛攻，距莫斯科百余里之诸重镇多为德军所占或包围，苏军形势危殆。

十月十三日 敌军自汉口西向增援。据陈辞修电话，敌援军已抵沙洋，数达万余人。我攻宜昌军自敌军使用毒气后，已放弃即时夺取城区之企图，现正布置抵御敌援军。予于今日午后晤见外国记者时，将敌军使用毒气之事实郑重宣示。据军政部历年所接报告，敌军在上海会战时，仅用流泪性、喷嚏性之弹；自二十七年武汉会战以后，即已逐渐使用窒息性及糜烂性之毒气炮弹或飞机弹。我方恐此种事实之发表足以摇动人心，故迄少露布。

十月十四日 我军宣告自宜昌撤回原阵地，因闻敌军正自汉口大量增援，而荆沙一带之交通迄未能充分破坏也。

十月十五日 张君劢、曾琦、梁漱溟等组织"民主政团大同盟"，在港办一《光明报》，发表其主张。彼等所号召者为民主主义，共产党亦以拥护民主主义自居，反对国民党之党治。其实共产党人何尝信仰真正的民主政治，即梁、张诸人，亦只是假借招牌，初非民主主义的真正信徒，其过去行径言论俱可严按。不过国民党为忠实履行其党纲起见，确应有推进民治之决心与勇气，对于党外呼声，不可以人废言耳。今晨，予以此意语陈布雷。

十月十六日 上午，接见美国 Chicago Daily News（芝加哥每日新闻）记者 Stowe 氏，与谈德苏战事及中日战事未来形势。

午后，与设计局同事商定审订民国三十一年度中央及地方工作计划之原则。

十月十七日 昨日午后，日本近卫内阁总辞职，其原因：一为德军逼近莫斯科，苏联形势日趋危险；一为日美谈判无进展。日皇于今日命原任陆军大臣东条英机组阁。

午后，陈伯庄来谈，对设计局事表示不满，但彼亦无任何切实计划。此人自视甚高，与任何人均不易合作，予甚以为苦。

十月十八日 下午，英美经济代表团倪米亚（Niemeyer）及Cochran诸人来访。予与略谈中国目前经济财政问题。

敌新内阁成立，由东乡茂德任外相，东条兼陆相及内相，海裕及川去职，改以岛田继任。其目的似在威胁美苏，但仍无立即与第三国作战之意。

十月十九日 敌内阁宣布政策，谓将尽力圆满解决"中国事件"与完成"东亚共□〔荣〕"。

十月二十日 今晨，国防最高委员会会议时，冯焕章报告军队中兵士食不能饱苦状，长官"吃缺"（即军队中莫有缺额，其饷仍由长官向上级机关领取吞没之意）情形，以及最近鄂州失守之原因（军队中忙于"走私"，忽于防敌）。何敬之部长在座，似甚不安。冯氏所报告确是当前军队中极严重之事。

十月二十一日 今晨，重伤风，头痛。

午后，晤苏联大使潘友新，与谈苏联影片及塔斯社诸事，最后谈及东亚大势。予告以目前最紧要之事为中、美、苏诸国任何一国均不可对日妥协或示弱，如中国或苏联与日妥协，则美国舆论必变，结果中苏均不能得到美国的积极支援。彼亦以为然。予谓苏联近四月来对日太胆小，顾忌太多，所以日本的压迫亦日甚一日（日本调往满洲之军队已增至百万左右）。

十月二十二日 日本报纸对美日谈判又多激昂威胁论调。

上海市黑市场美币价值涨至每元值法币三十余元，足见法币价值在沦陷区域内如何始获维持，确属不易。英美商人多方阻挠我平准基金会政策之推行，亦是困难之一端。

十月二十三日 今晨，在设计局约集多人商讨调整行政机构问题。

十月二十四日 近日使予焦心者，为中央设计局工作，三年建设计划与其第一度具体计划均待完成。局中既缺乏专任人员，而陈伯庄、甘乃光两君又意见不协,工作进行异常困难。予兼有他职,复无充分时力规划一切,故予今日提一辞呈,请解除此职,并请将甘、陈二君中之一人调任他职。

十月二十五日 今晨,蒋先生自南岳会议返渝。午后在其寓邸晤谈,并有孔庸之、何敬之、商启予在座。在军事方面,蒋先生命令立即增强滇边防务,以防敌军攻滇,大约将续调三军,防阻敌军自越南入侵。在时政方面,予谓减少支出,只有从军费方面设法;增加收入,只有实行粮食管理。蒋先生亦以为然。军队中缺额甚多,如将军改为师,师改为旅,则所谓"吃缺"之弊可减,而军官可大省。

美国格鲁德军事代表团拟即从事于:(一)改进滇缅交通;(二)由美国尽速加强中国空军及军队之轻武器设备(重兵器之增强列为第二步);(三)帮助中国训练使用及修理诸种武器之人员。此为商启予所报告。予谓尚可商请该团代向英国商洽如何利用英国远东空军以防御滇缅交通线。

十月二十六日 昨晚,新加坡消息谓敌军向滇越边境增兵,意在攻滇。

午后,应潘友新大使之请,在苏联大使馆晚餐。苏联对于日美谈话似极感不安,以其或可促成中日妥协也,实则美国不过借此以捱时间耳。

十月二十七日 我军事发言人于今日继续发表宜昌战役中敌军使用窒息性及糜烂性毒气之详情。美国记者二人曾赴宜昌附近观战,亦于今日新闻记者招待席上述其目击事实。

十月二十八日 今日午后研究各部会所提出之三年建设计划。

十月二十九日 午间,约沈成章(鸿烈)、熊哲民(斌)餐聚。

午后,召集三民主义青年团监察会开会。予对团部执行

"禁闭"团员之事表示反对。团部经费本年度达一千五百余万元，下年度预算拟扩充至四千万元，予极觉不当。一年以来，徒然滥增团员，团员之素质既不佳，训练亦不得法。

十月三十日 适之来电，欲挽鲤生再留美半年，予与复初复电赞同。

敌军集中越南老街一带，外电均认其有进攻昆明、绝断滇缅路之企图。晚，与复初谈商如何向美英方面获取空军援助。

十月三十一日 午后，法制、财政、经济专门委员会审议公务员生活补助问题，予主席。行政院中有主改发现金、废止平价米办法者，今日审查会全体反对该议。

十一月一日 敌军于昨晚放弃鄂州，我军当即收复该城，足见敌军月前在该地施行突袭，只在牵制我军南下。

据自长沙回抵重庆之中外记者言，敌军于九月二十七日至三十日确曾占领长沙，当时城内已无守军。今日，予询诸军令部某所长，亦云此系事实。当日薛岳等之军报谓我军始终未退出长沙，实属谎报。闻蒋委员长对此甚愤怒。

十一月二日 今晨，见蒋先生，谓参政会将集会，似仍应以委员长名义请共产党参政员出席。蒋先生同意。

十一月三日 今晨，国防最高委员会开会时，冯焕章力陈军队食不果腹之情形，对何敬之部长在国府纪念周关于军队生活之报告有所辨驳。讨论时，居觉生攻击阎锡山甚厉。

今午，在蒋先生黄山寓宅午餐（今日为蒋先生诞辰）。

十一月四日 今晨，往晤董必武君。董为共产党参政员，辛亥革命时与予在武昌共事。今晨予代表蒋先生促共产党参政员出席本届参政会大会，董表示似有准备出席之意，惟仍以释放叶挺（新四军首领）为言。

十一月五日 午后，予在嘉陵宾馆招待中外记者、美军事代表团玛格鲁德及英经济代表团倪米亚、各使馆人士，共一百六十余人。此为重庆数月以来之盛会，外籍记者达二三十人之众。

十一月六日 午后，阅财政部美籍顾问杨格（A. Young）上蒋先生节略，极陈法币之危机，并主张紧缩政费，勿为缓不济急之兴建，即对盐、酒、烟、糖等物之专卖亦主缓办。予觉杨格所陈，大体甚是，惟其建议，对于征购粮食一事，尚未能充分看出其重要性，故于如何增加收入仍无使人满意之建议。

十一月七日 晚间，沈君成章（鸿烈）来予寓度宿，与谈山东情形。据云山东行政上之主要困难，不在敌人，亦不在共产党，而在不学无识之于学忠。

罗斯福在国际劳工大会发表演说，力述美国必支持中国反抗侵略。罗公此举，系因敌政府近正一面增军越南，一面复增派来栖三郎赴美，助野村对美交涉。我方深望美政府有严正之表示，以遏敌人之气焰也。

十一月八日 晚间，予与蒋先生言，明年度预算必须着重粮食之征购，否则国家收入无法大增，法币前途不堪设想。蒋先生允将粮食收入由谷麦六千万石（本年数）□为一万二千【万】石。惟粮食部方面能否负责去办，仍不可知耳。

十一月九日 罗斯福总统日昨宣布准备撤回在上海、天津、北平之陆战队，其意也是对日警告。

十一月十日 顾少川大使致外部电，谓已向英政府交涉，请其于日军攻滇时拨缅甸或新加坡空军助我（或以义勇军形式），英方允考虑，惟须视华盛顿意向耳。

十一月十一日 英首相邱吉尔发表演说，警告日本，谓美日如发生战争，英国必立即对日宣战，并暗示助华抗日攻滇之意。

今晨，周恩来、董必武来予寓，谓延安有电来，其大意为欲俟蒋先生允释叶挺或允发第十八集团军军饷始可出席参政会。予未与多谈，只告以径向蒋先生面陈。

十一月十二日 周、董晤见蒋先生，予亦在座。蒋先生表示不愿接受任何出席条件,劝共产党参政员自动出席。

十一月十三日 晚间,腹泻甚剧,系连日参政会及设计局诸务压逼,饮食失调所致。

十一月十四日 今日,腹泻未已,在家未外出,深以参政会开会诸事不能布置得当为虑。共产党问题,尤使人焦虑。

十一月十五日 张岳军先生自成都来渝,系应蒋先生之命,调理党派间事。予与晤见,均主本党及政府应明示国民及国际以吾国之政治动向(民主政治),因之对于本党以外之党派及一般人士,应虚怀容纳其批评。

晚间,予与岳军向蒋先生言:"共产党如愿出席,予等将向彼等表示,愿于开会后负责向蒋先生请求释放叶挺。"蒋先生对此意不反对。晚十一时,予与岳军约周恩来、董必武面晤,即告以此意,促董出席。周与董允即再电延安(延安毛泽东等已于今日午后来电向参政会请假,表示共产党参政员均不出席)。

十一月十六日 今晨,晤复初,知邱吉尔已电复蒋先生,允于敌军攻滇时,以英国飞机及机师加入国际义勇空军,助我作战。

晚间,周、董复来,谓已得延安电,大致可出席。予因告以明晨必须出席,否则将有新困难。

十一月十七日 今晨,参政会第二届第二次大会开会,各党派原有不出席之拟议(民主政团同盟分子在港之主张),今晨仍均出席,共产党董必武亦到会,一般均感满意。

十一月十八日 今晨,财政部俞次长鸿钧代表孔部长(病)出席报告财政,甚有条理,惟因否认通货膨胀,大遭诘责。

敌政府特派赴美之来栖与美总统晤会,内容不详。

十一月十九日 今日,参政会开会,粮食部徐部长报告征购粮食情形。湖南、河南、江西等省参政员,对于当地办理征粮情状率表不满。盖初次举办,各省主席又多系军人,不谙行政,草率苟且，扰民之事甚多也。

十一月二十日 胡适之致外部电，谓赫尔与来栖晤会，虽有长谈，因彼此立场无法接近，毫无结果（此系赫尔面告适之语）。

十一月二十一日 参政员张君劢、左舜生、张澜等提出《促进民治，加强抗战力量案》，主张取消学校、军队中之党部及早日实施宪政，迅即扩充战时民意机关之职权。

十一月二十二日 蒋先生阅张君劢等提案，甚愤慨，并疑张君劢与德国及敌伪有勾结。予力劝蒋先生勿以怒态应付此事。

十一月二十三日 今晨，予与左舜生、张君劢等商谈如何处理彼等之提案，并力告以不可与国民党决裂。左态度尚好，张则语言无序。晚间，予与张岳军同晤蒋先生，主张由参政会主席团另提一案，明定抗战终了之日即召开国民大会，实行制宪。蒋先生亦同意。

十一月二十四日 今日午后，予拟就促进民治之新案，内分四款，即（一）抗战终了之日召开国民大会制宪；（二）扩充战时民意机关职权；（三）用人不歧视党外之人；（四）保障人民之合法自由。蒋先生及张君劢、左舜生等均同意由主席团提出参政会，而将张等原案由主席团保留。

十一月二十五日 胡适之致外部电，谓赫尔拟与来栖商订"临时办法"，以三个月为期，其内容为部分的放松对日经济封锁，促日本自越南撤退若干军队。蒋先生及外交部均密电训令胡使反对。

参政会以一致之表决通过主席团提案。

十一月二十六日 上午，参政会闭会。

晚间，在蒋先生寓邸商讨美日谈话事。予谓"临时办法"如能阻遏最好，否则，亦须与美政府成立谅解，该办法于三个月满期时，如非经中国同意不予继续。

十一月二十七日 美国国务卿赫尔于接到中国政府反对放松对日本经济封锁之临时办法后,立即决定废弃原议,并以书面声明致日大使野村,告以美国政府之一贯立场。美日谈判有完全中断之可能。

十一月二十八日 美总统罗斯福与赫尔于日昨致声明书于来栖之前,曾面告胡适之、宋子文,请中国完全信任彼等,并谓彼等无时不注意中国之利益,语极诚恳。

十一月二十九日 晚间,予与蒋先生谈释放叶挺暨张君劢赴香港等事。蒋先生允先将叶挺移来陪都,对张君劢赴港则不同意,谓据报纳粹德人有以五十万元贿张及其同党张东荪、汤芗铭之说。

十一月三十日 今午,复初来言美使戈思日昨已将美国致来栖之声明书向彼面告,美国要求日本海、陆、空军及警察应自中国全部撤退,并自越南撤退,日本应尊重他国领土主权,并认重庆国民政府为唯一合法政府。对华之领事裁判权及租界亦应撤销。各国对于物资之取得有同等机会。日、泰、中、英、美、苏、荷等国应订立等边的互不侵犯公约,如此则美日可续订商约,并设法平衡其汇兑。美日双方与任何第三国所订之条约,不得解释为与上述原则相抵触之解释(此即要求日本不与轴心国采联合行动以抗美)。

午后,予与拉铁摩顾问晤谈,彼将赴美作一月之旅行。予请其注意两事:一为美政府及议会人员对伪满洲国问题的真实态度;二为我国政府拟向美续借美金数万万元收回法币之计划,如何始易实现。

十二月一日 午后,中英文化协会假嘉陵宾馆欢迎澳国驻华第一任公使及英国财政经济代表团,予为主席,请郭复初致词欢迎。

十二月二日 美国于前月致声明书,严促日军自华撤退,一般群以为日美谈话将完全中断。但日政府仍表示愿对美继续谈判，惟一面向越南增兵不已，威胁泰国益甚。

午后，复阅三十一年度各部会致设计局特别建设计划。

十二月三日　美顾问拉铁摩氏将返国一行。予连日与拉氏细谈，促其抵华盛顿时，详究美国政府及议会要人对于东北四省问题之态度，并详述中国政府与国民之坚决主张。

十二月四日　今日，晤贺耀组主任，据云蒋先生已令叶挺来渝。

十二月五日　今晨，晤见前任中国法律顾问法人 Escarn 氏①。氏此次来渝系代表"自由法国"之首领戴高乐（De Gaulle）氏，欲与我政府发生关系，取得我政府对戴氏地位之承认，同时愿声明于战后放弃对华诸特权，一如美英诸国所表示。

午后，英使卡尔约往茶会，与谈英美如何援助法币及中国财政之事甚久。予力主英美借五万万美元与中国，以适当之方式吸收法币，以减少法币之增发。

十二月六日　美国记者及有名作家 Vincent Sheean 氏，上月三十日在纽约《前锋论坛报》中著长文，指摘吾国政治甚厉。文中谓吾政府中尚有亲日及亲德派，有和平内战派，并谓何部长敬之为反共最力倾向内战之首领。其对蒋先生亦多攻击，谓无实行民治或三民主义之诚意。此文由中央通讯社驻华盛顿访员拍来，予深以此款评论为可虑。

十二月七日　日昨午后为参事室研究员朱庆永君证婚，特追记之。

今晨，往晤孔庸之部长于其郊外寓宅。孔氏病疟及心脏扩大已多日。予与谈财政，力主增加粮食征收额，并与英美详洽币制借款（供收回一部分法币之用），以补下年度预算收入之不足，

---

①　疑为 Escarra, Jean（爱斯嘉拉），法国法学家。

并借以安定物价。

十二月八日　今晨一时余（此为重庆时间，华盛顿时间约为昨日近午，檀香山时间为昨日上午七时余），日本突以飞机五十架攻海威夷。此讯到华盛顿时，日使野村、来栖尚在美国国务院。予于今晨三时半左右接国际宣传处董君显光电话，告以从伦敦广播电台接到上项消息。予即一面通知《中央日报》，告以此系日本切腹行动之开始。晨六时，续接中央社消息，知日空军并已攻击菲律宾、香港。晨八时半左右，接上海电，知敌军已强迫接收上海公共租界警察，并在马来半岛方面敌军已自卡拉海峡附近登陆。日本大本营今晨宣告，自今晨六时起与英美入于战事状态。

今日，为星期一日，八时国府及中央党部在国府举行纪念周，孙哲生演说，主张对德义宣战。十时后中央常会开特别会议，蒋先生主席，讨论日本对美英宣战问题（敌大本营今晨六时宣告，自今晨六时起与美国、英国入于战争状态）。孙哲生之主张与其纪念周之演说同。郭复初之意见亦大致相同。蒋雨岩、段书贻、朱骝先均不主张立即对德义宣战。戴季陶对于对日宣战一事，认为应慎重考虑措词。予当时发言最多，予主张对日、德、义宣战，认为此事最好即日宣告，并主张由蒋先生召集苏、美、英三使，告以反侵略国应一致对轴心集团各国宣战（即苏联尚应对日宣战，美国除对日宣战外，亦应对德义宣战），并嘱各该使转电斯达林、罗斯福、邱吉尔三氏。蒋先生对余之主张大体同意，惟认为实际宣战应在苏联答复我之主张以后。予颇觉此种等待不适宜。

午后，蒋先生依复初及余之议，通知美、英、苏三使，告以我政府决定对日、德、义宣战，并主张美苏分别对德义及对日本宣战，对于今后反侵略国共同行动问题，主张缔结不单独媾和及军事同盟之约。

午后六时，郭复初与予商定，于七时半出席外国新闻记者会报时，将我政府决定对日、德、义宣战之事先行宣告，予亦在中国记者会报中宣告。事后余两人所踌躇者，恐此项决定宣告后，而实际宣战仍迟迟不发表耳。此次美英两国之卷入战争，系因拒绝对日作任何妥协；美政府态度如此坚决，大半系因中国反对妥协（前月蒋委员长致罗斯福之电，尤有重大关系）。故吾国对日宣战乃至对德义宣战，断不可延缓。

泰国受日本之威胁，终于屈服，闻已于今日容许日军假道攻英。

十二月九日 英美均先后对日正式宣战。美国国会开联席会议，通告宣战案，以三八八票对一票通过（下院有一女议员投反对票，上院无投反对票者）。

午后五时，蒋先生约请林主席及孙、戴、居诸院长与郭、何诸部长晤谈，余亦在座。当经决定，即日发表对日宣战文告及对德义宣战文告，该文告以林主席名义发表。予至是始稍安慰。

美国海威夷及马尼剌方面均受有重大损失，美战斗舰及其他军舰颇有被炸沉或炸伤者。

今日午后，何敬之部长告我，谓我准备以四军自粤攻击敌军侧背，以期解除香港、九龙之围，惟须二三星期之准备耳。

十二月十日 敌军攻英美南洋各地仍占优势。英战斗舰"Prince of wales"及"Repulse"均在星加坡附近为敌机击沉。苏联方面仍极沉默，外间颇有致疑于其态度者。我言论界力主苏联须对日宣战，与英美诸国取一致步骤。

十二月十一日 敌军在马来及吕宋岛均有登陆部队。连日敌空军在我处轰炸显占上风，而昨日于数小时内炸沉英国两主力舰一事，尤为敌军最得意之事。今日晚间，敌主力舰"榛名号"被美空军在菲律宾附近海岸炸沉之消息传到此间，人心复振奋。（此讯嗣经日方否认——十六日补记）

德、义、日签订同盟新约,德义对美宣战。

十二月十二日 外电传说敌军另一主力舰(大概为"金刚号")被美空军击中,受重伤。

午后,予发表谈话(系就德义对美宣战消息立论),代表政府主张两事:一、反侵略国家应立即成立军事同盟;二、反侵略国应成立统一指挥机构,以利作战。对于第二点,予特别指出上次欧战之教训。上次欧战,在一九一八年四月,英、法、美诸国尚乏统一指挥,吃亏不少;自一九一八年四月成立统一指挥之后,英、法、美联军作战能力剧增。

十二月十三日 敌军有已占领九龙讯。我军有以四军自粤攻广九路以援香港之决定,惟须绕道增城进攻,步行需时,调集亦需时,非至三星期后不能到达。九龙失守如此其速,不知我军究能发生作用否。

十二月十四日 晚间,在蒋先生宅商讨九中全会议题,赣、桂、甘、川、浙、康诸省主席均在座。予力言财部所拟下年度预算诸多苟且(收入之列举尤其如此),应予改定。

十二月十五日 上午九时,九中全会开幕。

午后,参政会在渝参政员开谈话会。谈话时群对香港防御情形及留港友人之救援等事,多所论列。

伦敦报纸对于十二日谈话颇注意。伦敦报纸亦盛唱反侵略国缔结同盟与统一指挥之说。

十二月十六日 予今日与外国记者会见,力称各反侵略国如能各个尽力,使日本不能于最近两个月内达成其占领南洋之企图,则日本必速败。

英国政府派人来渝,要求我方派军入缅甸,阻敌军攻缅,以保滇缅路。我军事当局拟派两军入缅,或由关麟征率领。

十二月十七日 今午,予与张岳军约左舜生、周恩来、董必武、张君劢诸人午餐,借商时局。周恩来表示,盼望九中全会决定组织战时内阁，一新耳目，以振人心，并盼望能使国民党以外之人员参加其组织。

十二月十八日 今晚，在蒋先生宅商议九中全会应行决定之事件。吴铁城及熊式辉等主张设大本营，并请蒋先生受大元帅名义。予谓大本营与军委会、大元帅与委员长，均只是名词上之区别，实际上无何差异，不必有此更张。蒋先生亦不主更张（惟党中元老仍有作此主张者，将来究竟如何决定，仍不可必）。蒋先生主张恢复中央政治会议（或称战时政治会议），并使各党派及无党无派者若干人参列其间。予及岳军均谓此种办法虽亦可行，然不可以此机关代替国民参政会，参政会尽可完全或大部改由省参议会选举。蒋先生亦以为可。

十二月十九日 敌军在香港登陆，香港或将不守。

今日，予与复初、子缨商量拟草一反侵略公约，当决定由子缨等起草。

十二月二十日 我空军未应战者已十余月（除二三次例外）。今晨，敌轰炸机十架袭滇，我空军应战，毁敌机三架或四架。驾驶员闻系美国志愿义勇军航空人员。

十二月二十一日 今日为星期日，九中全会亦休会一日。午后在家，志希新自滇黔返渝，携其在黔所得之王孟端（绂）墨笔山水（有王达题识）来予寓共赏。

晚间，吴铁城复邀予及何敬之、陈布雷、王亮畴在其寓中商讨应否设置大本营与大元帅事，予仍力主不设。

十二月二十二日 今日在九中全会开会时，苗培成委员询问参政会何故不举行纪念周。予自信三年来任参政会秘书长，为国为党，均一本至诚，于国事党信不无小补，惟不能见谅于党中幼稚狭隘之人耳。

《大公报》主笔王芸生今日在报端著一文，题目《拥护修明政治案》（因九中全会昨日之决议案中有一案，其案题标有修明政治字样）。题中主旨在抨击孔庸之与郭复初，惟未明着二人姓名耳。午后，九中全会开会时，有人询予何故未将该文检扣，予即席声明：该文一部分原经检查机关删扣，该报故意违检，仍将被删之部分刊出，但予决不主张因是而停该报（检查局有罚其停刊数日之拟议）云云。复初细行，颇有不检，但大事则不苟且。《大公报》之指摘，大体上虽属事实，究不免见小而遗大。在外交形势如斯严重之时，倘非外交当局在大政方针上有何错误，初不宜轻率攻讦，毁其信誉，俾国家亦蒙不利。

十二月二十三日　今晨，九中全会举行闭幕礼。闭幕前，蒋先生向全会宣告，郭复初另有任用，以宋子文（现尚在美国）任外交部长。复初之免职，是否仅因昨日《大公报》社论而发生，予不能知。

英首相于今日抵华盛顿与罗斯福晤谈，日内或将更约中国、荷兰代表作重要商讨，蒋先生欲以宋子文为代表。此一事实似为促成外交部长更选之因。

英国新任远东军主将魏菲尔与美国空军总队长勃维特氏（Brelt）均于前日密抵重庆，商议军事联合问题。

十二月二十四日　香港英军仍死守，敌军攻势连日无大进展，惟香港外援已绝，势仍危殆。我军在广九路附近及惠、潮方面发动攻势，然亦只能略略牵制敌军。

十二月二十五日　魏菲尔及勃维特等在渝三日，与蒋委员长及何部长会商，经决定在渝成立军事会议，由中、英、美各派一人为代表组成之。中国方面以何应钦部长为代表（大概即为会议主席），美方以玛格鲁德（Magruder）将军为代表，英方以Demmys将军为代表。其指挥之地域大概为中国、缅甸、越南、九龙、香港。

十二月二十六日　香港于昨日陷落，港暂降。水源断绝为香港守军放弃抵抗之一大原因。

十二月二十七日　国防最高委员会于今晨通过三十一年预算，总支出约一百七十余万万元，而自美国租借法案所得之租借物值尚未计列。收入方面，因粮食部不愿将征购粮食及田赋征收实物之数多列，总计不过六十余万万元。嗣经蒋委员长在会议席上责令增列粮食收入十余万万元，而收入与支出相差仍达八九十万万元。实则三十一年度之粮食征收，既预定为谷麦一万二千万市石，则收入尽可多列（现时各地谷价不一，然每石平均当在八十元以上）。粮食部企图逃避责任，财部复不重视岁收之增益，预算不敷，遂至如此。财政前途诚极可虑。

　　今日午后，在吴江仲氏古画展览会中购得沈石田秋葵图轴及八大山人松鹿图轴，均系大幅立轴。

　　十二月二十八日　连日敌军在湘北骚动，敌意似系牵制我军攻九龙，并无大企图。

　　敌飞机轰炸马尼剌仍烈（美政府已于前日宣布该城为不设防城市）。美国舆论益愤慨。

　　十二月二十九日　菲律宾情形益危急，吕宋岛四周均已有大批日军登陆。据报日军登陆者已有十二三万人。

　　蒋委员长今日到外交部，兼代外交部长。

　　十二月三十日　今日午后，予与英使卡尔商定，在重庆成立中英美联合宣传委员会，美使已预先向卡尔表示赞同。

　　午后，接家书，惊悉二兄（蕙友）及胞侄炎生于上月在乡病逝。二兄一生境遇不良，家累甚重，吾崇为敌军占领后，其处境尤苦。炎生为诸侄中之优秀者，夙患肺疾，家贫无立锥之地，兵兴以后，穷困不堪。凡此皆可谓死于敌寇之手。闻之恸甚。

　　十二月三十一日　晚间，忽闻敌军进攻湘北者达十万以上，长沙情形极为可虑（昨日我军事机关尚云只有二三万人）。

　　余任宣传部之职忽忽两年，去年一年，予对部务极少贡献，今年则问心较可自慰。一月间新四军事件发生以后，共产党既大肆叫嚣，本党同志以及众多高级将领愤慨尤不可名状。共党在陕北一带，已高贴打倒何应钦、白崇禧之标语，意公开反对蒋先生，真是间不容发。予当时遂毅然决然，一面限制党报及普通报纸发言之态度与范围，一面力促共党避免刺激性之言论。予因此遂不获见谅于党部以及军事方面之众多同志。但予当时倘不如是负责，则今年四五月间（即德苏战争发生以前）我国或已陷于大规模内战状态。果尔，则全盘局势必俱改观，思之悚然！

《近代史资料》总 126 号

主　　编　李学通
副 主 编　刘　萍
执行编辑　孙彩霞
版式设计　张会芳